21世纪工程管理学系列教材

工程项目管理学

（第二版）

Engineering Project Management

赖一飞　胡小勇　刘汕　编著

WUHAN UNIVERSITY PRESS

武汉大学出版社

图书在版编目(CIP)数据

工程项目管理学/赖一飞,胡小勇,刘汕编著. —2 版. —武汉:武汉大学出版社,2015.9

21 世纪工程管理学系列教材

ISBN 978-7-307-16734-6

Ⅰ.工… Ⅱ.①赖… ②胡… ③刘… Ⅲ.基本建设项目—项目管理—高等学校—教材 Ⅳ.F284

中国版本图书馆 CIP 数据核字(2015)第 209558 号

责任编辑:范绪泉 责任校对:李孟潇 版式设计:马 佳

出版发行:**武汉大学出版社** (430072 武昌 珞珈山)
(电子邮件:cbs22@ whu. edu. cn 网址:www. wdp. com. cn)

印刷:湖北金海印务有限公司

开本:787×1092 1/16 印张:19.25 字数:449 千字 插页:1

版次:2006 年 7 月第 1 版 2015 年 9 月第 2 版
　　2015 年 9 月第 2 版第 1 次印刷

ISBN 978-7-307-16734-6 定价:35.00 元

序　言

　　教育部于 1998 年将工程管理专业列入教育部本科专业目录，全国已有一百余所大学设置了该专业。武汉大学商学院管理科学与工程系组织教师编写了这套"21 世纪工程管理学系列教材"。这套教材参考了高等学校土建学科教学指导委员会工程管理专业指导委员会编制的工程管理专业本科教育培养目标和培养方案，以及该专业主干课程教学基本要求，并结合了教师们多年的教学和工程实践经验而编写。该系列教材系统性强，内容丰富，紧密联系工程管理事业的新发展，可供工程管理专业作为教材使用，也可供建造师和各类从事建设工程管理工作的工程技术人员参考。

　　工程管理专业设五个专业方向：

- 工程项目管理
- 房地产经营与管理
- 投资与造价管理
- 国际工程管理
- 物业管理

　　该系列教材包括工程管理专业的一些平台课程和一些方向课程的教学内容，如工程估价、工程造价管理、工程质量管理与系统控制、建设工程招投标及合同管理、国际工程承包以及房地产投资与管理等。

　　工程管理专业是一个新专业，其教材建设是一个长期的过程，祝愿武汉大学商学院管理科学与工程系教师们在教材建设过程中不断取得新的成绩，为工程管理专业的教学和工程管理事业的发展作出贡献。

英国皇家特许资深建造师
建设部高等院校工程管理专业评估委员会主任
建设部高等院校工程管理专业教育指导委员会副主任
建设部高等院校土建学科教育指导委员会委员
中国建筑学会工程管理分会理事长

第二版前言

本书讲述工程项目管理的主要理论，主要包括工程项目管理概述、工程项目决策管理、项目管理组织、工程项目组织协调和沟通、工程项目招标投标管理、工程项目合同管理、工程项目计划与进度控制、工程项目投资与成本管理、工程项目质量控制、工程项目竣工验收与投产准备、工程项目风险管理和数字化项目管理方法等。

作者在从事多年教学与研究的基础上，按照全国高等院校工程管理学科专业教学指导委员会对工程管理专业培养的要求，为高等院校工程管理专业本科生编写了该教材。

全书共分 12 章，其中，第一、二、三、四、七章由赖一飞、沈丽平编写，第五、六章由刘汕、雷慧、覃冰洁编写，第八章由胡小勇、覃冰洁编写，第九、十章由赖一飞、雷慧编写，第十一、十二章由胡小勇、覃冰洁、雷慧编写。

本书为第二版，以工程建设项目为对象，以工程项目管理为主线，从项目管理者的角度，全面而系统地阐述了工程项目管理的理论与方法，本书吸收了国内外工程项目管理的最新成果，密切联系工程实践，内容新颖，体系完整，具有较强的针对性、实用性和可操作性，不仅可作为高等院校工程管理专业的本科教材，也可作为从事相关领域研究的专业人士、研究人员的学习参考用书。

在编写过程中，编者得到了武汉大学教务部、出版社和经济与管理学院的大力支持，参阅了不少专家、学者论著和有关文献，武九铁路客运专线湖北有限责任公司董事长、武汉铁路局站房工程建设指挥部指挥长、教授级高级工程师胡小勇博士提供了大量的素材与资料，多名研究生参与了部分文稿的打印、校对工作，在此谨向他们表示衷心的感谢！

由于工程项目管理在我国的研究与实践的时间不长，有许多问题需要进一步的探讨与实践，加之作者水平有限，书中难免有不当之处，敬请读者批评指正。

编 者

2015 年 9 月于珞珈山

第一版前言

工程项目管理学是研究工程项目管理的理论与方法的学科。其研究领域包括工程项目投资前期和投资建设期的决策、计划、组织、指挥、控制与协调的理论、方法与手段，其目的是使工程项目管理在投资、工期和质量三大目标及其他方面均取得最佳效果，使投资尽快发挥效益，收回投资并使投资增值。

作者在从事多年教学与研究的基础上，按照全国高等院校工程管理学科专业教学指导委员会对工程管理专业培养的要求，为高等院校工程管理专业本科生编写该教材。

全书共分 11 章，其中，第一、二、三、七、九、十章由赖一飞编写，第四章由夏滨编写，第五、六章由夏滨、张清编写，第八章由赖一飞、夏滨编写，第十一章由赖一飞、张清编写。

工程项目管理学在工程管理专业本科生培养计划中处于十分重要的地位。在学习本课程之前，学生应已学过"管理学"、"工程经济学"、"建筑施工组织与技术"等专业基础课，对工程项目已有一定的感性认识并具备一定的管理素质。

本书吸收了国内外工程项目管理的最新成果，密切联系工程实践，内容新颖，体系完整，具有较强的针对性、实用性和可操作性，不仅可作为高等院校工程管理专业的本科教材，亦可作为相关专业及从事项目管理工作的有关人士与研究人员的学习参考书。

在编写过程中，得到了武汉大学教务部、出版社和经济与管理学院的大力支持，参阅了不少专家、学者论著和有关文献，彭巍、孙鹏、刘威、王广磊等研究生参与了部分文稿的打印、校对工作，在此谨向他们表示衷心的感谢！

由于工程项目管理在我国的研究与实践的时间不长，有许多问题需要进一步的探讨与实践，加之作者水平有限，书中难免有不当之处，敬请读者批评指正。

编　者

2006 年 7 月于珞珈山枫园

目　　录

第一章 工程项目管理概述

社会和经济的发展离不开工程项目。本章主要介绍工程项目的含义、特点及分类，工程项目的发展周期，工程项目管理的概念和特点以及内容与目标，阐述了工程项目管理的系统结构、类型以及我国目前的工程项目建设管理体制。

第一节 工程项目及其分类

一、项目的概念

何谓项目，目前在国际上还未形成一个统一、权威的定义，以下仅介绍几种较具代表性的观点。

1. 美国项目管理协会（PMI）的观点

美国项目管理协会在其《项目管理知识体系指南》（*A Guide to the Project Management Body of Knowledge*）文献中称："项目是用来创建唯一性（Unique）的产品或服务的临时性（Temporary）努力。临时性是指每一个项目都有明确的开始和结束。唯一性是指任何产品或服务以一些显著的方式区别于其他任何相类似的产品或服务。"

2. 英国项目管理协会（APM）的观点

项目"是为了在规定的时间、费用和性能参数下满足特定的目标而由一个个人或组织所进行的具有规定的开始和结束日期、相互协调的独特的活动集合"。这个定义由英国项目管理协会（APM）提出，后被确定为英国国家标准（BS），并被国际标准化组织（ISO）采用（ISO10006）。

3. 美国专家约翰·宾的观点

美国专家约翰·宾（John Ben）在中国科技管理大连培训中心提出的在我国被广泛引用的观点是："项目是要在一定时间、预算规定范围内，达到预定质量水平的一项一次性任务。"

4. 美国《管理手册》作者的观点

美国一部有代表性的《管理手册》作者认为，项目是有明确的目标、时间规划和预算约束的复杂活动（Effort），其特征包括：

（1）是为达到一定的目标，有明确的时间和预算约束的复杂活动，且这种活动需要

1

多方面相互协作才能实现。

（2）是一项独特的、不是完全重复以前的活动。

（3）有确定的寿命期，通常包括六个阶段——构想、评价、设计、开发或建造、应用和后评价。

综上所述，有关项目定义的表述形式虽有所不同，但其本质内容基本相同，区别仅在于对具体特征的认识。在这里，我们给出项目的定义：项目是指在一定约束条件下，具有特定目标的一次性事业（或任务）。它包含如下三层含义：

（1）项目是一项有待完成的任务，有特定的环境与要求。

（2）在一定的组织机构内，利用有限资源（人力、物力、财力等），在规定的时间内完成任务。

（3）任务要满足一定性能、质量、数量、技术指标等要求。

项目包括许多内容，可以是建设一项工程，如建造一栋大楼、一座饭店、一座工厂、一座电站、一条铁路，也可以是完成某项科研课题，或研制一项设备，甚至是写一篇论文。这些都是一个项目，都有一定的时间、质量要求，也都是一次性任务。

二、项目的特征

项目作为被管理的对象，具有以下主要特征：

（一）项目的单件性或一次性

这是项目的最主要特征。所谓单件性或一次性，是指就任务本身和最终完成结果而言，没有与这项任务完全相同的另一项任务。例如，一项工程的建设或一项新产品的研制，不同于其他工业产品的批量性，也不同于其他生产过程的重复性。又如，一项新的管理办法的制定，也不同于其他管理，如财务管理的重复性和经常性等。只有认识项目的一次性，才能有针对性地根据项目的特殊情况和要求进行科学、有效的管理。

（二）项目具有一定的约束条件

凡是项目，都有一定的约束条件，项目只有满足约束条件才能获得成功。因此，约束条件是项目目标完成的前提。在一般情况下，项目的约束条件为限定的质量、限定的时间和限定的投资，通常称之为项目的三大目标。对一个项目而言，这些目标应是具体的、可检查的，实现目标的措施也应是明确的、可操作的。因此，合理、科学地确定项目的约束条件，对保证项目的完成十分重要。

（三）项目具有生命周期

项目的单件性和项目过程的一次性决定了每个项目都具有生命周期。任何项目都有其产生时间、发展时间和结束时间，在不同阶段都有特定的任务、程序和工作内容。掌握了解项目的生命周期，就可以有效地对项目实施科学的管理和控制。成功的项目管理是对项目全过程的管理和控制，是对整个项目生命周期的管理。

只有同时具备上述三项特征的任务才称得上项目。与此相对应，大批量、重复进行、目标不明确、局部性的任务，不能称为项目。

三、工程项目的概念及特点

（一）工程项目的概念

工程项目是最为常见最为典型的项目类型，它属于投资项目中最重的一类，是一种既有投资行为又有建设行为的项目的决策与实施活动。

一般来讲，投资与建设是分不开的。投资是项目建设的起点，没有投资就不可能进行建设，而没有建设行为，投资的目的也无法实现，所以，建设过程实质上是投资的决策和实施过程，是投资目的的实现过程，是把投入的货币转换为实物资产的经济活动过程。

当然，投资的内涵要比建设的内涵宽广得多。在某些情况下，投资与建设是可以分开的，即有投资行为而不一定有建设行为，不需要通过建设就可以实现投资的目的，但本书不讨论这方面的内容。我们所要研究的主要是指既有投资行为又有建设行为的项目的决策与实施活动。

总之，工程项目是指为达到预期的目标，投入一定量的资本，在一定的约束条件下，经过决策与实施的必要程序从而形成固定资产的一次性事业。

从管理角度看，一个工程项目应是在一个总体设计及总概算范围内，由一个或者若干个互有联系的单项工程组成的，建设中实行统一核算、统一管理的投资建设工程。

（二）工程项目的特点

工程项目一般具有如下特点：

1. 目标的明确性。任何工程项目都具有明确的建设目标，包括宏观目标和微观目标。政府有关部门主要审核项目的宏观经济效果、社会效果和环境效果。企业则较多重视项目的盈利能力等微观财务目标。

2. 目标的约束性。工程项目实现其建设目标，要受到多方面条件的制约：（1）时间约束，即工程要有合理的工期时限；（2）资源约束，即工程要在一定的人、财、物力条件下完成；（3）质量约束，即工程要达到预期的生产能力、技术水平、产品等级的要求；（4）空间约束，即工程要在一定的施工空间范围内通过科学合理的方法来组织完成。

3. 具有一次性和不可逆性。工程项目建设地点一次性确定，建成后不可移动，设计的单一性，施工的单件性，使它不同于一般商品的批量生产，一旦建成，要想改变非常困难。

4. 影响的长期性。工程项目一般建设周期长，投资回收期长，工程寿命周期长，工程质量好坏影响面大，作用时间长。

5. 投资的风险性。由于工程项目建设是一次性的，建设过程中各种不确定因素很多，因此，投资的风险性很大。

6. 管理的复杂性。工程项目的内部结构存在许多结合部，是项目管理的薄弱环节，使得参加建设的各单位之间的沟通、协调困难重重，也是工程实施中容易出现事故和质量问题的地方。

四、工程项目的分类

按划分的标准不同，工程项目有不同的分类方法。

（一）按投资的再生产性质划分

按投资的再生产性质可分为基本建设项目和更新改造项目，如新建、扩建、改建、迁建、重建项目（属于基本建设项目），技术改造项目，技术引进项目，设备更新项目（属于新改造项目）等。

1. 新建项目，指从无到有、"平地起家"的项目，即在原有固定资产为零的基础上投资建设的项目。按国家规定，若建设项目原有基础很小，扩大建设规模后，其新增固定资产的价值超过原有固定资产价值三倍以上的，也当做新建工程项目。

2. 扩建项目，指企业、事业单位在原有的基础上投资扩大建设的项目。如在企业原场地范围内或其他地点为扩大原有产品的生产能力或增加新产品的生产能力而建设的主要生产车间、独立的生产线或总厂下的分厂，事业单位和行政单位增建的业务用房（办公楼、病房、门诊部等）。

3. 改建项目，是指企业、事业单位对原有设施、工艺条件进行改造的项目。我国规定，企业为消除各工序或各车间之间生产能力的不平衡增建或扩建的不直接增加本企业主要产品生产能力的车间为改建项目。现有企业、事业、行政单位增加或扩建部分辅助工程和生活福利设施（如职工宿舍、食堂、浴室等），并不增加本单位主要效益的，也为改建工程。

4. 迁建项目，指原有企业、事业单位，为改变生产力布局，迁移到另地建设的项目，不论其建设规模是企业原来的还是扩大的，都属于迁建项目。

5. 重建项目，指原有企业、事业单位，因自然灾害、战争等原因，使已建成的固定资产的全部或部分报废以后又投资重新建设的项目。但是，尚未建成投产的项目，因自然灾害损坏再重建的，仍按原项目看待，不属于重建项目。

6. 技术改造项目，指企业采用先进的技术、工艺、设备和管理方法，为增加产品品种、提高产品质量、扩大生产能力、降低生产成本、改善劳动条件而投资建设的改造工程。

7. 技术引进项目，是技术改造项目的一种，少数是新建项目，主要特点是由国外引进专利、技术许可证和先进设备，再配合国内投资建设的工程。

（二）按建设规模划分

按建设规模（设计生产能力或投资规模）划分，分为大、中、小型项目。

1. 工业项目按设计生产能力规模或总投资额，确定大、中、小型项目。

生产单一产品的项目，按产品的设计能力划分。

生产多种产品的项目，按主要产品的设计能力划分；生产品种繁多的项目，难以按生产能力划分者，按投资总额划分。

对改扩建、改造项目，按改扩建增加的设计生产能力或所需投资划分。

2. 非工业项目可分为大中型和小型两种。均按项目的经济效益或总投资额划分。

（三）按建设阶段划分

按建设阶段划分，可分为：

1. 预备项目（投资前期项目）或筹建项目

2. 新开工项目

3. 施工项目

4. 续建项目

5. 投产项目

6. 收尾项目

7. 停建项目

（四）按投资建设的用途划分

按投资建设的用途划分，可分为：

1. 生产性建设项目，如工业项目、运输项目、农田水利项目、能源项目，即用于物质产品生产的建设项目。

2. 非生产性建设项目，指满足人们物质文化生活需要的项目。非生产性项目可分为经营性项目和非经营性项目。

（五）按资金来源划分

按资金来源分类，可分为：

1. 国家预算拨款项目

2. 国家拨款项目

3. 银行贷款项目

4. 企业联合投资项目

5. 企业自筹项目

6. 利用外资项目

7. 外资项目

五、工程项目的构成分解

工程项目可分为单项工程、单位工程、分部工程和分项工程。

（一）单项工程

单项工程一般是指有独立设计文件，建成后可以独立发挥生产能力或效益的一组配套齐全的工程项目。从施工的角度看，单项工程也就是一个独立的系统，它在工程项目总体施工部署和管理目标的指导下，形成自身的项目管理方案和目标，按其投资和质量的要求，如期建成交付生产和使用。

单项工程是项目的组成部分，一个建设项目有时可以仅包括一个单项工程，也可以包括许多单项工程。生产性建设项目的单项工程，一般是指能独立生产的车间，包括厂房建设，设备的安装及设备、工具、器具、仪器的购置等。非生产性建设项目的单项工程，如一所学校的办公楼、教学楼、图书馆、食堂、宿舍等。

单项工程的施工条件往往具有相对的独立性，因此，一般单独组织施工和竣工验收。

单项工程体现了建设项目的主要建设内容，是新增生产能力或工程效益的基础。

（二）单位工程

单位工程是单项工程的组成部分，一般是指不能独立发挥生产能力，但具有独立设计图纸和独立施工条件的工程，通常指一个单体建筑物或构筑物。对民用住宅工程而言，可能包括一栋以上同类设计、位置相邻、同时施工的房屋建筑工程，或一栋主体建筑及其附带辅助建筑物。

一个单位工程往往不能单独形成生产能力或发挥工程效益，只有在几个有机联系、互为配套的单位工程全部建成竣工后才能提供生产和使用。例如，民用建筑物单位工程必须与室外各单位工程构成一个单项工程系统；工业车间厂房必须与工业设备安装单位工程以及室外各单位工程配套完成，形成一个单项工程才能具有生产能力。

（三）分部工程

分部工程是建筑物按单位工程的部位划分的，亦即单位工程的进一步分解。一般工业与民用建筑工程可划分为基础工程、主体工程（或墙体工程）、地面与楼面工程、装修工程、屋面工程等六部分，其相应的建筑设备安装工程由建筑采暖工程与煤气工程、建筑电气安装工程、通风与空调工程、电梯安装工程组成。

（四）分项工程

分项工程是分部工程的组成部分，一般是按工种划分，也是形成建筑产品基本构件的施工过程，例如钢筋工程、模板工程、混凝土工程、砌砖工程、木门窗制作工程等。分项工程是建筑施工生产活动的基础，也是计量工程用工用料和机构台班消耗的基本单元，同时又是工程质量形成的直接过程。分项工程既有其作业活动独立性，又有相互联系、相互制约的整体性。

第二节　工程项目的生命周期

一、工程项目生命周期（Engineering Project Life Cycle）的概念

工程项目生命周期，又称寿命周期，是指一个建设项目由筹划立项开始，直到项目竣工投产，收回投资，达到预期投资目标的整个过程。这一过程的结束往往是另一个新项目的开始，是一个循环过程。

项目的起点是项目概念的提出，项目结束是项目目标的实现。

按照项目自身的运动规律，工程项目按顺序经过投资前期，然后进入投资建设期，最后进入生产运行期，每一个时期又分为若干阶段。不同时期、不同阶段需要投入不同的资源，有着不同的目标和任务，因此有不同的管理内容、要求和特性。

项目周期理论是发达国家和世界银行总结出的一套科学的阶段划分理论和管理理论与方法，大大减少了投资决策的失误和风险。如世界银行对任何一个贷款项目都要经过项目选定、项目准备、项目评估、项目谈判、项目执行和项目总结评价等六个阶段的项目周

期，从而保证世界银行在各国的投资项目具有较高的成功率。

我国根据工程项目自身的运动规律和管理需要，将工程项目周期划分为三个时期：投资前期、投资建设期和生产运行期。其中投资前期分为四个阶段：投资机会选择——选择项目，项目建议书——立项，项目可行性研究和项目评估与决策。投资建设期分为六个阶段：项目选址，项目设计，制定年度建设计划，施工准备与施工，生产准备和竣工验收与交付使用。生产运行期可分为三个阶段：项目后评价、实现生产经营目标和资金回收与增值。

二、工程项目各个阶段的工作任务

（一）投资前期

投资前期指从投资意向形成到项目评估决策。这一时期的中心任务是对工程项目进行科学论证和决策，是项目管理的关键时期。项目的成立与否、规模大小、产品的市场前景、资金来源和利用方式、技术与设备选择等重大问题，都要在这一阶段完成，它是项目的研究决策时期，该时期分为下列四个阶段：

1. 投资机会选择。投资机会选择即选定项目，是对项目内容进行粗略描述和概括，目的是为了找准投资领域和方向。

2. 项目建议书——立项。项目建议书是投资机会研究的具体化，它以书面形式申述项目建设的理由和依据。

3. 项目可行性研究——项目决策的依据。可行性研究是投资前的关键环节，要对项目进行科学、客观、详细的研究论证，提出可行性研究报告，作为项目评估和决策的依据。

4. 项目评估与决策。项目评估是对可行性研究报告的真实性、可靠性进行的评价，是项目决策的最后依据。

（二）建设期

投资建设是项目决策后，从项目选址到项目竣工验收与交付使用这一时期。这一时期的主要任务是通过投资项目的建设，使之成为现实，一般要形成固定资产。投资建设期包括下列六个阶段：

1. 项目选址。从宏观上，要考虑国家、地区的发展规划，产业布局，产业之间的关联状况，地区产业的集聚程度，以及城市建设规划和环境保护等因素；从项目自身需要看，要考虑厂址的自然状况、原材料供应、地质、水文、气候、交通运输条件、燃料动力供应、土地资源等条件。项目选址是否适宜对项目的建设和投产后的生产经营活动会产生重大影响。

2. 项目设计。工程项目一般要下达设计任务书，根据设计任务书进行初步设计和施工图设计。初步设计是项目可行性研究的继续和深化，施工图设计是建设施工的依据。

3. 制定年度建设计划。一般来说，工程项目要跨年度实施，因此，通常以年为单位制定建设计划。

4. 施工准备与施工。施工准备的主要内容有：设备和建筑材料的订货与采购，根据施工图纸、施工组织设计和施工图预算，组织建筑工程的招标，以及征地、拆迁等工作。施工是把项目设计图纸变成实物的关键环节，为保证施工的顺利进行和施工质量，在正式开工之前要认真审查施工的准备工作和施工条件，然后提出开工报告，经主管部门批准，才能动工兴建。工程施工结束后要进行竣工验收。

5. 生产准备。为使工程项目建成投产后，能正常运转并达到设计水平，必须在竣工验收之前做好各项生产准备工作。生产准备工作主要包括：按进度计划培训管理人员和生产工人，组织人员参加设备的安装、调试，熟悉生产工艺流程和操作。

6. 竣工验收与交付使用。竣工验收的目的是为了保证工程项目建成后能达到设计要求的各项技术经济指标。竣工验收一般是先进行单项工程交工验收，然后进行全部工程整体验收。验收合格后，办理固定资产交付使用和转账手续。

（三）生产运行期

项目交付使用之后，便进入生产运行时期，经过生产运行可实现项目的生产经营目标，归还贷款，收回投资，并产生资金增值以便使再生产继续进行。这一时期包括下列工作：

1. 项目后评价。项目后评价是在经过一段时间的生产运行之后，对项目的立项决策、设计、竣工、验收、生产运营过程进行总结评价，以便总结经验，解决遗留问题，提高工程项目的决策水平和投资效果。

2. 实现生产经营目标。包括尽快生产出合格的产品，并达到设计所规定的生产能力（通常称为达产），按计划实现年利润指标。这里最重要的是做好产品的市场开发。

3. 资金回收与增值。项目能否按计划归还贷款、收回投资并达到资金增值的目的，是项目建设的根本出发点。

第三节　工程项目管理的概念与内容

一、项目管理的概念

项目管理可定义为通过项目经理和项目组织的努力，运用系统理论和方法对项目及其资源进行计划、组织、协调、控制，以实现项目的特定目标的管理方法体系。并且，项目管理是一种特别适用于那些责任重大、关系复杂、时间紧迫、资源有限的一次性任务的管理方法体系。

上述项目管理的定义包含了如下五个要点：

（一）项目管理是一种管理方法体系

项目管理是一种已被公认的管理模式，而不是一次任意的管理过程。

项目管理从其诞生之日起至今，一直就是一种管理项目的科学方法，但并不是唯一的方法，更不是一次任意的管理过程。在项目管理诞生之前，人们用其他方法管理了无数的项目；就是在今天，也有许多项目并没有采用项目管理的方法体系对它们进行管理。项目管理不是一次任意的管理项目的实践过程，而是在长期实践和研究的基础上总结的理论方法。应用项目管理，必须按项目管理方法体系的基本要求去做；不按项目管理模式管理项目，不能否认是管理了项目，但也不能承认是采用了项目管理。

项目管理作为一种管理方法体系，在不同国家、不同行业以及它自身的不同发展阶段，无论在结构、内容上，还是在技术、手段上，都有一定的区别。但它最基本的方面，也就是上述定义中所规定的那些内容，则是相对固定的，且已形成为一种公认的专业知识体系。

（二）项目管理的对象和目的

项目管理的对象是项目，即一系列任务。"一系列"在此有着独特的含义，它强调项目管理的对象——项目是由一系列任务组成的整体系统，而不是这个整体的一个部分或几个部分。项目管理的目的是通过运用科学的项目管理技术，更好地实现项目目标。

（三）项目管理的职能

项目管理的职能与其他管理职能是一致的，即是对组织的资源进行计划、组织、协调、控制。资源是指项目所在的组织中可得的、为项目所需要的那些资源，包括人员、资金、技术、设备等，在项目管理中，时间是一种特殊的资源。

（四）项目管理运用系统理论与系统思想

项目在实施过程中，实现项目目标的责任和权力往往被集中到一个人（项目经理）或一个小组身上。由于项目任务是分别由不同的人执行的，所以项目管理要求把这些任务和人员集中到一起，把他们当作一个整体对待，最终实现整体目标，因此，需要以系统的观点来管理项目。

（五）项目管理职能主要由项目经理执行

在一般规模的项目中，项目管理由项目经理带领少数专职项目管理人员完成，项目组织中的其他人员，包括技术与非技术人员负责完成项目任务，并接受管理。如果项目规模很小，那么项目组织内可以只有一个专职管理人员，即项目经理。对于大项目，项目管理的基本权力和责任仍属于项目经理，只是更多的具体工作会分给其他管理人员，项目组织内的专职管理队伍也会更大，甚至组成一个与完成项目任务的人员相对分离的项目管理机构。

二、工程项目管理的目标和内容

（一）工程项目管理的目标

工程项目管理的基本目标是在限定的时间内，在限定的资源条件下，以尽可能快的进度、尽可能低的费用圆满地完成项目任务。具体来说，这一基本目标包括三个主要方面：质量目标、工期目标和费用目标，它们共同构成项目管理的目标体系。

工程项目管理的这三个目标通常由项目任务书、技术设计和计划文件、合同文件等具体规定。在项目管理实践中，这三个目标相互联系和相互制约。

1. 虽然三者共同构成项目管理的目标系统，但某一方面的变化必然引起另两个方面的变化。例如，过于追求缩短工期，必然会损害项目的质量，引起成本增加。

2. 工程项目管理必须保证三者结构关系的均衡性和合理性，任何强调最短工期、最低费用、最高质量的做法都是片面的。三者的均衡性和合理性不仅体现在项目总体上，而且体现在项目的各个单元上，必须构成项目管理内在关系的合理结构。

（二）工程项目管理的工作内容

工程项目管理的目标是通过项目管理工作实现的。为了实现项目目标，必须对项目全过程的各个方面进行管理。按实施项目的全过程来划分，工程项目管理的工作内容可分为：

1. 工程项目目标设计，项目定义及可行性研究。

2. 工程项目的系统分析，包括项目的外部系统（环境）分析和项目的内容系统（项目结构）分析等。

3. 工程项目的计划管理，包括项目的实施方案及总体计划、工期计划、成本（投资）计划、资源计划以及它们的优化。

4. 工程项目的组织管理，包括项目组织机构设置、人员组成、各方面工作与职责的分配、项目业务工作条例的制定等。

5. 工程项目的信息管理，包括项目信息系统的建立、文档管理等。

6. 工程项目的实施控制，包括进度控制、成本（投资）控制、质量控制、风险控制、变更管理等。

7. 项目后工作，包括项目验收、移交、运行准备；项目后评估，即对项目进行总结，研究目标实现的程度、存在的问题等。

三、工程项目管理的系统结构

在工程项目管理过程中，一切的管理工作都是为了取得一个成功的项目而进行的。要取得成功的项目，就必须有全面的项目管理。其全面性主要体现在如下几个方面：

1. 由于项目本身是一个复杂的系统，它由许多子项、分项所构成，因此，全面的项目管理必须包括项目管理对象的全体。

2. 项目管理工作过程，包括预测、决策、计划、控制、反馈等，因此，全面的项目管理应实现各过程的圆满交接。

3. 全面的项目管理应包括全部的项目管理工作的任务，这些任务包括工期、费用、质量（技术）、安全、合同、资源、组织和信息等管理。

在工程项目管理实践中，忽略任何方面都可能导致项目的失败。一个完整的项目管理系统必须将项目的各职能工作、参加单位、项目活动、阶段融合成一个完整有序的整体。

四、工程项目建设的各方

（一）政府

在工程项目建设的过程中，政府的主要职责是：监督参与项目建设的各方，严格按照中央政府及地方政府制定的法律、法规以及质量标准、安全规范进行工程建设。该监督职能贯穿于工程项目建设的所有层次。对于大型基础设施项目及公益事业项目，政府往往是该项目的投资人，除履行其上述的监督职能外，还必须完成业主的项目管理工作，并按照国民经济发展计划确定项目建设规模、建设标准、开工时间等，完成其对国民经济的宏观调控。

（二）业主

业主是工程项目的发起人，其主要职责是：提出项目设想，作出投资决策；筹措项目所需的全部资金（带资承包除外）；选定咨询工程师；按合同规定的条件向承包商支付工程费用等。业主机构可以是政府部门、社团法人、地方政府、国有企业、股份公司、私人组织或个人。

（三）承包商

承包商通常是指承担工程施工及设备采购工作的团体、公司、个人或者联合体。大型的工程承包公司在工程项目建设过程中可作为总承包商与业主签订施工总承包合同，承担整个工程项目的施工任务。总承包商既可以自行完成全部的工程施工，也可以把其中的某些部分转包给其他分包商。同咨询行业一样，也存在很多专业承包商及小型承包商。专业承包商往往在某些专业领域具有特长，能够在成本、工期、质量等方面体现出强于大型承包商的优势。从数量上看，在建筑业中占大多数的还是小型企业。例如，在英国，大部分的企业人数在 15 人以下，但占总数不足 1% 的大型企业却完成总工作量的 70%。从宏观上看，大小并存、专业分工的局面，有利于提高工程项目建设的效率。

（四）咨询工程师与工程咨询公司

咨询工程师是以从事工程咨询业务为职业的工程技术人员和其他专业（如经济、管理等）人员的统称。咨询工程师最初于 19 世纪 30 年代出现在施工行业中，他们拥有实践经验，掌握真正的学识和技能。他们既不是实业家，也不是商人，而是独立地提供咨询服务的专家。咨询工程师的最主要特征就在于其独立性，他们的实践活动不应存在商业倾向性，他们与设备制造、材料供应厂商和施工承包商之间除了执行合同时的约束之外，没有任何经常的隶属关系。在发达国家，咨询工程师除工程师资格登记外，往往还须在他们工作的地方进行"专业咨询工程师"注册登记。绝大多数咨询工程师都以公司的形式开展工作，因此"咨询工程师"一词在很多场合也指工程咨询公司。

工程咨询公司是具有独立法人地位的经营实体，是服务型企业，其形式和规模多种多样。其基本业务是向客户（包括需要使用咨询服务的各种企事业单位，乃至政府机构）提供有偿的专业咨询服务。

（五）金融机构

金融，是指货币资金的融通。金融分为直接金融和间接金融。前者是指没有金融机构介入的资金融通方式；后者是指通过金融机构进行的资金融通方式。

金融机构是指专门从事货币信用活动的中介组织。以银行为主体的金融机构体系的形成是商品经济发展的必然产物。

我国的金融机构，按其地位和功能大致可分为四大类。第一类是货币当局，也叫中央银行，即中国人民银行；第二类是银行，包括政策性银行、商业银行；第三类是非银行金融机构；第四类是在境内开办的外资、侨资、中外合资金融机构。

五、工程项目管理的类型

（一）业主方的项目管理（OPM）

业主方的项目管理是全过程的，包括项目实施阶段的各个环节，主要有组织协调，合同管理、信息管理，投资、质量、进度三大目标控制，人们通俗地将其概括为一协调二管理三控制。

由于工程项目的实施是一次性的任务，因此，业主方自行进行项目管理往往有很大的局限性。首先在技术和管理方面，缺乏配套的力量，即使配备了管理班子，没有连续的工程任务也不是经济的。计划经济体制下，每个建设单位都建立一个筹建处或基建处来搞好工程，这不符合市场经济条件下资源的优化配置和动态管理，而且也不利于建设经验的积累和应用。在市场体制下，工程业主完全可以依靠发达的咨询服务业，为其提供项目管理服务，这就是监理。监理单位可以接受工程业主的委托，为其提供全过程监理服务。建设监理也可以向前延伸到项目投资决策阶段，包括立项策划和可行性研究等。

（二）工程建设总承包方的项目管理（GCPM）

在设计施工总承包的情况下，业主在项目决策之后，通过招标择优选定总承包单位，由其全面负责工程项目的实施过程，直至最终交付使用功能和质量标准符合合同文件规定的工程标的物。因此，总承包方的项目管理是贯穿于项目实施全过程的全面管理，既包括设计阶段，也包括施工安装阶段。其性质和目的是全面履行工程总承包合同，以实现企业承建工程的经营方针和目标，取得预期经营效益为动力而进行的工程项目自主管理。显然，总承包方必须在合同条件的约束下，依靠自身的技术和管理优势或实力，通过优化设计及施工方案，在规定的时间内，按质按量地全面完成工程项目的承建任务。从交易的角度，项目业主是买方，总承包单位是卖方，因此，两者的地位和利益追求是不同的。

（三）设计方的项目管理（DPM）

这是指设计单位受业主委托承担工程项目的设计任务后，根据设计合同所界定的工作目标及责任义务，对建设项目设计阶段的工作所进行的自我管理。设计单位通过设计项目管理，对建设项目的实施在技术和经济上进行全面而详尽的安排，引进先进技术和科研成果，形成设计图纸和说明书，以便实施，并在实施过程中进行监督和验收。设计项目管理包括：设计投标或方案比选、签订设计合同、设计条件准备、设计计划的编制与实施、设计文件验收与归档、设计工作总结、建设实施中的设计控制与监督、竣工验收。由此可见，设计项目管理不仅仅局限于工程设计阶段，而且延伸到了施工阶段的竣工验收阶段。

（四）施工方的项目管理（CPM）

施工单位通过投标取得工程施工承包合同，并以施工合同所界定的工程范围，组织项目管理，简称施工项目管理。从完整的意义上说，这种施工项目应该指施工总承包的完整项目，既包括其中的土建工程施工，又包括建筑设备工程施工安装，最终成功地形成具有独立使用功能的建筑产品。然而，从工程项目系统分析的角度看，分项工程、分部工程也是构成工程项目的子系统。按子系统定义项目，既有其特定的约束条件和目标要求，而且也是一次性的任务。因此，工程项目按专业、按部位分解发包的情况下，承包方仍然可以把按承包合同界定的局部施工任务作为项目管理的对象，这是广义的施工企业的项目管理。

目前，我国建筑施工企业的项目管理是指：施工企业为履行工程承包合同落实企业生产经营方针目标，在项目经理责任制的条件下，依靠企业技术和管理的综合实力，对工程施工全过程进行计划、组织、指挥、协调和监督控制的系统管理活动。项目经理的责任目标体系包括：工程施工质量（Quality）、成本（Cost）、工期（Delivery）、安全和现场标准化（Safety），简称 QCDS 目标体系。显然，这一目标体系既和建设项目的目标相联系，又带有很强的施工企业项目管理的自主性特征。

（五）物资供应方的项目管理（SPM）

从建设项目管理的系统分析角度看，建设物资供应工作也是工程项目实施的一个子系统，它有明确的任务和目标、明确的制约条件以及项目实施子系统的内在联系。因此，制造厂、供应商同样可以将加工、生产、制造和供应合同所界定的对象，作为项目进行目标管理和控制，以适应建设项目目标控制的要求。

第四节　我国目前的工程项目建设管理体制

各国根据各自建筑业发展的具体情况实践着相应的工程项目管理模式。同样，我国也根据目前国内建筑业发展的实际情况，参照国际惯例，确定了工程建设管理体制的主要内容。

一、项目法人责任制

原国家计划委员会于 1996 年发布了《关于建设项目法人责任制的暂行规定》，为了建立投资约束机制，规范项目法人行为，明确其责、权、利，提高建设水平和投资效益，规定国有单位基本建设大中型项目在建设阶段必须组建项目法人。项目法人责任制度是指按公司法的规定设立有限责任公司形式设立项目法人，由项目法人对项目的策划、决策、资金筹措、建设实施、生产经营、债务偿还和资产的保值增值，实行全过程负责的制度。

（一）项目法人的设立

项目建议书被批准后，应由项目的投资方派代表组成项目法人筹备组，具体负责项目法人的筹建工作。在申报项目可行性研究报告时，需同时提出项目法人的组建方案，否则，可行性研究报告不予批准。在项目可行性研究报告被批准后，正式成立项目法人，确保项目资本金按时到位，及时办理公司设立登记。重点工程的公司章程报国家发展与改革委员会（简称发改委）备案，其他项目的公司章程按隶属关系分别报有关部门和地方发改委。

由原有企业负责建设的大中型基建项目，需设立子公司的，要重新设立项目法人；只设立分公司或分厂的，原企业法人即是项目法人，原企业法人应向分公司或分厂派遣专职管理人员，实行专项考核。

（二）项目法人的组织形式和职责

1. 组织形式。国有独资公司设立董事会，由投资方负责组建。国有控股或参股的有限责任公司、股份有限公司设立股东大会、董事会、监事会。各类建设项目的董事在建设期间应至少有一名常驻现场管理。董事会应建立例会制度，讨论项目的重大事宜，对资金支出进行严格管理，以决议形式予以确认。

2. 董事会的职权。建设项目的董事会具有的职权有：负责筹措建设资金；审核、上报项目初步设计和概算文件；审核、上报年度投资计划，落实年度资金；提出项目开工报告；研究解决建设过程中出现的重大问题；负责提出项目竣工验收报告；审定偿还债务计划和生产经营方针，并负责按时偿还债务；聘任或解聘项目总经理，并根据总经理的提名聘任或解聘其他高级管理人员。

3. 项目总经理的职权。项目总经理具体行使的职权有：组织编制项目初步设计文件，对项目工艺流程、设备选型、建设标准、总图布置提出意见，提交董事会审查；组织工程设计、施工监理、施工队伍和设备材料采购的招标工作，编制和确定招标方案、标底和评标标准，评选和确定投、中标单位，实行国际招标的项目，按现行规定办理；编制并组织实施项目年度投资计划、用款计划、建设年度计划；编制项目财务预、决算；编制并组织实施归还贷款和其他债务计划；组织工程建设的实施，负责控制工程投资、工期和质量；在项目建设过程中，在批准的概算范围内对单项工程的设计进行局部调整（凡引起生产性质、能力、产品品种和标准变化的设计调整以及概算调整，需经董事会决定并报原审批单位批准）；根据董事会授权处理项目实施中的重大紧急事件，并及时向董事会报告；负责生产准备工作和培训有关人员；负责组织项目试生产和单项工程预验收；拟订生产经营计划、企业内部机构设置、劳动定员定额方案及工资福利方案；组织项目后评价，提出项目后评价报告；按时向有关部门报送项目建设、生产信息和统计资料；提请董事会聘任或解聘项目高级管理人员。

（三）考核和奖罚

对项目法人考核奖罚的主要方式有：

1. 项目董事会负责对总经理进行定期考核，各投资方对董事会成员进行定期考核。

2. 国务院各有关部门、各地发改委负责对有关项目进行考核。主要考核：固定资产投资与建设的法律、法规执行情况；国家年度投资计划和批准设计文件的执行情况；概算控制、资金使用和工程组织管理情况；工程质量、工期和安全的控制情况；生产能力和国有资产形成投资效益情况；土地、环境保护和国有资源利用情况；精神文明建设情况；其他需要考核的情况。

3. 建立对董事长、总经理的任职和离职的审计制度。

4. 凡应实行项目法人责任制而没有实行的建设项目，投资计划管理部门不准批准开工，也不予安排投资计划。

二、招投标制度

为把市场竞争机制引入投资体制，党的十四届五中全会不仅明确提出工程建设要全面推行项目法人责任制，而且还明确要求工程建设实行招投标制度。原国家计委于 1997 年 8 月印发了大中型项目实行招投标制度的有关规定；1999 年，全国人民代表大会又通过了《中华人民共和国招标投标法》，要求大中型建设项目的主体工程设计、建筑安装、监理和主要设备、材料设备、工程总承包单位以及招标代理机构，必须通过招标投标确定。招标投标不受地区、部门、行业的限制，任何地区、部门和单位不得进行保护。招标投标应遵循公平、公开、公正、择优和诚实守信的原则。招标投标必须严格按照程序进行。

三、工程监理制

所谓工程监理，就是监理的执行者，依据建设行业法规和技术标准，综合运用法律、经济、行政和技术手段，对工程建设参与者的行为及其责、权、利，进行必要的协调与约束，保障工程建设井然有序、顺利进行，达到工程建设的好、快、省，取得最佳投资效益的目的。建设监理的基本框架是两个层次，一个体系。两个层次是指政府建设监理、社会建设监理，一个体系是指通过合同管理和信息管理形成建设工程的投资、进度、质量的协调控制体系。从工作性质、内容及作用来看，目前我国推行的工程监理制度与国外为业主所进行的项目管理咨询相似，但又有较大区别。发达国家的项目管理咨询服务，如本书第一节所述，一般包括设计准备阶段、设计阶段、施工阶段、投产前准备阶段和保修阶段，每个阶段都要进行成本控制、进度控制、质量控制、合同管理、信息管理和组织协调六个方面的工作。我国的工程监理，按最初设想，也包括建设前期的投资决策咨询、设计阶段、招投标阶段和施工阶段，监理的主要内容是控制工程建设的投资、进度（工期）和质量，进行工程建设合同管理，协调有关单位间的关系。但实践中，由于种种原因，目前工程监理主要在施工阶段，而且重在施工质量控制。为此，今后应参照国外工程项目管理的做法，加大工程监理的力度，拓展工程监理的范围，遵照《中华人民共和国建筑法》，将政府投资的工程建设项目列为强制监理的工程范围。另外，还应加强监理工程师培训、注册、执业管理，提高监理队伍的素质和技能水平。

四、合同管理制

合同是约束和规范合同双方行为的重要依据和手段。从 1991 年起，建设部和国家工商总局相继联合颁发了《建设工程勘察合同示范文本》、《建设工程施工合同示范文本》、《工程建设监理合同示范文本》、《建筑装饰施工合同示范文本》，但现行的合同文本均为推荐使用文本。目前，我国正组织力量参照 FIDIC 合同条件，对《建设工程施工合同示范文本》进行修订，充实论证后，将该文本在部分政府工程中推行使用。此外，还应参照 FIDIC 合同条件，针对不同的工程规模、性质、承发包方式等，制定不同的合同通用条款和专用条款，形成标准合同文本系列，供在不同的政府工程中强制推行使用。另外，我国合同法已获全国人民代表大会通过并于 1999 年 10 月 1 日起开始实行，这必将推动我国建设工程合同管理更加规范地向前发展。

第五节　工程项目管理的产生与发展

一、工程项目管理的产生

工程项目管理实践的历史可以追溯到几千年前。随着人类的社会进步和生产水平的不断提高，社会的政治、经济、文化、宗教、生活、军事等活动产生了某些工程需求。当社会生产力的发展水平能满足这些需要时，就出现了工程项目。历史上的工程项目最主要表现在建筑工程项目上，主要包括：房屋建筑、水利工程、道路桥梁、陵墓工程、军事工程等。这些工程项目又都是当时社会的政治、经济、文化、宗教活动的一部分，体现着当时社会生产力的发展水平。现存的许多古代建筑，如中国的长城、故宫、大运河、都江堰水利工程和埃及的金字塔等，规模宏大，工艺精湛，至今还产生着巨大的经济和社会效益。

在如此复杂的工程项目中，必然有相当高的项目管理水平相配套，否则将难以想像。虽然人们没有记录当时项目管理的情景，但可以肯定，在这些工程建设中，各活动之间必然有统筹的安排，必有一套严密的甚至是军事化的组织管理；必有时间（工期）上的安排（计划）和控制；必有费用的计划和核算；必有预定的质量要求、质量检查和控制。但是也应该说，由于当时科学技术水平和人们认识能力的限制，不可能有现代意义上的项目管理。

二、现代项目管理的发展

现代项目管理是在 20 世纪 60 年代以后发展起来的。它的起因主要有两个方面：

1. 由于社会生产力的高速发展，大型和特大型项目越来越多。如航天工程、核武器研究、导弹研制、大型水利工程、交通工程等，项目规模大，技术复杂，参加单位多，大多受到时间和资金的严格限制，需要新的管理手段和方法。水资源开发利用、水力发电、灌溉排水、防洪除涝、供水和环境水利工程等的实施与建设，例如我国的葛洲坝、大亚湾核电厂、青藏铁路等大型工程的建设，也使工程项目管理的手段、方法和理论都得到了迅速的发展。

2. 由于现代科学技术的发展，产生了系统论、信息论、控制论、计算机技术、运筹学、预测技术、决策技术，这些给项目管理理论和方法的发展提供了可能性。项目管理在近 50 年的发展中，大致经历了如下几个阶段：

20 世纪 50 年代，网络技术（GPM/PERT 网络）应用于工程项目的工期计划和控制中并取得了成功。具有标志性的是美国 1957 年的北极星导弹研制和登月计划，对项目管理发展与应用具有开创性。

20 世纪 60 年代，人们可以利用大型计算机进行网络计划的分析计算，对项目进行工期计划和控制。但由于当时计算机不普及，上机费用较高，一般的项目不可能使用计算机进行管理，项目管理尚不十分普及。

20世纪70年代初计算机网络分析程序已十分成熟，人们将信息系统方法引入项目管理中，提出项目管理信息系统。这使人们对网络技术有更深的理解，扩大了项目管理的研究深度和广度，在工期计划的基础上实现用计算机进行资源和成本的计划、优化和控制。同时，项目管理的职能不断扩展，对项目管理过程和各种管理职能进行了全面、系统的研究与应用。

20世纪70年代末80年代初，由于计算机的普及和软件的开发，信息的收集、处理更加方便，计算时间缩短，调整容易，程序与用户友好等优点，使项目管理理论和方法得到了广泛的应用，项目管理工作大为简化、高效并取得了显著的经济和社会效益。

20世纪90年代以后，项目管理有了新的发展。为了在迅猛变化、竞争激烈的市场中迎接经济全球化、集团化的挑战，项目管理更加注重人的因素，注重顾客，注重柔性管理，力求在变革中生存和发展。在这个阶段，应用领域进一步扩大，尤其是在新兴产业中得到了迅速发展，譬如电讯、软件、信息、金融、医药等。现代项目管理的任务已不仅仅是执行项目，而且还要开发项目、经营项目，以及为经营项目完成后形成的设施或其他成果准备必要的条件。

总之，随着社会的进步、市场经济的进一步完善、生产社会化程度的提高，人们对项目的需求也愈来愈多，而项目的目标、计划、协调和控制也更加复杂。这将促进项目管理理论和方法的进一步发展。

三、现代项目管理的特点

(一) 项目管理理论、方法和手段的科学化

现代项目管理吸收了现代科学技术的最新成果，具体表现在：

1. 现代管理理论的应用，例如系统论、信息论、控制论、行为科学等在项目管理中的应用。它们奠定了现代项目管理理论体系的基石。

2. 现代管理方法的应用，如预测技术、决策技术、数学分析方法、数理统计方法、模糊数学、线性规划、网络技术、图论、排队论等，它们是解决各种复杂项目问题的工具。

3. 管理手段的现代化，最显著的是计算机的应用以及现代图文处理技术、精密仪器、多媒体和互联网的使用等。目前以网络技术为主的项目管理软件已在工期、成本、资源等的计划、优化和控制方面十分完善，大大提高了项目管理的效率。

(二) 项目管理的社会化和专业化

由于现代社会对项目的要求越来越高，项目的数量越来越多，规模越来越大，越来越复杂，需要职业化的项目管理者。

以往在进行工程建设时要组织管理班子，例如组建基建部门，成立"指挥部"，一旦工程结束这套班子便解散或空闲，管理人员的经验得不到积累。在现代社会中，专业化的项目管理公司专门承接项目管理业务，提供全过程的专业化咨询和管理服务。项目管理

（包括咨询、工程监理等）已成为一个新兴产业，已探索出许多比较成熟的项目管理模式。这样便能使工程项目的建设达到投资省、进度快、质量好的目标。

（三）项目管理的多元化

由于人类社会的大部分活动都可以按项目来运作，当代的项目管理已深入到各行各业，以不同的类型、不同的规模而出现。在行业方面，建筑业的项目管理实践历史最悠久，随后是 20 世纪 40 年代美国的国防工业，继而是各行各业，特别是现在，项目管理受到了高新技术产业及各种社会大型活动的重视，并开始在这些领域发挥它的作用。项目管理的多元化，表现在项目类型方面，有各种不同角度的分类，如宏观、微观、重点、非重点，工程、非工程，硬项目、软项目等。正因为项目类型多元化，所以，在实践中，有的项目是指大类，如城市建设项目、技术改造项目，有的项目则是指一件小的具体任务，如筹办一次运动会、举办一个培训班等。项目管理的多元化反映在项目的规模上，也有类似情况。项目的范围有大有小，时间有长有短，涉及的行业、专业、人员也差别很大，难度也有大有小，因此，出现了各种各样的项目管理方法。

（四）项目管理的标准化和规范化

项目管理是一项技术性非常强、十分复杂的工作，管理必须标准化、规范化，以提高管理水平和经济效益。标准化和规范化体现在很多方面，如：

1. 规范化的定义和名词解释。

2. 规范化的项目管理工作流程。

3. 统一的项目费用（成本）划分。

4. 统一的工程计量方法和结算方法。

5. 信息系统的标准化，如信息流程、数据格式、文档格式与系统、项目计划的表达形式和各种工程文件的标准化。

6. 使用标准的合同条件及其相关文件等。

（五）项目管理国际化

知识经济时代的一个重要特点是知识与经济的全球化。竞争的需要和信息技术的支撑，必将促进项目管理的国际化发展。具体表现在如下几个方面：

1. 国际间的项目合作日益增多。国际间的合作与交流往往都是通过具体项目实现的。通过这些项目，各国的项目管理方法、文化、观念也得到了交流与沟通。

2. 国际化的专业活动日益频繁。现在每年都有许多项目管理专业学术会议在世界各地举行，少则近百人，多则上千人，吸引着各行各业的专业人士参加。

3. 项目管理专业信息的国际共享。由于 Internet 的发展，许多国际项目管理组织已在国际互联网上建立了自己的网站，各种项目管理专业信息可以在网上很快查阅，实现了项目管理专业信息的国际共享。例如，美国 PMI *A Guide to Project Management Body of Knowledge* 整本书都可以从网上查阅或下载。

项目管理的全球化发展既为我们创造了学习的机遇，也给我们提出了高水平国际化发展的要求。

小　结

　　本章阐述了项目、工程项目的概念与特征，通过对工程项目的分类、构成与生命周期的描述，使我们对工程项目建立了一个系统的概念，然后进一步说明了工程项目管理的内容与目标，提出了工程项目管理的系统结构，进而对工程项目管理的类型进行了分类。最后，介绍了我国目前的工程项目建设管理体制及工程项目管理的产生与发展。

思考题

1. 如何理解项目的概念？其特征有哪些？
2. 工程项目有哪些特点？举例说明这些特点。
3. 工程项目有哪些种类？
4. 工程项目构成是如何分解的？
5. 工程项目生命期有哪几个阶段？
6. 如何理解项目管理的概念？工程项目的主要参与方有哪些？
7. 如何理解工程项目管理的系统结构？
8. 简述我国目前的工程项目建设管理体制。工程项目管理的类型有哪些？

第二章　工程项目的决策管理

项目投资活动是一项极其复杂的系统工程。为了科学地选择投资项目，实现投资活动的预期效益目标，认真进行项目前期策划尤为重要。本章主要讨论了工程项目投资前期决策管理的有关内容。首先阐述了决策的原则与程序，分阶段介绍了机会研究与项目建议书的编制。随后，着重介绍了可行性研究的相关内容。最后，介绍了设计任务书的编制与审计，对可行性研究与项目评估决策的区别与联系进行了分析。

第一节　工程项目投资决策的原则与程序

一、工程项目投资决策的概念

决策，一般是指为了实现某一目标，根据客观的可能性和科学的预测，通过正确的分析、计算以及决策者的综合判断，对行动方案的选择所做出的决定。决策是整个项目管理过程中一个关键的组成部分，决策的正确与否直接关系到项目成败。

工程项目投资决策是指投资决策中的微观决策，它不像宏观决策那样是国家和地区对投资的总规模、方向、结构、布局等进行评价和决定，而是指投资主体（国家、地方政府、企业或个人）对拟建项目必要性和可行性进行技术经济评价，对不同建设方案进行比较选择，以及对拟建项目的技术经济指标做出判断和决定的过程。

二、工程项目投资决策的原则

工程项目投资决策是对一个复杂的多因素的投资系统进行逻辑分析和综合判断的过程。为保证投资决策成功，避免失误，在决策过程中必须遵循下列原则：

（一）科学化决策原则

投资决策要客观，要按科学的决策程序办事，要运用科学的决策方法。

为实现科学决策，应注意下列环节：

1. 确定投资目标。

2. 围绕预定目标拟定出多个实施方案。

3. 在多个方案中进行比较选择。

4. 要预计方案实施过程中可能出现的变化及应采取的应急措施，还要考虑到预定目标实现后的实际效果。

（二）民主化决策原则

投资决策应避免单凭个人主观经验决策，应广泛征求各方面的意见，在反复论证的基础上，由集体做出决策。民主决策是科学决策的前提和基础。

（三）系统性决策原则

要根据系统论的观点，全面考核与投资项目有关的各方面的信息。为此，要进行深入细致的调查研究，包括市场需求信息、生产供给信息、技术信息、政策信息、自然资源与经济社会基础条件等信息，还要考虑相关建设和同步建设，项目建设对原有产业结构的影响，项目的产品在市场上的竞争能力与发展潜力。

（四）效益决策原则

要讲求项目总体效益最优、微观效益与宏观效益统一、近期效益与远期效益统一。

三、工程项目投资决策的程序

工程项目投资决策程序是指投资项目在决策过程中应遵循的客观规律与先后顺序。科学的决策必须建立在符合客观规律的决策程序的基础上，才能避免主观性和盲目性。工程项目投资决策一般要按下列程序进行：

（一）调查研究，选择投资机会，确定投资目标

决策的目的是研究如何行动才能达到预定的目标。因此，决策的首要任务就是确定一个正确的投资目标。目标从哪里来？这要靠在正确的经营思想指导下，通过周密的市场调查，掌握可靠的市场信息，寻找投资的机会，在此基础上确定投资目标。在拟定投资目标时，应力求具体、明确，以便执行。

（二）拟定可供选择的投资方案

研究投资目标和分析实现目标的环境条件，特别是其中的约束条件，这两者是不可分离的。要根据选定的目标和约束条件，拟定多个可行的备选方案，供比较选择。

（三）评价优选方案

对各个备选方案进行技术、经济、社会各个方面效果的分析、比较、评价，从中选出最佳方案。由于人们掌握信息的不完整性、知识的不完备性，不可能列出全部可行方案，因此，从有限的备选方案中选出的最佳方案，也仅仅是一个最满意的方案。

（四）选定方案进行决策

决策者应从评价中根据自己的投资目标和价值观，从中选取自己最满意的方案，然后进行投资。

改革开放以来，我国借鉴世界银行和西方国家项目投资决策的成功经验，结合我国的实际情况，国家发改委（即国家发展和改革委员会）及有关部门制订了一套适合我国国情的投资决策程序和审批制度，目的是为了减少和避免投资决策的失误，提高投资效果。

按照国家的有关规定，大、中型基本建设项目投资前期的研究决策程序如下：

投资机会研究与项目初选→编制并上报项目建议书，经批准立项→进行可行性研究，

提交可行性研究报告→编制并上报设计任务书→项目评估和决策。

第二节　机会研究与项目建议书的编制

一、投资机会研究

投资机会研究又称投资机会鉴别，其主要任务是提出工程项目投资去向的建议，即在一个确定的地区和部门内，根据自然资源、市场需求、国家产业政策及国际贸易情况，通过调查、预测和分析研究，选择项目，识别最有利的投资机会。

机会研究是相当粗略的。它所使用的技术经济数据主要靠笼统估计，而不是详细估算。

机会研究又分一般机会研究和具体项目机会研究两种。

一般机会研究通常由国家机关和公共机构进行，其目的是提供投资的方向性建议，包括地域性投资机会、部门性投资机会和资源利用性投资机会的方向性建议。地域性投资机会指某一特定地区内的投资机会；部门性投资机会是指投资于某一特定部门或行业的机会；资源利用性投资机会指利用某种自然矿藏、水力或工农业等资源为目的的投资机会。通过一般机会研究初步确定某个具体项目后，尚需进行具体项目机会研究。

具体项目机会研究一般是由企业针对特定的产品进行的。企业为了自身的生存和发展，制定发展规划，并在此基础上捕捉投资机会，提出具体的项目设想，对其进行概略的分析。对于有前途的项目，留作进一步研究。经机会研究认定没有前途的项目则终止研究。

不同投资主体由于投资的动机不同，自然对投资机会研究的内容以及项目选择的标准会有很大差别。比如国家投资选择的重点是涉及国计民生的基础设施和基础产业项目，地方政府投资选择的方向是地方的公益项目，而企业投资是为获取最大利润的投资领域和投资方向，并通过构思形成项目初步概念，问题的核心是寻找最有市场发展前景的投资机会。

机会研究的主要内容是：投资项目选择，投资机会的资金条件、自然资源条件和社会地理条件，项目在国民经济中的地位和对产业结构、生产力布局的影响，拟建项目产品在国内外市场的需求量及替代进口的可能性，项目的财务收益和国民经济效益的大致预测等。

进行市场调查，发现新的需求，确定投资方向，构思投资项目，选择投资方式，拟订项目实施的初步方案，估算所需投资和预期可能达到的目标，是投资机会研究的主要工作。

二、项目初选

经机会研究认定有前途的项目，可进入项目初选阶段。项目初选是介于机会研究和可行性研究之间的一个重要阶段，一般也称为初步可行性研究或预可行性研究阶段。进入这一阶段的国家项目重点是涉及国计民生的基础设施和基础产业项目，地方政府投资选择的方向是地方的公益项目，而企业投资是为获取最大利润，必然选择有市场竞争优势的投资项目。

三、项目建议书及其作用

项目建议书是拟建项目的承办单位（项目法人或其代理人），根据国民经济和社会发展的长远目标、行业和地区的规划、国家的经济政策和技术政策以及企业的经营战略目标，结合本地区、本企业的资源状况和物质条件，经过市场调查，分析需求、供给、销售状况，寻找投资机会，构思投资项目概念，在此基础上，用文字形式，对投资项目的轮廓进行描述，从宏观上就项目建设的必要性和可能性提出预论证，进而向政府主管部门推荐项目，供主管部门选择项目的法定文件。

编制项目建议书的目的是提出拟建项目的轮廓设想，分析项目建设的必要性，说明技术上、市场上、工程上和经济上的可能性，向政府推荐建设项目，供政府选择。

四、项目建议书编制的内容

项目建议书编制的主要内容有：

1. 项目的名称、承办单位、项目负责人。
2. 项目提出的目的、必要性和依据。

对技术引进项目还要说明拟引进技术的名称、内容，国内外技术的差异，技术来源的国别、厂商。进口设备项目，要说明拟进口设备的理由，生产条件，设备的名称、规格、数量、价格等。

3. 项目的产品方案、市场需求、拟建生产规模、建设地点的初步设想。
4. 资源情况、建设条件、协作关系和引进技术的可能性及引进方式。
5. 投资估算和资金筹措方案及偿还能力预计。
6. 项目建设进度的初步安排计划。
7. 项目投资的经济效益和社会效益的初步估计。

目前我国除利用外资的重大项目和特殊项目之外，一般项目不作国外所做的初步可行性研究，项目建议书的深度大体上相当于国外的初步可行性研究。

五、项目建议书的审批

项目建议书的审批按国家有关规定进行：

1. 大中型基本建设项目、限上技术改造项目、技术引进和设备进口项目的建议书，按企业隶属关系，选送省、市、自治区、计划单列城市或国务院主管部门审查后，再由国家发改委审批。重大项目，技改引进项目总投资在限额以上的项目，由国家发改委报国务院审批，需要由银行总行会签。

技改内容简单的，外部协作条件变化不大的，无需从国外引进技术和进口设备的限上项目，项目建议书由省、市、自治区审批，国家发改委只作备案。

2. 小型基本建设项目、限下技术改造项目的建议书，按企业隶属关系，由国务院主管部门或省、市、自治区发改委审批，实行分级管理。

1992 年国务院颁发的《全民所有制工业企业转换经营机制条例》规定：遵照国家的产业政策和行业、地区发展规划，以自有资金或自筹资金从事生产性建设，能够自行解决建设和生产条件的，由企业自主决定立项，在政府有关部门备案。

随着国有资产管理体制的改革，国家会有选择地将一批大型企业集团的集团公司授权为国有资产的投资机构。国家授权的投资机构在批准的长期发展计划之内，可自主决定投资项目立项。

项目建议书经批准，称为"立项"，项目即可纳入项目建设前期工作计划，列入前期工作计划的项目可开展可行性研究。"立项"是初步的，因为审批项目建议书可否决一个项目，但不能肯定一个项目。立项仅说明一个项目有投资的必要性，但不明确，尚需进一步开展研究工作。

第三节 工程项目可行性研究管理

按照批准的项目建议书，项目承办单位应委托有资格的设计机构或工程咨询单位，按照国家的有关规定进行项目的可行性研究。

一、可行性研究的含义

可行性研究（Feasibility Study，FS）是一种包括机会研究、初步可行性研究和可行性研究三个阶段的系统的投资决策分析研究方法，是项目投资决策前，对拟建项目的所有方面（工程、技术、经济、财务、生产、销售、环境、法律等）进行全面的、综合的调查研究，对备选方案从技术的先进性、生产的可行性、建设的可能性、经济的合理性等进行比较评价，从中选出最佳方案的研究方法。

可行性研究要回答的问题有：为什么要进行这个项目？项目的建设条件是否具备？项目的产品或劳务市场的前景如何？项目的规模多大？项目厂址选在何处？项目所需要的各种原材料、燃料及动力供应条件怎样？项目采用的设备和工艺技术是否先进可靠？项目的筹资方式、融资渠道、盈利水平以及风险程度如何？可行性研究从项目选择立项、建设到生产经营的全过程来考察分析项目的可行性，为投资者的最终决策提供直接的依据。

可行性研究是项目决策的基础和依据，是科学地进行工程项目建设、提高经济效益的重要手段。

二、可行性研究的阶段划分

西方国家推行可行性研究较早（1962 年），20 世纪 60 年代后发展成为投资决策前的一项必做的工作。根据可行性研究深度的不同，把可行性研究分为"机会研究"、"初步可行性研究"和"可行性研究"。

（一）机会研究（Opportunity Study）

机会研究是可行性研究的初始阶段，研究的主要目的是寻找投资机会。详细内容见第二节。

（二）初步可行性研究（Pre-feasibility Study）

初步可行性研究的主要目的在于判断机会研究提出的投资方向是否正确，要解决的主要问题是：

1. 项目是否有前景。

2. 是否需要进行详细的可行性研究。

3. 有哪些关键性问题需要做辅助研究（如市场需求调查、关键新技术的试验、中间试验等）。

对工程项目来说，初步可行性研究所需的资料有：初步的厂址选择，简单的生产工艺流程图，初步设备一览表，建筑物、构筑物的大致尺寸和型式，公用工程估计需要量，工程项目布置轮廓图等。

初步可行性研究虽然比机会研究在内容的深度和广度上进了一步，但仍不能满足项目决策的要求。另外，对决定项目取舍的关键问题可进行专题研究或辅助研究。专题研究和辅助研究可与初步可行性研究同步进行，又可分开进行，其研究结果可以否定初步可行性研究。

对改建、扩建、技改等项目可直接进行初步可行性研究，而不做机会研究。

初步可行性研究所提供的投资估算和成本费用测算结果，允许误差在±20%之内。

（三）可行性研究（Feasibility Study）

这是工程项目投资决策的关键阶段，该阶段要对工程项目进行技术经济综合分析，并对多方案进行比较，为工程项目建设提供技术、生产、经济、商业等方面的依据。关于可行性研究的内容，下面再说明。通过可行性研究要得出明确的结论：可以推荐一个最佳方案，也可以列出几个可供选择的方案，指出其利弊，由决策者决定，当然也可以得出"不可行"的结论。

在可行性研究阶段，除工艺技术已成熟的项目可以利用已建成类似项目的数据之外，一般要结合具体方案作详细的调研，收集有关的具体数据，因为它要求对拟建项目的投资和成本费用估算，精确度达到±10%以内。

综上所述，机会研究和初步可行性研究，是为解决是否下决心进行工程项目建设提供科学依据，而可行性研究则是为如何进行工程项目建设提供科学依据。一般说来，要决定一个大、中型项目，先要做机会研究，获得"可行"的结论，再做初步可行性研究；如认为不可行，则就此作罢。经初步可行性研究认为项目可行，再转入可行性研究；如认为不可行，也就到此为止。但是，这一程序并不是绝对的，主要看有关工程项目建设诸问题明朗的程度，对其把握性如何。如果把握性很大，那就可以越过机会研究和初步可行性研究阶段，直接进行可行性研究。

三、可行性研究的作用

可行性研究是确定建设项目之前具有决定性意义的工作，它一方面要充分研究建设条件，提出建设的可能性；另一方面又要进行经济分析评价，提出建设的合理性。可行性研究的作用主要表现在以下几个方面：

（一）为项目投资决策提供依据

一个项目的成功与否及效益如何，会受到社会、自然、经济、技术诸多不确定因素的影响，而项目的可行性研究，有助于分析和认识这些因素，并依据分析论证的结果提出可靠或合理的建议，从而为项目的决策提供强有力的依据。

（二）为项目向银行等金融机构申请贷款、筹集资金提供依据

银行是否给一个项目贷款融资，其依据是这个项目是否能按期足额归还贷款本息。银行只有在对贷款项目的可行性研究进行全面细致的分析评价之后，才能确认是否给予贷款。例如，世界银行等国际金融组织都视项目的可行性研究报告为项目申请贷款的先决条件。

（三）为项目设计、实施提供依据

在可行性研究报告中，对项目的建设方案、产品方案、建设规模、厂址、工艺流程、主要设备和总图布置等作了较为详细的说明，因此，在项目的可行性研究得到审批后，即可以作为项目编制设计的依据。

只有经过项目可行性研究论证，被确定为技术可行、经济合理、效益显著、建设与生产条件具备的投资项目，才能允许项目单位着手组织原材料、燃料、动力、运输等供应条件和落实各项投资项目的实施条件，为投资项目顺利实施作出保证。项目的可行性研究是项目实施的主要依据。

（四）为项目签订有关合同、协议提供依据

项目的可行性研究是项目投资者与其他单位进行谈判，签订承包合同、设备订货合同、原材料供应合同、销售合同及技术引进合同等的重要依据。

（五）为项目进行后评价提供依据

要对投资项目进行投资建设活动全过程的事后评价，就必须以项目的可行性研究作为参照物，并以其作为项目后评价的对照标准。尤其是项目可行性研究中有关效益分析的指标，无疑是项目后评价的重要依据。

（六）为项目组织管理、机构设置、劳动定员提供依据

在项目的可行性研究报告中，一般都须对项目组织机构的设置、项目的组织管理、劳动定员的配备方案及其培训、工程技术及管理人员的素质及数量要求等作出明确的说明，故项目的可行性研究可作为项目组织管理、机构设置及劳动定员的依据。

四、可行性研究的内容

项目可行性研究的目的主要解决四个问题：一是项目建设的必要性；二是研究项目的技术方案及其可行性；三是研究项目生产建设的条件；四是进行财务和经济评价，解决项目建设的经济合理性。为解决上述问题，可行性研究主要研究下列问题：

1. 市场研究与需求分析。

2. 产品方案与建设规模。

3. 建厂条件与厂址选择。

4. 工艺技术方案设计与分析。

5. 项目的环境保护与劳动安全。

6. 项目实施进度安排。

7. 投资估算与资金筹措。

8. 财务效益和社会效益评估等。

现介绍具有代表性的联合国工业发展组织（UNIDO）《工业可行性研究编制手册》规定的工业项目可行性研究报告的内容和原国家计委《关于建设项目进行可行性研究的试行管理办法》规定的工业可行性研究报告的内容。

五、可行性研究报告的内容

（一）总论

总论分为四部分。

1. 项目提出的背景和依据

项目提出的背景是指项目是在什么背景下提出的，包括宏观和微观两个方面，也就是项目实施的目的。

项目提出的依据是指项目是依据哪些文件成立的，一般包括项目建议书的批复、选址意见书及其他有关各级政府、政府职能部门、主管部门、投资者的批复文件和协议（或意向）等用以考察该项目是否合乎规定的投资决策程序。

2. 投资者概况

投资者概况包括投资者的名称、法定地址、法定代表人、注册资本、资产和负债情况、经营范围和经营概况（近几年的收入、成本、利税等）、建设和管理拟建项目的经验，用以考察投资者是否具备实施拟建项目的经济技术实力。

3. 项目概况

项目概况包括项目的名称、性质、地址、法人代表、占地面积、建筑面积、覆盖率、容积率、建设内容、投资和收益情况等，以使有关部门和人员对拟建项目有一个充分的了解。

4. 可行性研究报告编制依据和研究内容

可行性研究报告的编制依据一般包括有关部门颁布的关于可行性研究的内容和方法的

规定、条例；关于技术标准和投资估算方法的规定；投资者已经进行的前期工作和办理的各种手续；市场调查研究资料；其他有关信息资料等。

可行性研究的内容一般包括市场、资源、技术、经济和社会等五大方面。具体的讲，包括建设必要性分析、市场研究、生产规模的确定、建设和生产条件分析、技术分析、投资估算和资金筹措、财务数据估算、财务效益分析、不确定性分析、国民经济评价、社会评价、结论与建议等。

（二）项目建设必要性分析

项目建设必要性分析从两方面进行，即宏观必要性分析和微观必要性分析。宏观必要性分析包括：项目建设是否符合国民经济平衡发展和结构调整的需要；项目建设是否符合国家的产业政策。微观必要性分析包括：项目产品是否符合市场的要求；项目建设是否符合地区或部门的发展规划；项目建设是否符合企业战略发展的要求，能否给企业带来效益。

（三）产品市场分析与结论

市场分析是指对项目产品供求关系的分析。通过科学的方法预测项目产品在一定时期的供给量和需求量，并对其进行定量和定性分析，最后得出结论，即项目产品是否有市场。

（四）生产规模的确定

首先分析决定拟建项目生产规模的因素，然后依据这些因素，用科学的方法确定项目的生产规模，并分析拟建项目的规模经济性。

（五）建设条件分析与结论

项目的建设条件主要有：物质资源条件，即自然资源条件、原材料和动力条件；交通运输条件，主要指厂外的交通运输；工程地质和水文地质条件；厂址条件和环境保护条件；等等。

建设条件分析主要是分析资源条件的可靠性，原材料供应的稳定性，燃料、动力供应和交通运输条件的保证性，厂址选择的合理性和环境保护的可行性。结论是对建设条件总的评论，即资源是否分配合理，是否得到充分和有效的利用；原材料来源渠道是否畅通，供应是否能保证及时和稳定，价格是否基本合理；燃料和动力是否有保证，是否可以节约使用；交通是否经济合理，同步建设投资是否落实；厂址的选择是否有利于生产、销售，方便生活；"三废"治理有无相应的措施，能否满足有关部门的要求；工程地质和水文地质的资料是否可靠；等等。

（六）技术条件分析与结论

技术条件包括拟建项目所使用的技术、工艺和设备条件。技术分析包括技术的来源、水平；工艺分析包括工艺过程、工艺的可行性和可靠性；设备分析包括设备的询价、先进程度和可靠性。技术条件分析的结论是：所用技术是否先进、适用、成熟，有无必要从国外引进；工艺是否科学合理，有无改进的可能；设备是否先进，是否可靠，是国内制造还是从国外引进。

（七）财务数据估算

财务数据是财务效益分析和国民经济效益分析的原始数据，是指在现行财税制度下，用现行价格计算的投资成本、产品成本费用、销售收入、销售税金及附加、利润及利润分配等。投资成本估算包括投资估算与资金筹措方案等；产品成本费用估算包括产品的生产成本和期间费用的估算；销售收入和销售税金及附加估算包括项目产品的销售收入、增值税、消费税、营业税、城建税、资源税和教育费附加的估算；利润及利润分配估算的内容包括所得税的计算及税后利润的分配比例和顺序安排等。

（八）财务效益分析

财务效益分析就是根据财务数据估算的资料，编制一系列表格，计算一系列技术经济指标对拟建项目的财务效益进行分析和评价。评价指标有反映项目盈利能力和清偿能力的指标。反映项目盈利能力的指标包括动态指标和静态指标，动态指标包括财务内部收益率、财务净现值、动态投资回收期等；静态指标包括投资回收期（静态）、投资利润率、投资利税率、资本金利润率和资本金净利润率等。反映项目清偿能力的指标包括借款偿还期和"财务三率"，即资产负债率、流动比率和速动比率。

在进行财务效益分析时，可以对上述指标进行选择，可以计算出全部指标，也可以选择其中一部分指标，但一般情况下，要选择财务内部收益率、投资回收期、借款偿还期（如果有建设投资借款的话）等指标。如果是属于出口或替代进口的拟建项目，财务效益分析还要求进行外汇效果分析，即计算财务外汇净现值、节汇成本或换汇成本等指标，用以反映项目的财务外汇效益。

在财务效益分析中，计算出的评价指标要与有关标准或规定，或历史数据、经验数据等进行比较，以判断项目的盈利能力和清偿能力，确定项目财务角度的可行性。

（九）不确定性分析

不确定性分析用来判断拟建项目风险的大小，或者用来考察拟建项目抗风险能力。进行可行性研究，一般可进行盈亏平衡分析和敏感性分析，有时根据实际情况也用概率分析方法。盈亏平衡分析是一种静态分析方法，主要是通过计算盈亏平衡时的产量和生产能力利用率来考察拟建项目适应市场变化的能力和抗风险能力。敏感性分析是通过对拟建项目经济效益影响比较大的因素（如产品价格、经营成本、建设投资、建设周期等）的变化给评价指标所带来的变化的分析，考察哪些因素对拟建项目经济效益影响最大和拟建项目的抗风险能力。

（十）国民经济效益分析

国民经济效益分析是站在国民经济整体角度来考察和分析拟建项目的可行性。一般的，凡是影响国民经济宏观布局、产业政策实施，或生产有关国计民生的产品的大中型投资项目，都要求进行国民经济效益分析。

国民经济效益分析的关键，一是外部效果（外部效益、外部费用，也叫间接效益和间接费用）的鉴别和度量；二是对不合理的产物和投入物的现行价格进行调整，调整成影子价格。

（十一）社会效益分析

社会效益分析是比国民经济效益分析更进一步的分析。它不但考虑经济增长因素，而且还考虑收入公平分配因素。它是站在整个社会的角度分析、评价投资项目对实现社会目标的贡献。

社会效益分析的关键是价格调整，即把效率影子价格调整为社会影子价格。社会影子价格=效率影子价格+收入分配影响。社会影子价格的确定的关键又是分配权数的估算。分配权数包括积累和消费分配权数、地区之间的分配权数。另外，社会效益分析还要在社会折现率的基础上确定计算利率作为折现率。社会效益分析所用指标是社会内部收益率和社会净现值。

一般的拟建项目不要求进行社会效益分析，只是那些对社会公平分配影响很大的大型投资项目才要求进行社会效益分析。

（十二）结论与建议

结论与建议由两部分组成：一是拟建项目是否可行或选定投资方案的结论性意见。二是问题和建议，主要是在前述分析、评价的基础上，针对项目所遇到的问题，提出一些建设性意见和建议。如果这些问题不予以解决，项目则是不可行的。拟建项目的问题可分为两大类：一类是在实施过程中无法解决的；另一类是在实施过程中通过努力可以解决的。这里讲的问题是指后一类，建议也是针对后一类问题提出来的。

项目的问题和建议包括政策和体制方面的问题和建议。拟建项目的资源、经济等方面的分析和评价都与一定时期政策和体制有关，如资源开发、投资、价格、税收等无不受制于国家的矿产资源开采政策、投资政策、价格政策和税务政策；项目产品的销售、物料投入的来源、厂址选择等无不受制于国家的经济管理体制。如果这些政策是灵活的，可以变通的，体制是可以改革的，可行性研究人员可在问题和建议中提出影响项目可行性的政策和体制方面的问题，并根据项目的特点和要求，提出合理的改进意见。

项目的问题和建议还包括项目本身的问题和解决措施，如销售渠道的选择、资金筹措方案、出口比例的确定、贷款偿还方式等。

第四节　可行性研究的机构及工作程序

一、可行性研究的机构

（一）承担可行性研究工作的单位

承担可行性研究工作的单位必须是具有法人资格的咨询单位或设计单位，同时还必须具备以下两个条件：

1. 承担可行性研究的单位必须经过国家有关机关的资质审定，取得承担可行性研究的资格。

2. 承担可行性研究工作的单位必须对可行性研究报告的质量负责。

未经资质审定确认的单位或个人不得承担可行性研究工作。如果有多个单位共同完成一项可行性研究工作，必须由一个单位负总责。

（二）承担可行性研究的单位应遵循的基本原则

可行性研究工作在建设过程中和国民经济计划中有着极其重要的作用，这就要求承担这一工作的单位和个人以高度负责和严肃认真的态度对待工作，竭尽全力，不断提高工作质量和可行性研究报告的质量，保证每一项目的提出和决策都能拥有充分的依据；保证不带有主观随意性或因领导压力、人情关系而违背作为一个科学工作者的良知和责任。为此，可行性研究工作应严格遵循以下三原则：

1. 科学性原则。这一原则要求按客观规律办事。这是可行性研究工作必须遵循的基本原则。遵循这一原则，要做到：

（1）要用科学的方法和认真的态度来收集、分析和鉴别原始的数据和资料，确保它们的真实和可靠。真实可靠的数据和资料是可行性研究的基础和出发点。

（2）要求每项技术与经济的决定，都有科学的依据，都是经过认真的分析、计算而得出的。

（3）可行性研究报告和结论必须是分析研究过程的合乎逻辑的结果，而不掺杂任何主观成分。

2. 客观性原则。客观性原则就是要坚持从实际出发、实事求是的原则。建设项目的可行性研究，要根据建设的要求与具体条件进行分析和论证而得出可行或不可行的结论。

（1）首先要求承担可行性研究的单位正确地认识各种建设条件。这些条件都是客观存在的，研究工作要求排除主观臆想，要从实际出发。

（2）要实事求是地运用客观资料作出符合科学的决定和结论。

3. 公正性原则。这是指站在国家的立场上，不偏不倚。在建设项目可行性研究的工作中，应该把国家和人民的利益放在首位，决不为任何单位或个人生偏私之心，不为任何利益或压力所动。实际上，只要能够坚持科学性与客观性原则，不是有意弄虚作假，就能够保证可行性研究工作的正确和公正，从而为项目的投资决策提供可靠的依据。

二、可行性研究的工作程序

根据项目的投资建设程序和原国家计委颁发的《关于建设项目进行可行性研究的试行管理办法》，我国可行性研究一般要经历如下工作程序：

（一）项目的投资者提出项目建议书和初步可行性研究报告

项目投资者必须根据国家经济发展的长远规划、经济建设的方针和技术经济政策，结合资源情况、建设布局等条件，在详细调查研究、收集资料、勘察建设地点、初步分析投资效果的基础上，提出需要进行可行性研究的项目建议书和初步可行性研究报告。

（二）进行可行性研究工作或委托有关单位进行可行性研究工作

当项目建议书经审定批准后，项目的投资建设者即可自行进行或委托有关具有研究资格的设计、咨询单位进行可行性研究工作。

（三）承接单位进行可行性研究工作

承接单位在承接可行性研究工作任务后，应与项目投资者紧密合作，按以下步骤开展工作：

1. 组建研究小组，制订研究计划。要讨论研究的范围，细心限定研究的界限，明确项目投资者的目标。

2. 进行调查研究，收集有关资料。项目可行性研究的精确性和可靠性不取决于人们的主观愿望，而取决于研究人员所占有的反映客观实际状况的经济信息资料的多寡及其质量的高低。因此，首先必须进行广泛调查，搜集客观实际状况方面的经济信息资料，并加以整理、验证。

3. 取得可行性研究的研究依据。项目可行性研究必须以各种有效的文件、协议为依据。就一般项目来说，必须取得下列文件、协议：

（1）国家建设方针、产业政策和国民经济长远发展规划、地区规划、行业规划。

（2）经国家正式审定的资源报告、国土开发整治规划、河流流域规划、路网规划、工业基地或开发区规划。

（3）可靠的自然、地理、气象、地质、基础设施、交通运输、经济发展等基础资料。这些资料是可行性研究、厂址选择、项目设计和技术经济评价必不可少的资料。

（4）有关"三废"治理和环境保护的文件。

（5）有关的工程技术方面的标准、规范、指标。这些工程技术的标准、规范、指标等，都是项目设计的基本依据。

（6）国家公布或各部门掌握的用于项目评价的有关参数、数据和指标。项目可行性研究进行财务评价和国民经济评价时，需要一套参数、数据和指标，如行业基准投资收益率、行业基准投资回收期、社会折现率、货物影子价格、劳动力影子价格、贸易费用率、影子汇率等。这些参数，一般由国家公布实行。如国家没有统一规定，可以各部门掌握的为准。

4. 进行方案设计与优选。将项目的不同方案设计成可供选择的方案，便于有效地取得最优方案。随后进行详细讨论，项目投资者要作出非计量因素方面的判定，并确定协议项目的最后形式。

5. 进行经济分析和评价。对选出的方案进行更详细的编制，确定具体的范围，估算投资费用、经营费用和收益，并作出项目的经济分析和评价。为了达到预定目标，可行性研究必须论证选择的项目在技术上是可行的，建设进度是能达到的。估计的投资费用应包括所有的合理的未预见费用（如包括实施中的涨价备用费）。经济和财务分析必须说明项目在经济上是可以接受的，资金是可以筹措到的。敏感性分析则用来论证成本、价格或进度等发生变化时，可能给项目的经济效益带来的影响。

6. 编制可行性研究报告。可行性研究报告的结构和内容常常因不同的项目有不同的要求，这些要求和涉及的步骤在项目的编制和实施中能有助于项目投资者。

（四）可行性研究报告的预审与复审

编制和上报的可行性研究报告，按项目大小应在预审前 1~3 个月交预审主持单位。

（五）可行性研究报告的审批

项目可行性研究的工作程序可见图 2-1。

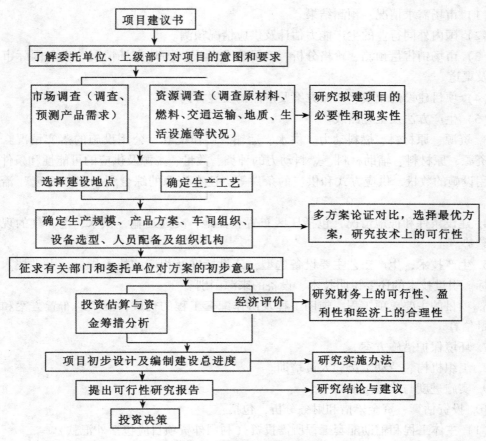

图 2-1 可行性研究的工作程序

第五节 设计任务书的编制及审批

设计任务书又称计划任务书，是大中型基本建设项目、限上技术改造项目进行投资决策和转入实施阶段的法定文件，是进行工程设计的依据和工程建设的大纲。大中型基本建设项目、限上技改项目要在编写出可行性研究报告之后编制设计任务书。

一、设计任务书的主要内容

根据可行性研究报告的内容，经过研究，选定方案之后编制设计任务书。设计任务书要对拟建项目的投资规模、工程内容、经济技术指标、质量要求、建设进度等作出规定，其主要内容有：

1. 项目建设的依据和目的。

2. 确定项目建设的规模及生产纲领（生产大纲、产品方案），如：

（1）市场需求情况、预测结果。

（2）国内外同行业的生产能力估计及供应情况预测。

（3）市场销售量预测、价格分析、产品竞争状况、国外市场情况、进入国际市场的前景及渠道。

（4）项目建设的规模、产品方案及产品的发展方向。

（5）生产方法及工艺路线。

3. 资源、原材料、燃料动力、供水、运输、协作配套、公用设施的落实情况，包括所需资源、原材料、辅助材料、燃料动力的种类、数量、来源及供应的可能性和条件，所需公用设施的数量、供应方式和供应的条件等，还有资源的综合利用和"三废"治理的要求。

4. 建设条件和征地情况，包括厂区布置和征地，交通运输，供水、电、气的现状及发展趋势。

5. 生产技术，生产工艺主要设备选型，建设标准及相应的技术指标，引进技术的技术指标。引进技术的还要说明技术、设备的来源国别。

6. 项目的主要单项工程、辅助工程及协作配套工程的构成，全厂的布置方案和土建工程量估算。

7. 环境保护措施方案。

8. 组织机构、劳动定员和人员培训。

9. 实施进度与建设工期。

10. 投资估算、资金筹措和财务分析，包括：

（1）主体工程和辅助配套工程所需投资（利用外资项目应包括外汇款）。

（2）生产流动资金。

（3）资金来源、筹措方式、偿还方式、偿还年限。

11. 经济效果和社会效果。

12. 附件，包括：

（1）可行性分析和论证资料。

（2）项目建议书批准文件。

（3）其他附件，包括：

① 厂区总平面布置图。

② 征地和外部协作配套条件的方向性协议。

③ 环保部门关于"三废"治理措施的审核意见。

④ 劳动部门关于劳动保护措施的审核意见。

⑤ 消防部门关于消防措施的审核意见。

二、设计任务书的审批

设计任务书由企业委托的工程咨询、设计单位负责编制，按企业隶属关系送省、市、自治区或国务院主管部门预审查同意后，报国家发改委，同时抄送有关单位，由国家发改委审批。需要银行贷款的项目由银行总行会签。

根据目前简政放权的精神，需要由国家审批的大中型项目仅审批建议和设计任务书。项目设计任务书报出以前，地方项目要征求国务院主管部门的意见；国务院主管部门的项目，要征求项目所在地区的意见；需要银行贷款和涉及环境保护的项目，要将当地银行和环保部门的评估意见作为设计任务书的附件一并上报。主管部门在审批设计任务书之前，应委托有资格的工程咨询机构对项目的可行性研究报告进行评估。

第六节　项目评估与决策

在可行性研究报告和设计任务书编制之后，项目的管理部门（中央、地方的计划部门）未做出决策之前，应由国家各级计划决策部门组织或委托有资格的工程咨询机构、贷款银行对可行性研究报告或设计任务书的可靠性、真实性进行评估，并提出项目评估报告。评估报告是审批项目设计任务书的依据。

项目管理部门按上述程序完成各项研究工作之后，计划决策部门再对可行性研究报告、设计任务书和项目评估报告做进一步审查（核），如认为项目可行，即批准该项目。设计任务书一经批准下达，项目即正式立项，至于项目何时纳入年度计划，何时动工实施，还要由计划部门综合平衡之后确定。

一、项目评估概念及评估的意义

项目评估是投资前期对工程项目进行的最后一项研究工作，也是建设项目必不可少的程序之一。项目评估由项目的审批部门委托专门评估机构及贷款银行，从全局出发，根据国民经济的发展规划，国家的有关政策、法律，对可行性研究报告或设计任务书提出的投资项目方案，就项目建设的必要性，技术、财务、经济的可行性等，进行多目标综合分析论证，对可行性研究报告或设计任务书所提供材料的可靠性、真实性进行全面审核，最后提出项目"可行"或"不可行"或"重新研究"的评估报告。

项目评估有十分重要的意义。首先，项目评估是项目决策的重要依据。项目评估虽然以可行性研究为基础，但由于立足点不同，考虑问题的角度不一致，项目评估往往可以弥补和纠正可行性研究的失误。其次，项目评估是干预工程项目招投标的手段。通过项目评估，有关部门可以掌握项目的投资估算、筹资方式、贷款偿还能力、建设工期等重要数据，这些数据正是干预项目招投标的依据。最后，项目评估是防范信贷风险的重要手段。我国工程建设项目的投资来源除了预算拨款（公益性项目、基础设施项目）、项目业主自筹资金之外，大部分为银行贷款。因此，项目评估对银行防范信贷风险具有极为重要的意义。

二、项目评估分类

根据项目评估的需要，项目评估分为项目主管部门评估、银行评估，另外环保部门、劳动部门和消防安全部门对可行性研究的有关内容进行评估。因不同部门评估的角度、立足点不同，评估的侧重点也不一致。

（一）审批部门评估

通常意义的建设项目评估，指的是项目审批单位在审批项目之前，对拟建设目的可行性研究所作的再分析、再评价。按照有关规定，大中型项目由国家发改委委托中国国际工程咨询公司，对项目的可行性研究报告进行评估。评估机构应根据国家的有关规定，对可行性研究报告编制的依据，基本的原始数据资料，分析计算方法的真实性、可靠性和科学性进行审查，在分析审查的基础上提出评估报告。

在我国现行投资管理体制下，多数承担可行性研究的机构隶属于项目的主管部门，再加上其他因素的影响，可行性研究报告难免有一定的局限性。项目评估可以避免受主管部门和建设单位的影响，提高评估的客观性。

（二）贷款银行评估

根据现行规定，项目的贷款银行必须参与项目评估，非贷款银行的评估不能代替。参照世界银行的办法，一般从以下几个方面进行：

（1）审查项目在执行过程中是否有足够的资金保证。这就是说，除银行贷款外，国家规定的项目资本金来源是否已经落实，否则不予贷款。

（2）对项目未来的收益是否有偿还本息及一切债务的能力做出评估。这项工作通过审核编制的预测资产负债表、损益表和现金流量表来进行。

（3）对项目的经济效益和投资回收年限做出评估。如农田灌溉项目，还要审查项目是否可以从受益者收回项目投资及经营费用，若收费标准定的太低，就会影响项目的投资收益。

（三）环境保护部门的评估

按国家现行规定，那些对环境影响较大的建设项目，如排放大量污染物、废渣、废气、废水的基本建设项目、技术改造项目（如造纸、冶金、电镀、化工、纺织等行业）；大规模开垦荒地、围海围湖造田和采伐森林的建设项目，应由环境研究机构对拟建项目做出《环境影响评估报告》。对小型基建项目和技改项目，也需要填报《环境影响评估报告》。

国家规定，各级环保部门负责本地区建设项目的环境保护措施的审查，要对建设项目"三同时"（指治理"三废"的工程与主体工程要同时设计、同时施工、同时验收投产）措施的执行审查监督，要提出环境保护的各项要求和措施，如防止污染的工艺流程及其预期的治理效果。对资源开发引起的生态变化、环境绿化设计、环境监测手段、环境保护措施的投资进行监督、审查。

三、项目评估与可行性研究的关系

项目评估实际是对可行性研究的再研究和再论证，但不是简单的重复，两者有共同点，又有区别。

两者的共同点是：它们都是对投资项目进行技术经济论证，以说明项目建设是否必要，技术上是否可行，经济上是否合理，因此采用的分析方法和指标体系也相同。

两者的区别有五个方面。第一，编制单位不同。项目评估是项目的审批单位委托评估机构和银行进行评估，比较超脱。第二，编制时间不同。项目评估是在项目可行性研究报告之后、设计任务书批准之前进行，而可行性研究是在项目建议书批准之后进行的。第三，立足点不同。可行性研究往往从部门、建设单位的局部角度考虑问题，而项目评估则站在国家和银行的角度考虑问题。第四，研究的侧重点不同。可行性研究侧重于项目技术的先进性和建设条件的论证，而项目评估则侧重于经济效益和项目的偿还能力。第五，作用不同。可行性研究主要是为项目决策提供依据，而项目评估不仅为项目决策服务，对银行来说还是决定是否贷款的依据。

项目评估是在可行性研究报告的基础上进行的，其主要任务是综合评价投资项目建设的必要性、可行性和合理性并对拟建项目的可行性研究报告提出评价意见，最终决定项目投资是否可行并选择满意的投资方案。由于对基础资料的占有程度、研究深度及可靠性程度等要求不同，项目评估与可行性研究存在一些不同点。它们之间的关系具体可见表2-1。

四、项目评估的内容

项目的评估机构应遵循客观公正、实事求是的原则，认真科学地进行项目审查和评估。审查是基础，在审查的基础上才能进行科学的评估。

表 2-1 **项目可行性研究的阶段划分及内容深度比较表**

研究阶段	主要任务	研究所需时间	投资估算的精确度（%）	研究费用占总投资的比例（%）
机会研究	寻找投资机会，选择项目	1~3 月	±30	0.2~1
初步可行性研究	筛选项目方案，初步估算投资	3~5 月	±20	0.25~1.25
可行性研究	对项目方案作深入的技术、经济论证，提出结论性建议，确定项目投资的可行性	小项目 0.5~1 年 大项目 1~2 年	±10	1~3 0.8~1
评估与决策	提出项目评估报告，为投资决策提供最后的决策依据，决定项目取舍和选择最佳投资方案			

（一）对可行性研究报告的审查

审查分为一般审查和详细审查。评估机构和银行在收到项目的可行性研究报告之后，进行一般性审查和核实，以判断可行性研究报告的编写程序和内容是否符合要求，数据资料是否齐全，编写报告的经济、技术人员是否具备资格，可行性研究报告是否客观、科学、公正地反映了项目的本来面目。

详细审查包括六个方面。第一，应对编制可行性研究报告的单位进行审查。可行性研究报告一般由主管部门或建设单位委托的设计部门或工程咨询单位编制，通常先对编制单位的资格进行审定，未经资格认定的单位，不能承担可行性研究报告编写任务。国家重点建设项目的可行性研究报告，要由省级以上的设计机构编制。第二，应审查编写人员的任职资格及其签字盖章是否真实。第三，要审查拟建项目是否为重复建设项目，产品有无销路。第四，应审查技术水平是否可靠，拟建项目的原材料供应有无可靠来源。第五，对环境保护措施进行审查，对那些污染严重，破坏生态平衡，危害人民身心健康，又无有效治理措施的项目，可以不必继续评估；还要审查厂址的环境情况、项目施工和投产后正常生产时对环境的影响以及"三废"治理措施。第六，要对项目的经济效益进行审查，一方面要对投资、产品成本、价格、利息等指标和计算公式的正确性进行检查，另一方面要审核项目的财务评价和国民经济评价是否正确。

（二）对可行性研究报告的评估

银行项目评估的内容是：企业资信评价；建设的必要性评估；建设条件评估；技术评估；企业经济效益评估；国民经济效益评估；不确定性评估；对有关政策和管理体制的建议；总评估和后评估等。

五、项目评估的程序

项目评估一般采取下列步骤：

1. 确定评估对象。
2. 组织评估小组。
3. 制定评估工作计划。
4. 对可行性研究报告进行一般性审查、核实。
5. 进行调查，对可行性研究报告进行审查评估。
6. 编写评估报告，对项目提出评估结论。
7. 建立评估档案。

小　结

本章主要讨论了工程项目投资前期决策管理的有关内容。首先阐述了工程项目投资前期决策的原则与程序，介绍了机会研究与项目建议书的编制，说明了项目建议书的作用、内容与审批。随后，着重介绍了可行性研究的含义、阶段划分、作用与相关内容。最后，介绍了设计任务书的编制与审批，对可行性研究与项目评估决策的区别与联系进行了分析。

思考题

1. 项目可行性研究的含义及其作用如何？
2. 项目可行性研究可划分为哪几个阶段？各阶段的主要内容是什么？
3. 对于一般工业项目来说，其可行性研究报告应包括哪些主要内容？
4. 可行性研究工作应遵循的原则有哪些？
5. 说明可行性研究的工作程序。
6. 说明项目评估与可行性研究的关系。

第三章　工程项目管理组织

项目的组织问题是项目管理的首要问题,是项目顺利完工的组织保证。本章首先介绍工程项目管理组织制度、组织机构以及组织方式,最后,对工程项目管理的核心人物——项目经理的职责与素质提出了要求。

第一节　工程项目管理的组织制度

工程项目管理的组织制度是项目投资管理体制的微观层次,随着投资管理体制的变革,项目管理的组织制度也发生了巨大变化。在计划经济时代,由于实行高度集中统一的计划管理体制,建设项目管理的组织制度是政府(国务院各主管部门或地方政府)直接控制的工程指挥部负责制。在这期间虽然也推行过工程承发包制、投资包干责任制,但由于投资体制未变,政企不分,行政干预过多,建设行为完全是政府行为。

改革开放之后,我国的投资管理体制进行了多方面的改革,但投资的风险约束机制并没有彻底建立起来,在深化投资管理体制改革中,加强建设项目管理制度改革,对于规避投资风险,提高投资效益有着极为重要的意义。建设项目管理组织制度改革的核心是在明晰投资产权关系的基础上,建立责、权分明,管理科学的"项目法人制度"(原称"项目业主责任制度")。

一、项目法人责任制

工程建设项目法人责任制是我国从 1996 年开始实行的一项工程建设管理新制度。按照原国家计委《关于实行建设项目法人责任制的暂行规定》要求,国有单位经营性基本建设大中型项目在建设阶段必须组建项目法人,由项目法人对项目的策划、资金筹措、建设实施、生产经营、债务偿还和资产的保值增值,实行全过程负责。1999 年 2 月,为了加强基础设施工程的质量管理,国务院办公厅发出通知,要求"基础设施项目,除军事工程等特殊情况外,都要按政企分开的原则组成项目法人,实行建设项目法人责任制,由项目法定代表人对工程质量负总责"。实行工程项目法人责任制,是建立社会主义市场经济的需要,是转换项目建设与经营机制、改善建设项目管理、提高投资效益的一项重要改革措施。项目法人责任制的核心内容是明确由项目法人承担投资风险,项目法人要对工程项目的建设及建成后的生产经营实行一条龙管理和全面负责。

二、项目法人的组织形式

项目法人有以下几种组织形式：

1. 由政府出资的新建项目。如交通、能源、水利等基础设施工程，可由政府授权设立工程管理委员会作为项目法人。

2. 由企业投资进行的改建、扩建、技改项目，企业的董事会（或实行工厂制的企业领导班子）是项目法人。

3. 由各个投资主体以合资方式投资建设的新建、扩建、技改项目，则由出资各方代表组成的企业（项目）法人是项目法人。

三、项目法人的职责

项目法人设立后，由项目法人对项目寿命周期的各个过程实行一条龙管理和全面负责。项目法人在不同阶段的主要职责是：

（一）前期工作阶段

负责筹集建设资金，提出项目的建设规模、产品方案、厂址选择，落实项目建设所需的外部配套条件。

（二）设计阶段

负责组织设计方案竞赛或设计招标工作，编制和确定招标方案；对投标单位的资质进行全面审查，综合评选，择优选定中标单位；签订设计委托合同，并按设计要求提供有关设计基础资料；及时了解设计文件的编制进度，落实设计合同的履行；设计完成后，要及时组织设计文件（含概预算）的审查，提出审核意见，上报初步设计文件和概算文件；进一步审查资金筹措计划和用款计划等。

（三）施工招标阶段

负责组织工程施工招标和设备材料采购招标工作，编制和确定招标方案；对投标单位的资质进行全面审查，择优选定工程施工和设备材料供应的中标单位，签订工程施工合同及设备材料采购合同；落实开工前的各项施工准备工作。

（四）施工阶段

负责编报并组织实施项目年度投资计划、用款计划及建设进度计划；组织工程建设实施，负责控制建设投资、施工进度和质量；建立建设情况报告制度，定期向建设主管部门报送建设情况；项目投产前，要组织好运营管理班子，培训管理人员，做好各项运营生产准备工作；项目按批准的设计文件建成后，要及时组织工程预验收，并负责提出项目竣工验收申报报告；编报工程竣工决算报告。

在以上设计、施工招标及施工阶段中，项目法人若委托监理单位以第三方的身份对工程项目的建设过程实施监督管理，其职责还应包括：通过招标方式择优选择监理单位、签订建设工程委托监理合同、实施合同管理等工作。同时，在项目法人委托监理的相应阶段，其部分职责则由监理单位来承担。监理单位的具体职责和任务，应在项目法人与监理单位所签订的建设工程委托监理合同中予以明确。

（五）生产运营阶段

负责组织承担生产运营工作的内部管理机构；组织生产管理和运营管理；按时向有关部门报送生产信息和统计资料；制定债务偿还计划，并按时偿还债务；实现资产的保值增值，按组建项目法人的章程进行利润分配；组织项目后评价，提出项目后评价报告。

四、项目法人与有关各方的关系

实行项目法人责任制后，项目法人与政府部门、金融机构、投资方、承包方（设计、施工、物资供应单位）、监理单位、咨询单位等的关系，是一种新型的适用社会主义市场经济运行机制的关系。在建设项目管理上形成以项目法人为中心和主体，项目法人向国家和各投资方负责，咨询、监理为中介，设计、施工、物资供应等单位通过投标方式承担工程建设任务的建设管理新模式。

（一）项目法人与政府部门的关系

项目法人是独立的经济实体，要承担投资风险，要对项目的立项、筹资、建设和生产运营、还本付息以及资产的保值增值进行全过程负责。为此，项目法人必须拥有相应的自主权，政府不再直接干预项目法人的投资与建设活动。实行项目法人责任制后，政府部门的主要职能是依法进行监督、协调和管理。监督是指政府通过制定法律、法规（包括单项法规、技术标准、规范等），指导和制约项目法人的投资活动，使其符合国家的宏观政策和利益。对涉及环境保护和其他对社会有影响的问题，政府有关部门还要负责检查和审批。协调是指政府部门为给项目建设和生产运营创造良好的外部环境，协调项目法人与项目所在地的公共关系，必要时采取强制手段，帮助项目法人解决征地拆迁、移民安置和社会治安等问题。政府对项目法人及建设项目的管理，要由原来的直接管理为主转变为间接管理为主，由原来的微观管理为主转变为宏观管理为主。

（二）项目法人与金融机构的关系

金融机构是指向建设项目提供贷款的国内经国家批准从事信贷业务的各类银行（如建设银行、中国银行、交通银行、工商银行、农业银行等）、非银行金融机构和信用合作社，以及国际金融组织（如世界银行、亚洲开发银行等）和外国商业银行等。项目法人和金融机构是平等的民事主体。一方面，项目法人要取得金融机构的支持，以保证资金的供给；另一方面，项目法人也可根据贷款条件，自主选择金融机构。项目法人与金融机构自主双向选择，双方通过借款合同，明确其权利和义务。

为了保证其贷出的资金能连本带息按期收回，提供贷款的金融机构一般要对项目法人的资金使用情况进行监督。例如，世界银行对其资助项目的设备、材料采购和建筑安装工程承包，一般都要求项目法人通过国际竞争性招标，向世界银行各成员国的制造商和承包商提供公开、平等的投标机会，使项目实施获得成本最低、效果最好的商品和劳务。

（三）项目法人与投资方的关系

投资方是项目法人的股东。各投资方必须按照组建项目法人时签订的投资协议规定的方式、数量和时间足额出资，且出资后不得抽回投资。尽管各投资方向项目法人注入的资本金属于投资方，但当以资本金的形式注入项目法人之后，即与投资方的其他财产区分开来。投资方不再直接支配这部分财产，也不能随意从项目法人中抽回。投资方作为股东，以其出资额为限对项目法人承担责任，同时按其投入项目法人的资本额享有所有者的权利，包括资产受益、重大决策和选择管理者等权利。资产受益是指股东将其投入的资本交由项目法人经营管理产生收益后，投资方依法享受和获取利益。这种资产受益主要是项目建成投入生产时的经营收益，即项目法人的税后利润扣除弥补亏损和提取公积金、法定公益金后所剩余的利润。重大决策权主要是指公司法规定的股东应享有的各项权利。由投资方组成的股东会（有限责任公司）或股东大会（股份有限公司）是项目法人的最高权力机构。选择管理者的权利主要是指选举和罢免董事、监事等。投资方的重大决策权和选择管理者的权利是通过股东会或股东大会来行使的。

项目法人享有各投资方出资形成的全部法人财产权，对法人财产拥有独立支配的权利。项目法人以其全部法人财产，依法自主经营，自负盈亏，照章纳税，对出资者承担资产保值增值的责任。自主经营是指项目法人可以充分自主地行使法律赋予其经营管理工作的各项权力。项目法人的自主经营权受法律保护，任何部门、单位和个人不得干预和侵犯。自负盈亏是指项目法人对其生产经营活动的后果，应享有权益和承担责任。项目法人生产经营活动所产生的盈利由项目法人依法获得应有的收益，项目法人因经营管理不善所造成的亏损由项目法人承担全部责任。各投资方（股东）、项目法人的职工以及其他任何单位和个人，都不能成为自负盈亏的主体。自负盈亏的主体只能是项目法人自身。如果项目法人的生产经营亏损严重，不能清偿到期债务时，应依法破产。照章纳税是指项目法人按国家有关税收法律、法规的规定缴纳各项税款。

（四）项目法人与承包方的关系

承包方是指参与工程建设的设计、施工和物资供应等单位。项目法人与承包方是地位平等的民事主体，承包方通过投标竞争获得工程任务，项目法人通过招标方式择优选择中标单位。项目法人（发包方）与承包方是双向选择的关系，双方通过签订工程承发包合同或设备、材料供应合同，明确其各自的权利和义务。任何一方不得把自己的意志强加给对方，任何单位和个人不得非法干预。在项目法人与承包方之间，任何一方在享受权利的同时，都必须承担相应的义务。签订的经济合同，双方当事人必须全面履行，不得擅自变更或解除。一旦违反合同，就应承担相应的违约责任。

（五）项目法人与监理等单位的关系

根据我国工程建设监理的有关规定，大中型建设项目的项目法人都要委托社会监理单位对工程建设实施监督管理。尽管监理单位与承包方之间没有经济合同关系，但监理单位可以根据项目法人的授权，监督管理承包方履行工程承发包合同或设备、材料供应合同。项目法人委托社会监理单位后，承包方不再与项目法人直接交往，而转向与监理单位（监理工程师）直接交往，并接受监理工程师对自己进行工程建设活动的监督管理。

项目法人与监理等单位也是地位平等的民事主体，双方通过签订经济合同，明确其权利和义务。监理单位接受项目法人的委托之后，项目法人就把工程建设管理权力的一部分授予监理单位，诸如工程建设组织协调工作的主持权、设计质量和施工质量以及建筑材料与设备质量的确认权和否决权、工程量与工程价款支付的确认权和否决权、工程建设进度与建设工期的确认权和否决权，以及围绕工程建设的各种建议权等。监理单位在项目法人的授权范围之内开展工作，要向项目法人负责，但并不受项目法人的领导；项目法人对监理单位的人力、物力、财力等，没有任何支配权和管理权。监理单位不是项目法人的代理人，不是以项目法人的名义开展监理活动，而是以第三方的身份独立工作；不仅要为项目法人提供高智能的服务，维护项目法人的合法权益，同时也要维护承包方的合法权益。

监理单位之外的其他咨询单位，一般只为项目法人提供专业服务，如法律、技术、管理咨询等，它们同承包方之间一般不发生关系。

实行工程承发包、招标与合同制，是对项目法人责任制的重要补充，它通过引入市场竞争机制，一方面强化了投资风险约束机制，分散了项目法人的风险，减轻了项目法人组织项目建设的工作量，可集中精力从事监督、协调、服务等活动，另一方面保证了建设项目顺利实施和实现项目建设的目标，这是微观投资管理体制改革的重大措施。项目法人责任制、工程承发包制、招投标制和合同管理制的密切结合，对提高我国建设项目的管理水平有着重要的意义。必须明确，项目法人责任制是项目管理责任的主体。

第二节　工程项目组织机构的设置原则

项目的组织机构依据项目的组织制度支撑项目建设工作的正常运转，是项目管理的骨架。没有组织机构，项目的一切活动都将无法进行。项目的组织机构担负着制定决策、编制计划、下达指令、组织运转、沟通信息、协调活动、统一步调、解决矛盾等一系列管理职能，建设项目需要建立一个高效运作的组织机构。

项目的组织机构是按照一定的活动宗旨（管理目标、活动原则、功效要求等），把项目的有关人员根据工作任务的性质（职能）划分为若干层次，明确各层次的管理职能，并使其具有系统性、整体性的组织系统。项目的组织机构设置首先要有科学性，如管理层次的划分、上下级关系；其次要具备有效的组织体制（领导体制）和组织制度；最后要将机构与工作任务合理地结合起来，既职能分明，又相互有机联系。

建设项目组织机构活动的目标相对工业企业比较单一，简单的说就是"工期短，质量好，费用省"九个字，但其工作内容却十分庞杂。从纵的方面看，项目组织既要严格执行国家的有关建设法规，与政府及主管部门保持密切关系，接受监督、检查，又要通过对下属单位的合理组织，搞好协调工作；从横的方面看，项目组织要妥善处理好与勘察设计单位、设备物资供应商、施工承包商、工程监理单位等部门的协作关系，还要同水、电、风、气、土地、道路、环保、司法、安全、消防等业务主管部门打交道。因此，有计划有组织地处理好各种行政关系、经济关系和人事关系，取得各方的理解、支持和配合，才能使项目按预定计划顺利实施。

一、项目组织机构设置的原则

现代组织理论的研究成果和项目管理实践表明，项目组织机构的设置应遵循下列原则：

（一）目的性原则

组织机构作为一种管理手段，其设置的根本目的，在于确保项目目标的实现。从这一根本目标出发，组织机构设置应该根据目标而设事（任务），因事而设机构和划分层次，因事设人和定岗定责任，因责而授权，权责明确，权责统一，关系清楚。

如图 3-1 所示的项目管理机构设置的流程反映了上述逻辑关系。

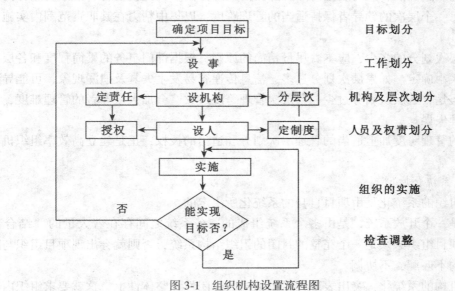

图 3-1　组织机构设置流程图

（二）管理跨度原则

现代组织理论十分重视管理跨度的科学性。所谓管理跨度是指每一个管理者（部门负责人）直接管辖的人数。

一个有效率的领导，是以良好的信息沟通为前提的。良好的双向信息沟通只能在有限的范围内才能实现，某个层次的管理者是上下双向信息沟通的汇聚点，因此直接管理的跨度一般只能有十来个人。

管理跨度的大小选择，应综合考虑领导者所处理事务的重要性、复杂程度及所管理下属人员对工作的熟练程度等因素，以便使信息能够迅速、准确地传递。一般来讲，如果所处理的事务多为决策型、方向性的重要问题，或所处理的事务比较复杂，或下属人员对工作不够熟练时，领导者的管理跨度应选择得小一些。反之，如果所处理的事务多为日常的、规范性的事务，或所处理的事务比较简单，或下属人员对本职工作相当熟练时，则管理跨度可适当选择大一些。

法国管理学家丘纳斯提出：如果一个领导者直接管辖的人数为 N，那么他们之间可能产生的沟通关系数 C 为：

$$C = N \left[2^{N-1} + (N-1) \right]$$

管理跨度 N	1	2	3	4	5	6	7	8	…
关系数 C	1	6	18	44	100	222	490	1 080	…

若直接管辖的人数过多，双向沟通关系数很大，这时指令、信息的传递容易失真，需要将信息"过滤"（去伪存真、精简、摘要），以便将少量有价值的信息进行"深加工"。对领导者控制适当的管理跨度是对信息过滤的最好方法。为此就要将管理系统划分为若干层次，使每一个层次的领导者保持适当的管理跨度，以集中精力在其职责范围内实施有效的管理。

管理层次划分的多少，应本着尽量精简的原则，根据部门事务的繁简程度和各层次管理跨度的大小确定。如果层次划分过多，信息传递容易发生失真及遗漏现象，可能导致管理失误。但是，若层次划分过少，各层次管理跨度过大，会加大领导者的管理难度，也可能导致管理失误。

科学的管理跨度加上适当的管理层次划分和适当的授权，正是建立高效率组织机构的基本条件。

（三）系统化原则

项目组织的系统化是由项目自身的系统化所决定的。

项目是一个开放系统，是由多个系统组成的，各系统之间存在着大量的"结合部"，这就要求项目组织必须是一个完整的封闭的组织结构系统，否则就会出现项目组织与项目活动之间的不匹配、不协调。

组织机构的系统化，突出表现在组织结构的封闭性和整体性上。这就要求组织内部各层次之间、各级组织之间要形成一个相互制约、相互联系的有机整体，所以应对各层次的职能划分、授权范围、人员配备做出统筹安排，以使系统有机、高效运作，完成项目各项任务，实现项目目标。

（四）精简原则

项目组织在保证必要职能的前提下，应尽量简化机构，减少层次，严格控制二、三线人员，把"不用多余的人，一专多能"作为用人的基本原则。

（五）项目组织与企业组织一体化的原则

项目组织是企业组织的有机部分。企业是它的母体，归根到底，项目组织是由企业组建的。从管理方面来看，企业是项目管理的外部环境，项目管理人员全部来自企业，项目管理组织解体后，其人员仍回企业。项目的组织形式与企业的组织形式有关，不能离开企业的组织形式去谈项目的组织形式。

第三节 工程项目组织形式

一、独立的项目组织形式

（一）独立的项目组织形式

它是在企业中成立专门的项目机构（或部门），独立地承担项目管理任务，对项目目标负责。这种组织形式如图 3-2 所示。

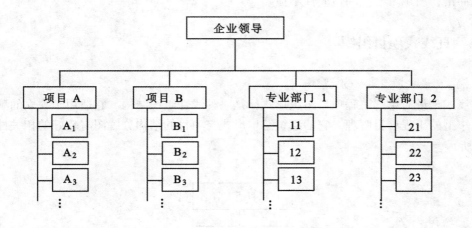

图 3-2 独立的项目组织形式

在项目实施过程中，项目组成员进入项目，不再接受企业职能部门的任务，项目结束后，项目组织解散或重新构成其他项目组织。

项目经理专门承担项目管理职能，对项目组织拥有完全的权力，负责项目调配，实现项目目标，并由他承担项目责任。项目管理权力集中，与其他项目、企业其他部门没有优先权的问题。

（二）独立的项目组织的优点

1. 项目参与者集中力量为项目工作，决策简单、迅速，对项目受到的外界干扰反应迅速，协调容易，内部争执较少，可避免权力争执和资源分配的争执。独立的项目组织具有直线式组织的优点，项目目标能得到保证，且指令唯一。组织任务、目标、权力、职责透明且易于落实。

2. 组织的设置能迅速有效地对项目目标和顾客需要作出反应，更好地满足顾客的要求。

3. 这种组织形式适用于企业进行特别大的、持续时间长的项目，或要求在短时间内完成且费用压力大、经济性要求高的项目。

（三）独立的项目组织的缺点

1. 独立的项目组织效率低，成本高昂。由于各项目自成系统，需要组织、办公用地、设施及测量仪器等，如果项目实施过程中出现不均匀性，会造成不能充分利用人力、物力、财力资源，造成企业内部资源浪费。

2. 由于项目的任务是波动的、不均衡的，带来资源计划和供应的困难。人事上的波动不仅会影响原部门的工作，而且会影响项目组织成员的组织行为，影响人员专业技能的停滞不前和个人发展以及工作的积极性。

3. 难以集中企业的全部资源优势进行项目管理。如果企业同时承接许多项目，不可能向每个项目都派出最强的专业人员和管理人员。

4. 由于每个项目都建立一个独立的组织，在该项目建立和结束时，都会对原企业组织产生冲击，组织可变性和适应性不强。

二、直线式项目组织

（一）直线式项目组织形式

直线式是最简单的工程项目组织形式，是一种线性组织结构。它适用于独立的项目和单个中小型的工程项目管理。它的组织结构形式与项目的结构分解图有较好的相关性，如图 3-3 所示。

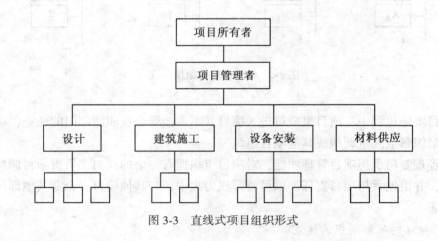

图 3-3　直线式项目组织形式

（二）直线式项目组织的优点

1. 每个组织单元仅向一个上级负责，一个上级对下级直接行使管理和监督的权力即直线职权，一般不能越级下达指令。项目参与者的工作任务、责任、权力明确，指令唯一，协调方便。

2. 项目经理能直接控制资源，向客户负责。

3. 信息流通快，决策迅速，项目容易控制。

4. 组织结构形式与项目结构分解图式基本一致，目标分解和责任落实比较容易，不会遗漏项目工作，组织障碍较小，协调费用低。

5. 项目任务分配明确，责权利关系清楚。

（三）直线式项目组织的缺点

1. 当项目比较多、比较大时，每个项目对应一个组织，使企业资源不能合理利用。

2. 不能保证企业部门之间信息流通的速度和质量，使项目和企业部门之间合作困难。例如工程施工单位发现设计问题不直接找设计单位，必须先找项目经理再转达设计单位；设计变更后，先交项目经营单位，再转达施工单位。

3. 企业的各项目间缺乏信息交流，项目之间的协调、企业的计划和控制比较困难。

4. 在直线式组织中，如果专业化分工太细，容易造成组织层次的增加。

三、矩阵式项目组织

（一）矩阵式项目组织形式

矩阵式项目组织是现代大型工程管理中广泛采用的一种组织形式。它将管理的职能原则和对象原则结合起来，形成工程项目管理的组织机构，使其既能发挥职能部门的纵向优势，又能发挥项目组织的横向优势。从组织职能角度看，公司要求自身的机构专业分工稳定；从项目实施角度看，要求项目组织有较强的综合性。矩阵式组织机构将公司的职能与项目管理职能有机结合起来，形成一种纵向职能机构、横向项目机构交叉的矩阵式组织形式，如图 3-4 所示。

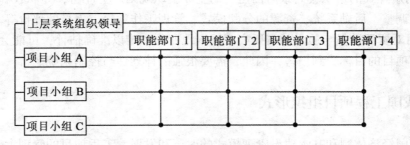

图 3-4 矩阵式项目组织形式

（二）矩阵式项目组织的优点

1. 以项目任务为中心，集中全部资源（特别是技术力量），能够迅速反应和满足顾客要求，对环境变化有比较好的适应能力。

2. 各种资源统一管理，能最有效地、均衡地、节约地、灵活地使用资源，特别是能最有效地利用企业的职能部门和专门人才，形成全企业统一指挥，协调管理，保证项目和部门工作的稳定性和效率。另外，又能保持项目间管理的连续性和稳定性。

3. 项目组织成员仍归属于一个职能部门，保证组织的稳定性和项目工作的稳定性，使得人们有机会在职能部门中通过参加各种项目，获得专业上的发展、丰富的经验和阅历。

4. 组织结构富有弹性，有自我调节的功能，能更好地适合于动态管理和优化组合，适合于时间和费用压力大的多项目和大型项目的管理。例如某个项目结束后，仅影响专业部门的计划和资源分配，而不会影响整个组织结构。

5. 矩阵组织的结构、权力与责任关系趋于灵活，能在保证项目经理对项目最有控制力的前提下，充分发挥各专业职能部门的作用，保证较短的协调、信息和指令的途径。决策层—职能部门—项目实施层之间的距离最小，沟通速度快。

6. 组织上打破了传统的以权力为中心的思想，树立了以任务为中心的思想。这种组织的领导者不是集权的，而是分权的、民主的、合作的。组织的运行必须是灵活的、公开的，信息共享，需要互相信任与承担义务，容易接受新思想，整个组织氛围符合创新的需要。

（三）矩阵式项目组织的缺点

1. 存在组织上的双重领导，双重职能，双重的信息流、工作流和指令界面。这要求有严密的组织规范和措施，否则，极易产生混乱和职能争执。

2. 信息处理量大，会议多，报告多。

3. 必须具有足够数量的经过培训的强有力的项目领导。

4. 如果许多项目同时进行，会导致项目之间竞争专业部门的资源。一个职能部门同时管理几个项目的相关工作，资源的分配问题是关键。项目间的优先次序不易解决，带来协调上的困难。为了争夺有限的资源（如资金、人力、设备），职能经理与项目经理之间容易产生矛盾，项目经理要花许多精力和时间周旋于各职能部门之间。

5. 采用矩阵式的组织会导致对已建立的企业组织规则产生冲击，如职权和责任模式、生产过程的调整、后勤系统、资源的分配模式、管理工作秩序、人员的评价等。

6. 项目对资源数量与质量的需要高度频繁地变化，难以准确估计，可能会造成混乱、低效率，使项目的目标受到损害，因此，需要很强的计划性与控制系统。

四、我国工程项目组织形式

随着我国经济体制和基本建设管理模式的改革和发展，工程项目的管理大体上有以下6种管理形式。

（一）建设单位自管方式

建设单位自己设置基建机构，负责支配建设资金、办理规划手续及准备场地、委托设计、采购器材、招标施工、验收工程等全部工作；有的还自己组织设计、施工队伍，直接进行设计和施工。这是我国多年来常用的方式。近年来，在社会主义市场经济条件下，虽有所改变，但仍是大量采用的方式。采用这种方式，建设单位与设计、施工及设备物资供应等单位的关系如图3-5所示。

（二）工程指挥部管理方式

在计划经济体制下，过去我国一些大型工程项目和重点工程项目的管理多采用这种方式。指挥部通常由政府主管部门指令各有关方面代表组成。近年来，由于建筑市场化进程的推进，这种方式已不多用。这种方式的组织形式如图3-6所示。

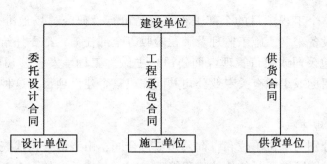

图 3-5 建设单位自管方式

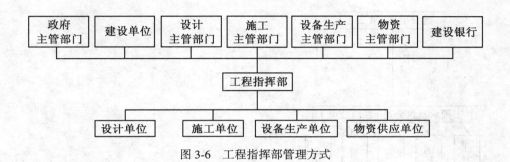

图 3-6 工程指挥部管理方式

（三）总承包管理方式（亦称交钥匙管理方式，或称一揽子承包方式）

建设单位仅提出工程项目的使用要求，将勘察设计、设备选购、工程施工、材料供应、试车验收等全部工作都委托给一家承包公司（承包商）去做，竣工以后接过钥匙即可启用。承担这种任务的承包企业有的是科研—设计—施工一体化的公司，有的是设计、施工、物资供应和设备制造厂家以及咨询公司等组成的联合集团。我国把这种管理组织形式叫做"全过程承包"或工程项目总承包。这种管理组织形式如图 3-7 所示。

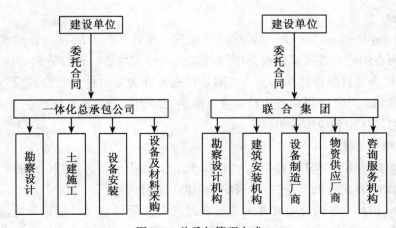

图 3-7 总承包管理方式

（四）工程托管方式

建设单位将整个工程项目的全部工程，包括可行性研究、场地准备、规划、勘察设计、材料供应、设备采购、施工监理及工程验收等全部任务，都委托给工程项目管理专业公司（工程承发包公司或项目管理咨询公司）去做。工程承发包公司或咨询公司派出项目经理，再进行招标或组织有关专业公司共同完成整个建设项目。这种管理组织形式如图3-8所示。

（五）三角管理方式

由建设单位分别与承包单位和咨询公司签订合同，由咨询公司代表建设单位对承包单位进行管理。这是国际上通行的传统工程管理方式。三方关系如图3-9所示。

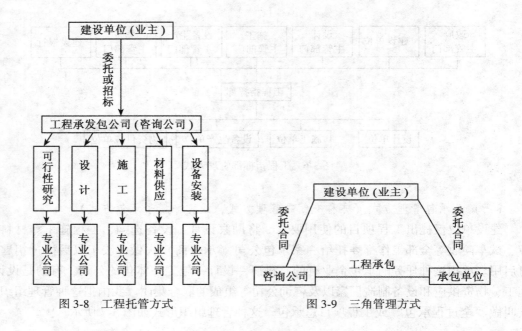

图3-8　工程托管方式　　　　　　图3-9　三角管理方式

（六）BOT模式

BOT（Build-Operate-Transfer）即建设—经营—转让。BOT项目融资模式的基本思路是：由项目所在国政府或所属机构对项目的建设和经营提供一种特许权协议（Concession Agreement）作为项目融资的基础，由本国公司或者外国公司作为项目的投资者和经营者安排融资，承担风险，开发建设项目并在有限的时间内经营项目获取商业利润，最后根据协议将该项目转让给相应的政府机构。

1. BOT项目方式

BOT的概念是由土耳其总理厄扎尔1984年正式提出的，并得到广泛推广，在操作中也有许多种BOT方式，以下是一些较普遍的BOT项目方式：

（1）标准BOT。本国公司或外国公司自己融资来设计、建设基础设施项目。项目开发商根据事先约定经营一段时期以收回投资。经营期满，项目所有权和经营权将被转让给东道国政府。

（2）BOOT（Build-Own-Operate-Transfer），即建设—拥有—经营—转让。本国公司或外国公司融资建设基础设施项目，项目建成后，在规定的期限内拥有所有权并进行经营，期满后将项目移交给政府。BOOT 与 BOT 的区别主要有二：一是所有权的区别。按 BOT 方式，项目建成后私人只拥有所建成项目的经营权，而按 BOOT 方式，项目建成后私人在规定的期限内既有经营权也有所有权。二是时间上的差别。采取 BOT 方式，从项目建成到移交给政府这一段时间一般比采取 BOOT 方式短一些。

（3）BOO（Build-Own-Operate），即建设—拥有—经营。这种方式是承包商根据政府赋予的特许权，建设并经营某个基础设施项目，但是并不将此基础设施项目移交给公共部门。

（4）BTO（Build-Transfer-Operate），即建设—转让—经营。对于关系到国家安全的产业如通信业，为了保证国家信息的安全性，项目建成后，并不交由外国投资者经营，而是将所有权转让给东道国政府，由东道国经营通信的垄断公司经营，或与项目开发商共同经营项目。

（5）DBFO（Design-Build-Finance-Operate），即设计—建设—融资—经营。这种方式是从项目设计开始就特许给某一私人部门进行，直到项目经营期满收回投资，取得投资收益。但项目公司只有经营权，没有所有权。

（6）FBOOT（Finance-Build-Own-Operate-Transfer），即融资—建设—拥有—经营—转让。类似于 BOOT，只是多了一个融资环节，也就是说只有先融资，政府才考虑是否授予特许经营权。

（7）BOL（Build-Operate-Lease），即建设—经营—租赁。也就是说，项目公司以租赁方式继续经营项目。

（8）DBOM（Design-Build-Operate-Maintain），即设计—建设—经营—维护，强调项目公司对项目进行规定的维护。

（9）DBOT（Design-Build-Operate-Transfer），即设计—建设—经营—转让，特许期终了时，项目要完好地移交给政府。

（10）BRT（Build-Rent-Transfer），即建设—出租—转让。

2. BOT 模式的特点

BOT 的融资方式实质上是一种债务与股权相混合的产权组织形式，项目公司对项目的设计、咨询、供货和施工实行一揽子总承包，这和国际工程中带资承包的投资方式有些相似。但是，它与传统的承包模式相比具有以下一些特点：

（1）通常采用 BOT 模式进行的基础设施建设的项目包括道路、桥梁、轻轨、隧道、铁路、地铁、水利、发电厂和水厂等。特许期内项目生产的产品或提供的服务可能售给国有单位（如自来水、电等），或直接向最终使用者收取费用（如交纳通行费、服务费等）。

（2）它能够减少政府的直接财政负担，减轻政府的借款负债义务，所有的项目融资责任都被转移给项目发起人，政府无需保证或承诺支付项目的借款，从而也不会影响东道国和发起人为其他项目融资的信用，避免了政府的债务风险，政府可将原来须用于这些方面的资金转用于其他项目的投资和开发。

（3）国有部门把项目风险全部转移给项目发起人，BOT方式通过发起人的投资、融资与履行合同的情况相联系，以防超收，从而降低了项目预算超支的风险。

（4）有利于提高项目的运作效率，它被视为提高设计和管理实效的一种方式。因为BOT项目一般具有巨额资本投入、项目周期长等因素带来的风险，同时由于有私营企业的参与，贷款机构对项目的要求就会比对政府更加严格；另一方面，私营企业为了减少风险，获得较多的收益，客观上促使其加强管理，控制造价，因此尽管项目前期工作量较大，但一旦进入实施阶段，BOT项目的设计、建设和运营效率就会比较高，用户可以获得较高质量的服务。发达国家采用BOT方式的主要原因是看重这种方式的高效率。

（5）可以提前满足社会和公众的需求。采取BOT方式，可在私营企业的参与下，使一些本来急需建设而政府目前又无力投资建设的基础设施项目，在政府有能力建设前，提前建成发挥作用，从而有利于全社会生产力的提高，有利于刺激经济的发展和就业率的提高。

（6）BOT项目通常都由外国的公司来承担，它们会给发展中国家带来先进的技术和管理经验等，这些因素对于本国国际承包商的成长非常有利。BOT项目模式也给大型承包公司提供更多的发展机会。

（7）采用BOT方式承建的项目一般规模大，投资额高，建设和经营期限较长，因此它对项目的外部环境（如政治局势、经济状况等）、合同签订（如施工承包、材料供应等）、汇率、利率、收益和有关政策法规等因素影响较敏感，因此谈判费时而且复杂，任何变化都会影响最终的中标人选。

（8）采用BOT方式投资的项目，一般投资额较大，投资周期较长，前期准备工作复杂，涉及政府部门和非政府部门关系繁多，需要较高的管理水平。同时，项目收益的不确定性也较大，因此需要慎重对待。

（9）BOT项目的收入一般为当地货币，在发展中国家项目公司的组成成员往往来自国外，项目建成后会有大量外汇流出，宏观上将影响到东道国的外汇平衡。

（10）基础设施项目在国民经济中处于重要地位，而利用BOT方式则可能使国外的项目公司在特许期内拥有项目的所有权和经营权。

3. BOT模式的典型结构

BOT项目的参与人主要包括政府、项目承办人（即被授予特许权的私营部门）、投资者、贷款人、保险和担保人、总承包商（承担项目的设计、建造）、运营开发商（承担项目建成后的运营和管理）。此外，项目的用户也会因投资、贷款或保证而成为BOT项目的参与者。各参与人之间的权利义务依各种合同、协议而确立，例如政府与项目承办人之间订立特许权协议，各债权人与项目公司之间有贷款协议等。

BOT项目的全过程涉及项目发起与确立，项目资金的筹措，项目设计、建造、运营管理等诸多方面和环节。BOT结构总的原则是使项目众多的参与方的分工责任与风险分配明确合理，把风险分配给与该风险最为接近的一方。

BOT项目典型结构框架图见图3-10。

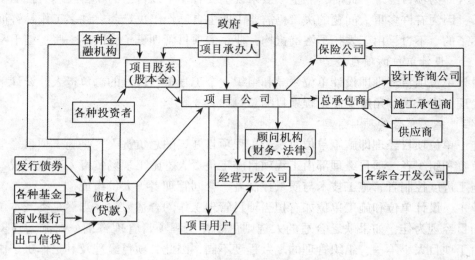

图 3-10　BOT 项目典型结构框架图

第四节　项目经理

一、项目经理的设置

项目经理制自 1941 年在美国产生以来，在国外工业发达国家得到普遍推广。我国在 1983 年 3 月由当时的国家计委颁发的《关于建立健全前期工程项目经理的规定（草案）》提出建立项目经理责任制，这是加强我国项目管理的一项有力的组织措施。项目经理在项目管理系统中的作用日益受到重视。

项目经理是企业法人代表在项目上派出的全权代表，这就决定了项目经理在项目管理中的中心地位。项目经理包括业主的项目经理、受业主委托代业主进行项目管理的咨询机构的项目经理、设计单位的项目经理和施工单位的项目经理等四种类型。

（一）业主的项目经理

业主的项目经理即投资单位领导和组织一个完整工程项目建设的总负责人。一些小型项目的项目经理可由一个人担任，但对一些规模大、工期长且技术复杂的工程项目，则由工程总负责人、工程投资控制者、进度控制者、质量控制者及合同管理者等人组成项目经理部，对项目建设全过程进行管理。业主也可配备分阶段项目经理，如准备阶段项目经理、设计阶段项目经理和施工阶段项目经理等。

（二）咨询机构的项目经理

当项目比较复杂而业主又没有足够的人员组建一个能胜任管理任务的管理班子时，就要委托咨询机构来组建一个代自己进行项目管理的咨询班子，咨询公司所派出的项目管理总负责人即为项目经理。此时，业主一般来说仍要有一个以自己的项目经理为首的项目管理班子，因为有许多重大问题的决策仍需要由业主自己作出决定，有许多工作是咨询机构代替不了的。不过，由于委托了咨询机构，业主的项目管理班子可以小一些、精干一些。

（三）设计单位的项目经理

设计单位项目经理即设计单位领导和组织一个工程项目设计的总负责人。设计单位的项目经理负责从设计角度控制工程项目的总目标。

（四）施工单位的项目经理

施工单位项目经理即施工单位对一个工程项目施工的总负责人，是施工项目经理部的最高负责和组织者。项目经理部由工程项目施工负责人、施工现场负责人、施工成本负责人、施工进度控制者、施工技术与质量控制者、合同管理者等人员组成。

业主、设计单位和施工单位如有担当项目管理工作的合适人选，当然是委派本单位人员任项目经理为佳，如果缺乏合适的人选则可委托工程项目管理咨询公司派人任项目经理。由于项目大小不一，组织管理的复杂程度不同，因此，项目经理及其工作班子成员的组成及人数不可能有统一的标准组织模式，应视具体情况而定。

二、项目经理的地位

项目经理，即项目负责人，是项目管理的核心，负责项目的组织、计划及实施过程，以保证项目目标的成功实现。项目经理与企业部门经理及企业总经理之间既有区别，又有联系。

项目经理与部门经理所担任的角色，各自所应承担的责任、权利与义务各不相同。

（一）部门经理

1. 部门经理应该是某一领域的专家，对该部门的业务非常精通，能够对下属的专业工作进行指导。

2. 在承担责任方面，部门经理是直接的技术监督者，通常要决定某项任务如何去做，由谁去做，完成该任务需要什么资源。

3. 在解决问题方面，部门经理习惯于运用"分析"的方法，即善于把一个系统按其组成部分进行分解甚至分解为更小的组成部分，从局部的角度去解决问题。由于部门经理是该领域的专家，因此对某一特别的技术问题知道如何去分析并解决，他主要负责本部门的管理工作。

（二）项目经理

1. 项目经理应该是一个通才，并不一定要求他必须是某一领域的专家，但他必须具备丰富的经验与广阔的知识背景。

2. 在承担的责任方面，项目经理是一个促成者，他决定需要做什么，什么时候必须完成以及如何获得项目所需的资源，而具体如何去做则由有关的技术专家决定。

3. 在解决问题方面，项目经理应该运用系统分析的方法，即首先对系统的整体加以认识，再对系统的组成部分加以理解，从整体的角度去分析问题。所以，项目经理应具备系统、综合的能力。

项目经理与部门经理由于职责范围不同，因此在权力上存在一定程度上的冲突。项目经理具体负责项目的组织、人员的组成、项目预算，以及项目实施的指导、计划和控制，而部门经理则可能对项目技术的选择、完成某项工作的人员安排方面施加影响。

系统分析方法对项目经理来说非常重要，要管理一个项目，首先应从整体的角度对项目加以认识与理解，这样才能对项目的重要性及其资源的需求，以及资源的可获得性有一个充分的认识，从而管理好项目。

（三）项目经理与公司总经理

项目经理与公司总经理之间显著的区别是各自的权力范围不同。项目经理的权力局限于项目内部，而公司总经理则对整个公司行使权力。两者之间的联系体现在以下三个方面。

1. 项目经理管理项目首先要取得高层领导特别是公司总经理的支持。高层领导的支持程度体现了项目的重要程度，也体现出获得资源的容易程度。

2. 项目经理一般由公司高层领导任命，项目经理的管理绩效由高层领导来评价，项目经理需要由高层经理进行选拔与培养。

3. 由于项目经理的权力与公司的组织结构形式有关，因此项目经理的权力范围由公司的总经理决定。同时，项目经理的地位也有可能依赖于项目的风险、项目的规模等因素。

三、项目经理的职责

（一）建设单位项目经理的职责

建设单位项目经理的主要职责是：搞好项目的组织与协调，搞好项目信息与合同管理，控制工期和质量，及时验收检查，实现工程项目的总目标。具体内容包括：

1. 确定项目组织系统，明确各主要人员的职责分工。
2. 确定项目管理系统的目标、项目总进度计划并监督执行。
3. 负责组织工程项目可行性研究报告和设计任务书的编制。
4. 控制工程项目投资额。
5. 控制工程进度和工期。
6. 控制工程质量。
7. 进行合同管理，当合同有变动时，及时进行协调和调整。
8. 制订项目技术文件管理制度，建立完整的工程技术档案。
9. 审查批准与工程项目建设有关的物资采购活动。
10. 组织并协调与工程项目建设有关的各方面工作，实现工程项目的总目标。

（二）施工单位项目经理的职责

施工单位项目经理的主要职责是：搞好工程施工现场的组织管理和协调工作，控制工程成本、工期和质量，按时竣工复验。具体内容包括：

1. 做好施工准备工作，搞好施工组织设计、优选施工方案、人员及设备准备等。
2. 确定项目施工现场组织系统，明确各主要人员的职责分工。

3. 确定项目施工进度计划和工期并监督执行，保证按时竣工。

4. 建立项目管理信息系统，保证信息传递的及时、准确和可靠。

5. 控制项目成本支出。

6. 保证工程质量，按设计图纸要求施工，监督执行质量检查规范。

7. 制定项目合同和技术档案管理制度，搞好项目合同和技术档案管理。

8. 负责协调、监督项目现场的施工、设计、供应、财务等工作。

9. 负责与建设单位、厂商、分包单位等对项目建设有关事宜的联系和协调。

10. 工程项目竣工后，及时向建设单位发放完工通知书，做好验收准备，督促建设单位及时进行验收。

四、现代项目经理的基本素质

现代项目经理是项目管理的中心。项目经理的素质对项目管理的绩效举足轻重。项目经理的素质是指项目负责人应具备的各种个人条件在质量上的一种综合，其结构是由个人的品格素质、能力素质、知识素质三大要素组成。一个人在这三种素质方面的状态，决定了他是否成为一名合格的项目经理。

（一）品格素质

项目经理品格素质是指项目经理从行为作风中表现出来的思想、认识、品性等方面的特征，其中项目经理的道德品质占据主要地位。

1. 良好的社会道德品质。项目经理良好的社会道德品质，是指项目经理必须对社会的安全、和睦、文明、发展负有道德责任。在项目建设中，项目经理既要考虑经济效益，也要考虑对社会利益的影响。当项目的经济效益与社会利益发生冲突时，项目经理应合理地加以协调，决不能一味考虑项目的自身利益，而对社会利益不顾。这样来约束项目经理，并不意味着否定项目经理的经济目标价值，而是要求项目经理牢牢地把追逐利润的经济行为限制在社会和公众允许的范围之内，而不能为所欲为。

2. 良好的管理道德品质。管理道德品质是对以经营管理活动为职业的项目经理提出的特有要求，它涉及项目经理在管理活动中的种种行为规范和准则。主要包括：

（1）诚实的态度。任何弄虚作假的欺骗意识和行为都会给项目带来恶劣后果。

（2）坦率和光明正大的心境。靠心机，耍手腕，不仅得不到荣誉，相反会败坏项目的声誉和损坏项目形象。要成功，只能靠坦率和光明正大。

（3）对过失勇于负责。不能一味诿过于他人，把成功和功绩归功于部下，把失败和责任自己承担，这才是项目经理的姿态。

（4）言而有信，言行一致。言行不一的经理人员往往会丧失别人的信任，削弱自己的影响力，最后失去市场，导致失败，因而必须言必信，行必果，表里如一。

（二）能力素质

能力素质是项目经理整体素质体系中的核心素质。它表现为项目经理把知识和经验有机结合起来运用于项目管理的过程，对于现代项目经理来说，知识和经验固然十分重要，但是归根结底要落实在能力上。能力是直接影响和决定项目经理成败的关键。

1. 决策能力。决策能力集中体现在项目经理的战略战术决策能力上。工程项目大都面临错综复杂、竞争激烈的外部环境，要使项目建设成功，经理人员应了解和研究环境，对与项目建设有关的技术、设备、材料等商情进行分析预测，制定出战略决策，并付诸实现。从决策程序来看，经理人员的决策能力可分解为如下三种能力：收集与筛选信息的能力、确定多种可行方案的能力、择优决策的能力。

2. 组织能力。项目经理的组织能力关系到项目管理工作的效率，因此，有人把项目经理的组织能力比喻为效率的设计师。

组织能力，是指项目经理为了有效地实现项目目标，运用组织理论，把项目建设活动的各个要素、各个环节，从纵横交错的相互关系上，从时间和空间的相互关系上，有效、合理地组织起来的能力。如果项目经理具有高度的组织能力，并能充分发挥，就能使整个项目的建设活动形成一个有机的整体，保证其高效率地运转。

组织能力主要包括：组织分析能力、组织设计能力和组织变革能力。

组织分析能力，是指项目经理依据组织理论和原则，对项目建设的现有组织进行系统分析的能力。主要是分析现有组织的效能，对其利弊进行正确评价，并找出存在的主要问题。

组织设计能力，是指项目经理从项目管理的实际出发，以提高组织管理效能为目标，对项目建设的组织机构进行基本框架的设计，提出建立哪些系统，分哪几个层次，明确各主要部门的上下左右关系等。

组织变革能力，是指项目经理执行组织变革方案的能力和评价组织变革方案实施成效的能力。执行组织变革方案的能力，就是在贯彻组织变革设计方案时，引导有关人员自觉行动的能力；评价组织变革方案实施成效的能力，是指项目经理对组织变革方案实施后的利弊，具有做出正确评价的能力，以利于组织日趋完善，使组织的效能不断增强。

3. 创新能力。由于科学技术的迅速发展，新工艺、新材料等的不断涌现，建筑产品的用户不断提出新的要求，同时，建筑市场改革的深入发展，大量新的问题需要探讨和解决。总之，要求项目经理只有解放思想，以创新的精神、创新的思维方法和工作方法来开展工作，才能实现建设项目的总目标。因此，创新能力是项目经理业务能力的核心，关系到承发包经营的成败和项目投资效益的好坏。创新能力是项目经理在项目管理活动中，善于敏锐地察觉旧事物的缺陷，准确地发现新事物的萌芽，提出大胆而新颖的推测和设想，继而进行科学周密的论证，拿出可行的解决方案的能力。

4. 指挥能力。项目经理是工程项目建设活动的最高指挥者，担负着有效地指挥项目建设经营活动的职责。因此，项目经理必须具有高度的指挥能力。

项目经理的指挥能力，表现在正确下达命令的能力和正确指导下级的能力两个方面。项目经理正确下达命令的能力，是强调其指挥能力中的单一性作用；而正确指导下级的能力，则是强调其指挥能力中的多样性作用。因为项目经理面对的是不同类型的下级，他们年龄不同，学历不同，修养不同，性格、习惯也不同，有各自的特点，所以必须采取因人而异的方式和方法，从而使每一个下级对同一命令有统一的认识和行动。

可以说，坚持命令的单一性和指导的多样性的统一，是项目经理的指挥能力的基本内容，而要使项目经理的指挥能力有效的发挥，还必须制定一系列有关的规章制度，做到赏罚分明，令行禁止。

5. 控制能力。一个工程项目的建设，如果缺乏有效的控制，其管理效果一定不佳。而对工程项目的建设实行全面而有效的控制，则取决于项目经理的控制能力及其有效的发挥。

控制能力，是指项目经理运用各种手段（包括经济的、行政的、法律的、教育的，等等），保证建设项目的正常实施，保证项目总目标如期实现的能力。

项目经理的控制能力，体现在自我控制能力、差异发现能力和目标设定能力等方面。自我控制能力，是指本人通过检查自己的工作，进行自我调整的能力；差异发现能力，是对执行结果与预期目标之间产生的差异及时测定和评议的能力，如果没有这种能力，就无法控制局面。目标设定能力，是指项目经理应善于规定以数量表示出来的接近客观实际的明确的工作目标，这样才便于与实际结果进行比较，找出差异，以利于采取措施进行控制。

6. 协调能力。项目经理对协调能力掌握和运用得当，就可以充分调动职工的积极性、主动性和创造性，收到良好的工作效果，甚至超过设定的工作目标。

协调能力，是指项目经理解决各方面的矛盾，使各单位、各部门乃至全体职工，为实现项目目标密切配合、统一行动的能力。

现代大型工程项目，牵涉到很多单位、部门和众多的劳动者。要使各单位、各部门、各环节、各类人员的活动，能在时间上、数量上、质量上达到和谐统一，除了依靠科学的管理方法、严密的管理制度之外，很大程度上要靠项目经理的协调能力。协调主要是协调人与人之间的关系，协调能力具体表现在以下几个方面：

（1）善于解决矛盾的能力。由于人与人之间的职责分工、工作衔接、收益分配上的差异和认识水平上的不同，不可避免地会出现各种矛盾；如果处理不当，还会激化。项目经理应善于分析产生矛盾的根源，掌握矛盾的主要方面，提出解决矛盾的良方。

（2）善于沟通情况的能力。在项目管理中出现不协调的现象，往往是由于信息闭塞，情况没有沟通。为此，项目经理应具有及时沟通情况、善于交流思想的能力。

（3）善于鼓动和说服的能力。项目经理应有谈话技巧，既要在理论上和实践上讲清道理，又要以真挚的激情打动别人的心，给人以激励和鼓舞，催人向上。

7. 激励能力。项目经理的激励能力可以理解为调动下属积极性的能力。从行为科学角度看，经理人员的激励能力表现为经理所采用的激励手段与下属士气之间的关系状态。如果采取某种激励手段导致下属士气提高，则认为经理激励能力较强，反之，如果采取某种激励手段导致下属士气降低，则认为该经理激励能力较低。

项目经理的激励能力与经理人员对人的认识有关。现代人不单纯是"经济人"，而且是"社会人"，不仅有经济上的需求，而且有社会和心理上的需求。经理人员应更加注意运用各种社会和心理刺激手段，通过丰富工作内容、民主管理措施来激励和调动职工的士气。

8. 社交能力。项目经理的社交能力即和企业内外、上下、左右有关人员打交道的能力。待人技巧高的经理人员往往会赢得下属的欢迎，因而有助于协调与下属的关系；反之，待人技巧较差的经理人员则常常引起下属反感，造成与下属关系的紧张甚至隔离状态。所以，就项目内部而言，这种人事技能实际上是从一个侧面反映了项目经理的社交能力。

在现代社会中，项目经理仅与内部人员发生交往远远不够，他还必须善于同企业外部的各种机构和人员打交道，这种交道不应是一种被动的行为或单纯的应酬，而是在外界树立起良好形象，这关系到项目的生存和发展。那些注重社交并善于社交的项目经理，往往能赢得更多的投资者和合作者，使项目处在强有力的外界支持系统中。

（三）知识素质

项目管理者的知识素质以及对项目管理活动的影响作用，在 20 世纪初就已受到古典管理理论的创始人法约尔的注意。法约尔在其著作中曾经提出，构成企业领导人的专门能力有技术能力，商业能力，财务能力，管理能力，安全能力等。每一种能力都是以知识为基础的。因此，理想的项目经理应具备两大类知识，即基础知识与业务知识。

1. 基础知识。基础知识主要包括哲学、社会科学和自然科学。在社会科学方面，应掌握经济学、管理学、心理学、法律和伦理学等方面的知识。在自然科学方面，应学好数学、物理学、生态学和电子计算机的使用等知识。

2. 业务知识。项目经理应掌握项目管理学、技术经济学、企业领导学等。总之，项目经理应该是具有一定知识广度的"杂家"，他应在实践中不断深化和完善自己的知识结构。

五、现代项目经理的管理技巧

国内外成功的项目经理的经验证明，仅有较好的素质条件只是一个方面，除此而外，还应总结学习较高的项目管理技巧。这些技巧主要有：

（一）队伍建设技巧

建设一支能战斗的项目队伍是项目经理的基本功之一。队伍建设涉及各种管理技巧，但主要的应能创造一种有利于协作的气氛，把参加项目的所有人员统筹安排到项目系统中去。因此，项目经理必须培养一种具有以下特征的工作作风：

1. 队伍成员专心致力于项目工作。

2. 人与人之间良好的关系和协作精神。

3. 必要的专长和资源条件。

4. 有明确的项目目标和要求。

5. 个人之间和小组之间矛盾的有害程度小。

上述 5 项内容的目的，是为了将各种人员统一安排到一支高效的队伍中去。因此，项目经理要抓住三个主要问题：有机的联系；真诚的关心队伍成员的专业素质提高和个人成长；专心致力于项目工作。

（二）解决矛盾的技巧

矛盾对于复杂的管理任务来说是最基本的障碍。它常常由总项目组织以及其他职能组织的相互影响所决定。了解矛盾的决定性因素对项目经理有效地解决矛盾是相当重要的。当矛盾起不良作用时，它往往导致不恰当的总项目决议，拖长争论时间，打乱队伍的工作，甚至对完成项目产生消极影响。

通过各种调查研究获得许多建议，目的在于增强项目经理解决矛盾从而改善项目作业的能力。项目经理必须做到：

1. 了解组织和行为因素之间的相互关系，以便建立有利于发挥队伍热情的环境，这将会加强积极合作和将有害于工作的矛盾减少到最低限度。

2. 为了实现项目的目标和决议，应与各级组织进行有效的联络沟通。定期安排情况审查会议，这可作为一种重要的联系方法。

3. 找出矛盾的决定因素及其在项目周期内发生的时间，制订有效的项目计划及应急措施，取得高级管理阶层的保障和参与，这一切有助于在矛盾成为阻碍项目作业的因素之前避免或最大限度地减少许多矛盾。

矛盾产生的价值取决于项目经理促进有益争论，同时又将其潜在的危险后果减少到最低限度的能力。有才能的经理需要具有"第六种感官"来指明何时需要矛盾，哪种矛盾是有益的，以及在给定情况下有多少矛盾是最适宜的。总之，他不但要对项目本身负责，而且还要对所产生矛盾使项目成功或失败负完全责任。

（三）取得管理阶层支持的技巧

项目经理周围有许多组织，它们或支持或控制或制约项目活动。了解这些关系对于项目经理是很重要的，因为它们可以提高他们与高级管理阶层建立良好关系的能力。项目组织是与许多具有不同爱好和办事方法的人员共同分享权力的系统。这些权力系统有一种均衡的趋势。只有有高级管理阶层支持的强有力的领导才能避免产生不良的倾向。

（四）资源分配技巧

总项目组织一般有很多经理。因此，在资源分配方面需要根据任务目标，搞好平衡和分配。有效而详尽的总项目计划可能有助于完成所承担的任务和自我控制。部分计划是为资源分配奠定基础的工作说明。在完成的任务和有关预算和进度方面与所有关键的人物达成协议十分重要。理想的做法应当是：在项目形成的早期，如投资阶段，通过关键人物的参与应该得到规划、进度和预算方面的保障。这正是仍然可以变动并能对作业、进度和预算参数进行平衡调整的时候。

小　结

项目的组织制度与组织机构是项目成功建设的组织保证，也是项目管理的首要职能，其他各项管理职能如规划、决策计划、指挥、控制、协调等都要依托组织机构去执行，凡是失败的项目，都可以从组织机构的设置失策中找到原因。

项目组织与企业组织既有区别又有联系，项目组织机构的地位和功能也不尽相同。几种常见的项目组织形式中，矩阵式组织较为普遍，各种组织形式各有其优缺点，应选择简单同时又高效率的组织形式。

工程项目管理的中心人物——项目经理，按其背景不同，各有不同的职责，项目经理的素质是项目成功的关键。

思考题

1. 什么叫项目法人责任制?
2. 工程项目法人与有关各方之间的关系有哪些?
3. 简述工程项目组织机构的设置原则。
4. 项目组织机构有哪些类型? 各有哪些优缺点?
5. 何谓项目经理? 他应具备什么样的素质? 谈谈你心目中的项目经理。

第四章　工程项目的组织协调和沟通

沟通和协调是工程项目管理行为中最重要的职责之一。工程项目协调和沟通不仅是一个信息过程，同时又是一个心理过程，更重要的是一个组织管理过程。本章主要介绍工程项目协调与沟通概念和工程项目中几种重要的沟通，进一步阐述了工程项目沟通的原则和技能、沟通的现实问题、障碍及其改善方法。

第一节　工程项目的协调

一、工程项目协调的意义

工程项目在执行过程中会涉及很多方面的关系，中小型项目常有几十家单位，大型项目会涉及几百家甚至几千家单位，矛盾是不可避免的。协调作为管理的一项重要职能，其目的是使项目组织系统结构均衡，把矛盾的各方面纳于统一体中，有效的解决分歧和冲突，求同存异，齐心协力，保证项目的顺利实施，以实现预期的目标。

工程项目实施周期长，只有处理好项目内外的大量复杂关系，才能保证项目目标的实现。因此，项目的协调管理对工程项目目标的实现具有以下重要意义：一是调动各方工作人员的积极性；二是提高项目组织的运转效率；三是为项目的实施创造更为有利的条件。

二、工程项目协调的内容

工程项目协调的内容大致可以分为以下几个方面：

1. 人际关系的协调，包括项目组织内部的人际关系，项目组织与关联单位的人际关系。人际关系的协调主要解决人员之间在工作中的联系和矛盾。

2. 组织关系的协调，主要是解决项目组织内部的分工与配合问题。

3. 供求关系的协调，包括工程项目实施中所需人力、资金、设备、材料、技术、信息的供应，主要通过协调解决供求平衡问题。

4. 配合关系的协调，包括施工单位、建设单位、设计单位、分包单位、供应单位、监理单位之间在配合关系上的协调和配合，以达到同心协力的目的。

5. 约束关系的协调，主要是了解和遵守国家及地方在政策、法规、制度等方面的制约，求得执法部门的指导和许可。

三、工程项目协调管理的范围

把工程项目作为系统，则协调的范围可分为系统内部的协调和系统外部的协调。项目外部协调管理又分为近外层协调与远外层协调。工程项目与近外层单位一般建有合同关系，和远外层关联单位一般没有合同关系。施工、设计、监理、建设、供应等单位之间均为近外层关系；与其余单位（政府部门、金融组织与税收部门、现场环境单位等）均为远外层关系。

（一）工程项目管理的内部关系协调

1. 项目内部人际关系的协调。这种协调指项目经理与其下属的关系，职能人员之间的关系等。协调这些关系主要靠执行制度，坚持民主集中制，做好思想政治工作，充分调动每个人的积极性。要用人所长，责任分明，实事求是地对每个人的绩效进行评价和激励。在调解人与人之间的矛盾时要注意方法，重在疏导。

2. 项目内部组织关系的协调。项目中的组织形成系统，系统内部各组织部分构成一定的分工协作和信息沟通关系。组织关系的协调，要靠组织运转正常，发挥组织能力的作用。

3. 项目内部需求关系的协调。工程项目运作需要资源，因此资金、劳动力、材料、机械设备、动力等需求，实际上是求得项目的资源保证。需求关系协调就是要按计划供应，抓重点和关键，健全调度体系，充分发挥调度人员的作用。

（二）工程项目管理组织与外层关系的协调

1. 与近外层关系的协调。工程项目的近外层关系包括与业主单位、监理单位、设计单位、供应单位、公用部门的关系等。这些关系都是合同关系或经济关系，应在平等的基础上进行协调。

2. 与远外层关系的协调。工程项目与远外层的关系包括与政府部门、金融组织、税收部门、现场环境单位的关系等。这些关系的处理没有定式，协调更加困难，应按有关法规、公共关系准则、经济联系规定处理。

四、工程项目协调的技术

项目的协调管理在整个工程项目的目标设计、项目定义、设计和计划、实施控制中起着十分重要的作用，协调作为一种管理手段贯穿于项目的始终。在项目实施的过程中，项目经理是协调管理的中心和沟通的桥梁。在各种协调中，组织协调具有独特的地位，它是使其他协调有效的保证，只有通过积极的组织协调才能达到整个系统全面协调的目的。工程项目协调技术主要包括：激励、交际、批评、会议和会谈、报表计划与报告技术等。

（一）激励

在管理心理学中，激励是一种刺激，是促进行为再发生的手段。在项目管理工作中，要调动各级工作人员的积极性，首先要取得各级人员的合作，其有效的做法是真诚地、主动地爱护下属人员。这里主要指表扬、正面评价等。

（二）交际

项目管理中项目经理与有关人员的交际方式有：文字沟通（书信、便条）；语言沟通（包括体态语言）等。

（三）批评

项目经理要掌握好批评的分寸。

（四）会议和会谈

会议是协调和指导项目活动的重要工具。成功的会议依赖于如下因素：会议的目标、任务和时间的安排；会议的程序；议事清单和会议记录；会议的物质准备。

（五）报表计划与报告技术

项目经理应随时了解项目的进展情况，业主也要求定期通知项目的进展情况。因此，每个项目均应编制报表计划。其中要确定：由谁向谁报告；报告的内容（信息、范围等）；报告的周期。

对报表的要求，首先要满足业主的需要，其次才是满足项目经理指挥工作的需要，项目经理必须确定到底需要传递和交流哪些信息。

第二节　工程项目的沟通

一、沟通的概念和模式

根据《大英百科全书》的解释，沟通就是"用任何方法，彼此交换信息，即指一个人与另一个人之间用视觉、符号、电话、电报、收音机、电视或其他工具为媒介，所从事之交换信息的方法。"《韦氏大词典》的解释为：沟通就是"文字、文句或消息之交流，思想或意见之交换"。拉氏韦尔（Harold Lasswell）的解释为：沟通就是"什么人说什么，由什么路线传至什么人，达到什么结果"。著名管理学家西蒙（H. A. Simon）认为："沟通可视为一种程序，借此程序，组织中的一成员，将其所决定意见或前提，传送给其他有关成员。"从管理学的角度出发，综合各种沟通的定义，我们把沟通定义为：沟通是信息凭借一定符号载体，在个人或群体间从发送者到接收者进行传递，并获取理解的过程。

沟通的基本模式是：谁向谁说了什么而产生了效果。根据这个模式，有三个沟通要素被认为会对信息的效果产生重要影响：沟通者（Communicator），内容（Content），接收者（Receiver）。

对任何沟通效果而言，信息沟通者都是很关键的。沟通者信息源的可信赖性、专业水平、意图和属性对沟通的反应有着重要影响。

影响沟通效果的另一个重要因素就是信息的内容。信息的内容可以用两种方法构筑出来。第一，利用情感诉求。从总体看来，当听众中的情感强度上升了，对沟通者所提建议的接受程度并不一定相应地上升。对任何类型的劝说性沟通而言，这种关系更可能是曲线形的。当情感强度从零增至一个中等程度时，接受性也增加；但是情感强度再增强至更高水平时，接受性反而会下降。情感强度在高与低的两头时对沟通信息的内容可能有钝化的作用，处于中等情感强度时对信息内容的接受是最有效的。因此在现实中，对某信息内容的构筑应施用多少程度的情感诉求，还要根据当时的情况依靠主观来判断。第二，沟通信息内容可构筑在理性诉求的基础之上。在沟通中，通常明确地给出结论比让听众自己得出结论更为有效，特别是听众一开始不同意评论者的主张的时候更应如此。

接收者是沟通中的第三个重要因素。个人的个性及他所处的群体都很重要，个人所处的社会群体也会对沟通产生重要的影响，特别当这种沟通违背这个群体的文化惯例时，表现尤为强烈。

管理沟通是管理学中的一个分支，它是一门交叉学科，是以管理学、心理学、社会学、公共关系学等学科为基础而建立起来的新型学科。管理是人类最重要的活动之一，自从人们开始形成群体去实现个人无法达到的目标以来，管理工作就成为了协调个人努力沿着组织确定的方向所必不可少的因素。既然如此，为了设计和保持一种良好环境，为了使人在群体中能够高效率地工作，就需要沟通。

二、沟通的内涵和意义

从沟通的定义中，可以得出沟通的内涵：传递、理解、符号载体等。传递：沟通首先是意义的传递，如果信息和想法没有被传递到，则意味着沟通没有发生，就像说话者没有听众或写作者没有读者都不能构成沟通。理解：要使沟通成功，意义不仅要被传递，还需要被理解。符号载体：一个观念或一项信息并不能像有形物品一样由发送者传送给接收者。在沟通过程中，所有传递于沟通者之间的，只是一些符号。语言、表情、身体动作等都是符号。传送者首先要把信息"翻译"成符号，而接收者则进行相反的"翻译过程"。由于每个人"信息—符号储存系统"不相同，对同一个符号（例如语言词汇）常存在着不同的理解。如"定额"这样一个词汇，对不同的管理层有着不同的含义。高层管理者常常把它理解为需要，而下层管理者则把它理解为操纵和控制，并由此产生不满。有些管理人员并没意识到这一点，忽视了不同成员"信息—符号储存系统"的差异，自认为自己的词汇、动作等符号能被对方还原成自己欲表达的信息，但这往往是不正确的，而且导致了不少沟通问题。良好的沟通不是双方达成协议而是双方理解协议本身，要想达成协议必需有良好的沟通，但良好的沟通并不意味着能达成协议；理解我的观点但并不代表接受我的观点；只有接受我的观点才能达成协议；要想双方达成协议必需有多种条件，如沟通良好与否、双方根本利益是否一致、价值观念是否类同等。又如在谈判过程中如果双方存在根本利益的冲突，即使沟通过程中不存在误解，谈判双方沟通技巧十分娴熟，往往也不能达成协议。

沟通是组织协调的手段，是解决组织成员间障碍的基本方法。组织协调的程度和效果常常依赖于各项目参加者之间沟通的程度。通过沟通，不但可以解决各种协调的问题，而且还可以解决各参加者心理和行为的障碍。沟通的意义主要体现在如下几个方面：

第一，使总目标明确，让项目参加者对项目的总目标达到共识。沟通为总目标服务，以总目标作为群体目标，作为大家的行动指南。沟通的目的是要化解组织之间的矛盾和争执，以便在行动上协调一致，共同完成项目的总目标。

第二，使各种人、各方面互相理解、了解，建立和保持良好的团队精神，使人们积极地为项目工作。

第三，使组成成员目标统一，解决组织矛盾和障碍。通过沟通使人们行为一致，减少摩擦、对抗，化解矛盾，达到一个较高的组织效率。

第四，保持项目的目标、结构、计划、设计、实施状况的透明性，当出现困难时，通过沟通可以使大家有信心，有准备，齐心协力。

沟通是计划、组织、激励、领导和控制等管理职能有效性的保证。工作中产生的误解、摩擦等问题很大一部分可以归咎于沟通的失败。

三、沟通的途径和风格

（一）沟通的途径

沟通的实际运作可通过多种途径进行。口头沟通可能是运用最广泛的方式。文字沟通（包括书面和屏幕形式）及音频/视频沟通（包括远程通讯）在现代社会中是同等重要的沟通途径。然而，沟通不仅仅是上述几种方法。在人们面对面地交流时，眨一下眼睛，用手指轻轻地弹一下等都是同样重要的沟通方法。在某些公开场合，携带旗帜或其他标志物都有一定的含义。有时，一个人的衣着和身体姿势也可能具有非常重要的含义。有时非语言沟通比其他沟通方法更为重要。

1. 口头沟通。这是运用最为广泛的沟通方式，是指面对面的交谈、小组讨论、电话或其他情况下以讲话形式出现的沟通方式。它是一种高度个人化地交流思想、内容和情感的方式。口头沟通与文字沟通相比，为沟通双方提供了更多的平等交换意见的可能性。人们通过沟通信息的内容培育相互之间的理解。但它也有局限性。一是语义，不同的词对不同的人有不同的意义。二是语音、语调使意思变得复杂，不利于意思的传递。意思会因人的态度、意愿和感知而被偷换。人们推知的意思可能是正确的也可能是不正确的。据估计，在口头沟通中最终原汁原味地保留下来的内容不超过原来信息的20%。在不同的企业文化背景下，对同样的语言，会有不同的理解，或者在同一企业内部，由于文化认同不一，也会产生语言沟通的很大偏差。应该注意的是口头沟通如不作记录，则易造成事后口说无凭、容易遗忘等缺点。

2. 文字沟通。这种沟通方式往往显得比较严肃和正式，是传递信息非常有价值的工具。特别是在面对很多人传递同一信息而且还需有一个永久存档时，这种方法尤其有用。沟通者可以用文字精确地表达他所想传递的信息，并可以在给接收者发送之前充分地准备、组织这则信息。文字沟通的最大弱点是不能得到及时准确的信息反馈。现代通讯技术能够在一定程度上解决这些问题。但从个性化和说服力的角度来看，这种沟通的效果是有限的。对于企业和国别文化的差异，应注意对文字含义的不同理解会导致沟通结果的差异。在大中型的工程项目和国际工程承包项目中，文字沟通可能是最方便的沟通途径，但必须运用文化进行理解整合。

3. 音频/视频/通讯沟通。通过高度发达、高效的通讯/音频/视频辅助设施来使沟通变得更为有效，是一个介于上述两种沟通方式之间的沟通方式。工程项目的实施地往往与其上级管理层不在同一地点，特别是在国际工程承包工程中，这种沟通方式越来越多的在工程项目中被应用。视觉感知是影响思想的一个很有潜力的工具。人们更易于理解并保留视觉印象而不是文字印象。由于人脑保留视觉形象的时间比保留语音文字的时间长，所以，现代通讯技术可作为一个极好的工具用来支持和强化其他形式的沟通。正在出现的"信息高速公路"就是一个例子，它能为增强沟通效果发挥重要的作用，有利于在一个语境下，理解信息传播者的真实含义。

（二）沟通的风格

随着社会文化的变迁，沟通的模式也要相应地改变。作为经营管理环境的一部分，企业文化因素在企业管理沟通的有效实现过程中起着关键的作用。企业文化上的不同可表现在思维模式、信念、价值观及共同的风俗习惯等方面，也可表现为信息处理方式的不同。在统一的企业文化中，信息处理是直接的、线性的。坚持按进度表行事、准时性等是一维文化的良好指标。如果企业文化是多维不一的，人们就同时在不同的前沿思考、工作。它的信息处理通常是迂回的，对进度计划坚持程度比较松散，也不太按时，这都是多维文化的典型表现。企业文化不统一，管理人员和普通工人需要深度地了解背景信息后才能行动。这就导致了企业管理效率低下。统一的企业文化会使人们对企业各种事物的认知一致，价值判断相同，不必了解深度的背景信息就可以行动，从而可以促进效率提高。

美国、北欧国家、加拿大、澳大利亚和其他英语国家是低维度文化的典型。这种文化中的信息扼要、清晰。文字和意义是独立的实体，可从其情境中分离出来。重要的是说了什么。人们的所说即所想，所想即所说。在亚洲国家多维的、高度情境的文化中，沟通是迂回的，表达方式和所处的情境变得非常重要。信息的理解不能脱离它的情境以及说出这则信息时所处的环境，信息的真实意义就隐藏在这后面。美国人在一维的、低度情境中，直接表达他们的意思，可能会被高度情境背景中的人们认为是"粗鲁和莽撞的"。亚洲等东方国家的文化是多维的、高情境的，西方人可能又会认为他们保留了许多细节的信息，不直爽。事实上，东方人可能是不想过于直接，以免被人认为是鲁钝的和冒昧的。他们希望逐渐地了解你，并和你建立起个人关系，然后再谈生意。

从总体上看，在世界经济一体化的今天，企业的跨国经营需要对沟通的文化背景进行研究，企业管理者必须根据不同的企业文化背景和企业的不同国别背景，熟练掌握其沟通的方式和风格，实现顺畅的沟通，增强自我竞争能力，提高工作效率与效果。追求效率是现代企业的重要特征，沟通的顺畅是所有管理者的期望。高度重视企业文化的整合，使企业内部的每一项工作都有一个统一的理念进行指导，每一项事物都有一个统一的价值判断标准，这对提高企业管理效率，适应市场变化和激烈的竞争具有十分重要的价值。

四、沟通的类型和形式

沟通的类型主要分为正式沟通和非正式沟通。正式沟通是指通过正式的组织形式、渠道和程序所进行的沟通，主要方式有自上而下的沟通、自下而上的沟通和横向沟通。非正式沟通是在正式沟通渠道以外的信息传递和交流，主要方式有单线式、流言式、机遇式和集束式。

（一）工程项目过程中正式沟通的形式

1. 项目手册。项目手册包括极其丰富的内容，它是项目和项目管理基本情况的集成，其基本作用就是为了项目参加者之间的沟通。项目手册通常包括以下内容：项目的概况、规模、业主、工程目标、主要工作量、各项目参加者、项目结构、项目的业务工作条例等。

项目手册是项目的工作指南。在项目初期，项目管理者应把项目目标、项目手册的内容向各参加者作介绍，使大家了解。特别应该让各参加者了解控制过程和沟通机制以便提供项目的服务工作，进行协调，保护各方面的利益，并为总目标服务。在项目手册中要说明正常的沟通机制，使大家明了遇到什么事应该找谁，应按什么程序处理以及向谁提交什么文件。

2. 各种书面文件，包括各种报告、请求、指令、协议。它们作为组织间正规的信息，常常具有法律效力。例如业主下达错误的指令，则要承担由此造成的损失，同时，各种请示必须在规定时间内答复，否则要承担损失。

在实际工程中要形成文本交往的风气，尽管大家天天见面，经常在一起商谈，但对工程项目问题的各种磋商结果或指令和要求都应落实在文本上。项目参加者各方都应以书面文件作为沟通的最终依据，这是经济法律的要求，也可避免出现争执、遗忘和推诿责任的情况。

要确定定期报告制度，建立报告系统，及时通报工程的基本情况。

对工程中的各种特殊情况及其处理，应作记录，并提出报告。特别是对一些重大的事件、特别的困难或自己无法解决的问题，应呈具报告，使各方了解。

工程过程中涉及各方面的工程活动，如场地交接、图纸交接、材料及设备验收等都应有相应的手续和签收的证据。

3. 协调会议。协调会议是正规的沟通方式。常规的协调会议，一般在项目手册中规定每周、每半月或每月举办一次，在规定的时间和地点举行，由规定的人员参加。非常规的协调会议，即在特殊情况下根据项目需要举行的，一般有信息发布会和解决专门问题的会议，即发生特殊的困难、事故、紧急情况时进行磋商。决策会议，即业主或项目管理者对一些问题进行决策、讨论和磋商的会议。

（二）非正式沟通的形式和作用

1. 非正式沟通是通过项目中的非正式组织关系形成的。一个项目参加者、项目小组成员在正式的项目组织中承担着一个角色，另外他同时又处于复杂的人事关系网络中，如非正式团体，由爱好、兴趣不同的人组成的小组等。在这些组织中人们建立起各种关系来沟通信息，了解情况，影响着人们的行为。

在正式沟通的前后及过程中，在重大问题处理和解决过程中进行非正式磋商，其形式可以是多样的，如聊天、喝茶、吃饭或小组会议。通过现场观察，到现场进行非正式巡视，与各种人接触、聊天，旁听会议，直接了解情况，通常都能直接获得项目中的软信息。

2. 非正式沟通的作用。非正式沟通的作用是多方面的，有正面的，也有负面的。

管理者可以利用非正式沟通了解参加者的真实思想、意图及观察方式，以获得软信息；通过闲谈可以了解人们在想什么，对项目有什么意见。这是由于在非正式场合人们比较自由和放松的缘故。

通过非正式沟通可以解决各种矛盾，协调好各方面的关系。例如事前的磋商、协调，可避免矛盾激化；通过小道消息透风可以使大家对项目的决策有精神准备。

可产生激励作用。项目管理者常常与下层实施者打成一片，会使大家对组织有认同感，对管理者有亲近感，这会加强凝聚力。由于工程项目组织的暂时性和一次性，大家普遍没有归属感和安全感。这方面的情绪，项目经理一定要重视。

非正式沟通获得的信息有参考价值，可以辅助决策，但这些信息没有法律效力，而且有时有人会利用它来误导他人，所以在决策时应正确对待，特别谨慎。

管理者可以充分利用非正式沟通的正面作用达到更好的管理效果。有意识地利用非正式组织，可缩短管理层次之间的鸿沟，使大家亲近。在作出重大决策前后采用非正式沟通方式，集思广益，通报情况，传递信息，缓和矛盾，而且能及早地发现问题，将管理工作做得更完美。

工程项目管理者对于非正式沟通一定要充分注意。非正式沟通如果运用得好，可以是正式沟通的补充，有利于密切人与人的感情，从而有助于总体目标的实现；但如果应用得不好，也会涣散组织，给工作带来意想不到的危害。不少小道消息的传播会造成人心惶惶，特别是当出现项目危机的时候，或项目要结束的时候，这样会加剧人心的不稳定、困难和危机。

第三节　工程项目中几种重要的沟通

在项目实施过程中，项目组织系统的单元之间都有界面沟通的问题。项目经理和项目经理部是整个项目组织沟通的中心。以下几个方面的沟通对项目的总体目标的实现有非常大的影响。

一、项目经理与业主的沟通

业主代表项目的所有者，对项目具有特殊的权利，项目经理部为业主进行项目管理，必须服从业主的决策、指令和对工程项目的干预。要取得项目的成功，必须获得业主的支持和理解。

首先，项目经理要理解总目标，理解业主的意图，理解项目任务文件。对于未能参加项目决策过程的项目经理，必须了解项目构思的基础、起因、出发点，了解目标和决策的背景。否则可能对目标及任务有不完整甚至无效的理解，会给自己的工作造成很大的困难。所以项目经理必须花很大气力来研究业主，研究项目目标。

其次，让业主一起投入项目全过程，而不仅仅是给他一个结果。尽管有预定的目标，但项目实施必须执行业主的指令，使业主满意。业主通常是其他专业或领域的人，可能对项目懂得很少。许多项目经理常常感叹"业主什么也不懂，还要乱指挥、乱干预"。这是事实，也是确实是令项目经理十分痛苦的事。但这并不完全是业主的责任，很大一部分是项目经理的责任。解决这个问题比较好的办法是：

1. 多向业主解释说明，尽量让他们多投入到项目的实施过程中，使业主理解项目实施的过程。如若业主在专业和工程管理方面不在行，则可多采取讲解和灌输的方法培养他们，减少他的非程序的干预和越级指挥。特别应防止业主内部一些无关人员随意干预和指令项目，或将业主内部的矛盾带入项目中。

2. 项目经理做决策安排时要考虑到业主的期望、习惯和价值观念，尽量了解业主所面临的压力以及对项目关注的焦点。

3. 在业主做决策时，项目经理要向他提供充分的信息，让他了解项目的全貌，项目实施状况、方案的利弊得失及对目标的影响。

4. 尊重业主，随时通报情况并及早通知业主应由其完成的工作。

最后，项目经理在接受项目管理任务时应积极主动地向业主全面了解项目前期策划和决策过程，并请业主提供详细的资料。项目经理应尽早进入项目，最好能参与目标设计和决策过程，并能保持项目经理的稳定性和连续性。

业主和项目管理者双方理解得越深，双方期望越清楚，则争执越少。否则，业主就会成为一个干扰因素，而业主一旦成为一个干扰因素，项目经理就会很辛苦，而项目也可能完成得不理想。

二、项目经理与设计单位、监理单位的沟通

在我国现有的管理体制下，设计单位和监理单位是直接与业主签订合同，与项目经理没有直接的合同关系，从理论上讲三方的总体目标是一致的，而且业主和政府行业主管部门赋予他们的权力是很大的。工程项目的实施中，总承包单位一般都会对项目经理在工程质量、进度、效益等方面制定具体目标，而这些具体目标往往与他们没有直接的关系。因此，项目经理首先应积极地与其沟通，取得他们的支持与理解；其次，在尊重他们意见的同时，充分利用自己团队技术力量全面、施工和现场管理经验丰富的优势，制订各种具体的合理的实施方案，取得他们的认可；最后，与他们一道正确处理好项目施工时局部目标与整体目标的关系。项目经理与他们的沟通和组织协调的好坏，对项目的成败和各项目标的实现起着十分关键的作用。

三、项目经理与分承包商、供应商的沟通

分承包商、供应商与项目经理是直接的合同关系，不直接面对业主，必须接受项目管理者的领导、组织、协调和监督。

第一，应让各分承包商、供应商理解总目标、阶段目标以及各自的目标、项目的实施方案、各自的工作任务及职责等，增加项目的透明度。这不仅要求在技术交底中应该这

样，而且应贯穿在整个项目的实施过程中。

在实际工程项目中，许多技术型的项目经理常常将精力放在追求完美的解决方案上，进行各种优化。但实践证明，只有各分承包商最佳的理解，才能发挥他们的创新精神和创造性，否则即使是最优化的方案也不可能取得最佳的效果。

第二，向各分承包商、供应商解释项目管理程序、沟通渠道与方法，指导他们并与他们一齐商量如何工作，如何把事情做得更好。应经常地解释目标、合同及计划，发布指令后要作出具体说明，防止产生对抗。

第三，业主将具体的工程项目管理事务委托给项目管理者，赋予他很大的处置权力（例如按 FIDIC 合同）。但项目管理者在观念上应该认为自己是提供管理服务的，不能随便对分承包商动用处罚权（例如合同处罚），或经常以处罚相威胁（当然有时不得已必须动用处罚权除外）。应经常强调自己是提供服务、帮助的，强调各方面利益的一致性和项目的总目标。

第四，在招标、商签合同、工程施工中应让分承包商、供应商掌握信息、了解情况，以作出正确的决策。

第五，为了减少对抗，消除争执，取得更好的激励效果，项目经理应欢迎并鼓励分承包商将项目实施状况的信息、实施结果和遇到的困难、自己心中的不平和意见向他汇报，这样就可寻找和发现对计划、控制有误解，或有对立情绪的承包商和可能的干扰。各方面情况了解得越多、越深刻，项目中的争执就越少。

四、项目经理部内部的沟通

项目经理部是项目组织的领导核心。通常项目经理不直接控制资源和具体工作，而是由项目经理部中的职能人员具体实施控制，则项目经理和职能人员之间及各职能人员之间就有界面和协调。他们之间应有良好的工作关系，应当经常沟通协商。

第一，项目经理与技术专家的沟通是十分重要的，他们之间也存在许多沟通障碍。技术专家常常对基层的具体施工了解较少，只注意技术方案的优化，注意数字，对技术的可行性过于乐观，而不注重社会和心理方面的影响。项目经理应积极引导，发挥技术人员的作用，同时注重全局和方案实施的可行性。

第二，建立完备的项目管理系统，明确划分各自的工作职责，设计比较完备的管理工作流程，明确规定项目中正式沟通的方式、渠道和时间，使大家按程序、规则办事。

第三，由于项目的特点，项目经理更应注意从心理学、行为科学的角度激励各个成员的积极性。虽然项目工作富有创造性，有吸引力，但由于项目经理一般没有对项目组成员提升职位，甚至提薪的权力，这会影响他的权威和吸引力，但他也有自己的激励措施，例如：

1. 采用民主的工作作风，不独断专行。在项目经理部内放权，让组织成员独立工作，充分发挥他们的积极性和创造性，使他们对工作有成就感；项目经理应少用正式权威，多用他的专门知识、品格、忠诚和工作挑战精神影响成员。

2. 改进工作关系，关心各个成员，礼貌待人。鼓励大家参与协作，与他们一起研究目标、制定计划，多倾听他们的意见、建议；鼓励他们提出建议、质疑、设想，建立互相信任、和谐的工作气氛。

3. 公开、公平、公正地处理事务。应该经常召开会议，让大家了解项目情况和遇到的问题或危机，鼓励大家同舟共济。

4. 在向上级和职能部门提交的报告中应包括对项目组成员好的评价和鉴定意见，项目结束时应对成绩显著的成员进行表彰，使他们有成就感。

第四，对以项目作为经营对象的企业，如承包公司、监理公司等，应形成比较稳定的项目管理队伍，这样尽管项目是一次性的、常新的，但项目小组却相对稳定，各成员之间是老搭档，彼此了解，可大大减少组织摩擦。

第五，职能人员的双重忠诚问题。项目经理部是个临时性的管理组织。特别是在矩阵式组织中，项目成员在原职能部门保持其专业职位，他可能同时为许多项目提供管理服务。

第六，建立公平、公正的考评工作业绩的方法、标准，并定期客观、慎重地对成员进行业绩考评，在其中剔除运气、不可控制、不可预期的因素。

五、项目经理与职能部门的沟通

项目经理与企业职能部门经理之间的沟通是十分重要的，特别是在矩阵式组织中，职能部门必须对项目提供持续的资源和管理工作支持，他们之间有高度的相互依存性。

第一，在项目经理与职能经理之间自然会产生矛盾，在组织设置中他们之间的权利和利益平衡存在着许多内在的矛盾性。项目的每个决策和行动都必须跨过此界面来协调，而项目的许多目标与职能管理目标差别很大。项目经理本身能完成的事极少，他必须依靠职能经理的合作和支持，所以在此界面上的协调是项目成功的关键。

第二，项目经理必须发展与职能经理的良好工作关系，这是他的工作顺利进行的保证。两个经理间有时会有不同意见，会出现矛盾。职能经理常常不了解或不同情项目经理的紧迫感，职能部门常会扩大自己的作用，以它自己的观点来管理项目。强有力的职能部门的左右，有可能使项目经理陷入困境。

当与部门经理不协调时，有的项目经理可能被迫到企业最高层寻求解决，将矛盾上移，但这样常常更会激化他们之间的矛盾，使以后的工作更难协调。

项目经理应该经常同职能部门经理交换意见，特别是要同那些计划和预期向项目提供职能人员，或职能服务，或为项目供应资源的关键职能部门经理交换意见，以取得他们的赞同。

同样，职能经理在给项目分配人员与资源时应与项目经理商量。如果在选择过程中不让项目经理参与，必然会导致组织争执。

第三，项目经理和职能经理之间有一个清楚的、快捷的信息沟通渠道，不能发出相互矛盾的命令，为此两种经理必须经常定期交流。

第四，项目经理与职能经理的基本矛盾的根源大部分是经理间的权力和地位的斗争。职能管理是企业管理机构的一部分，项目经理在制订项目总体计划后应取得职能部门的支持承诺。

第四节　沟通的原则和技能

一、沟通的原则

（一）准确性原则

当信息沟通所用的语言和传递方式能被接收者理解时，这个沟通才具有价值。沟通的目的是要使发送者信息准确地被接收者理解。这看起来似乎很简单，但在实际工作中，常会出现接收者对发送者非常严谨的信息缺乏足够的理解。信息发送者的责任是将信息加以综合，无论是笔录或口述，都要求用容易理解的方式表达。这要求发送者有较高的语言或文字表达能力，并熟悉下级、同级和上级所用的语言。这样，才能克服沟通过程中的各种障碍，而对表达不当、解释错误、传递错误给予澄清。

当然，在注意了准确性原则之后，沟通并不一定能正常进行，这是由于要注意的信息太多，人的注意力有限，所以接收者必须集中精力，克服思想不集中、记忆力差等问题，才能够对信息有正确的理解。

（二）完整性原则

当项目经理为了达到组织目标，而要实现和维持良好的合作时，与员工之间就要进行沟通，以促进他们的相互了解。在管理中进行沟通只是手段不是目的。这项原则的一个特别需要注意的地方，即信息的完整性部分取决于项目经理对下级工作的支持。项目经理位于信息交流的中心，应运用这个中心的职位和权力，起到这个中心的作用。但在实际工作中，有些项目经理往往忽视了这一点，越过下级主管人员而直接向有关人员发指示、下命令，使下级主管人员处于尴尬境地，并且违反了统一指挥的原理。如果确实需要这样做，则上级主管应事先同下级主管进行沟通，只有在时间不允许的情况下，例如紧急动员完成某一项任务、下令撤离某一个危险场所等，采用这个方法才是必要的。

（三）及时性原则

在沟通的过程中，不论是项目经理向下级沟通信息，还是下级主管人员或员工向项目经理沟通信息，除注意到准确性、完整性原则外，还应注意及时性原则。这样可以使组织新近制定的政策、组织目标、人员配备等情况尽快得到下级主管人员或员工的理解和支持，同时可以使项目经理及时掌握其下属的思想、情感和态度，从而提高管理水平。在实际工作中，信息沟通常因发送者不及时传递或接收者的理解、重视程度不够，而出现事后信息，或从其他渠道了解信息，使沟通渠道起不到正常作用。当然，信息的发送者出于某种意图，而对信息交流进行控制也是可行的，但在达到控制的目的后应及时进行信息的传递。

（四）非正式组织策略性运用原则

这一原则的性质就是，只有当项目经理使用非正式的组织来补充正式组织的信息沟通时，才会产生最佳的沟通效果。非正式组织传递信息的最初原由，是出于一些信息不适合于由正式组织来传递。所以，在正式组织之外，应该鼓励非正式组织传达并接收信息，以辅助正式组织做好组织的协调工作，共同为达到组织目标作出努力。

一般说来，非正式渠道的消息，对完成组织目标也有不利的一面。小道消息盛行，往往反映了正式渠道的不畅通。因而加强和疏通正式渠道，在不违背组织原则的前提下，尽可能通过各种渠道把信息传递给员工，是防止那些不利于或有碍于组织目标实现的小道消息传播的有效措施。

二、沟通的方法

沟通中的方法是多种多样的，沟通的方法运用要因地制宜，因人而定。

（一）发布指示

在指导下级工作时，指示是重要的。指示可使一个活动开始着手、更改或制止，它是使一个组织生机勃勃或解体的动力。

1. 指示的含义。指示作为一个领导的方法，可理解为是上级的指令，具有强制性。它要求在一定的环境下执行任务或停止工作，并使指示内容和实现组织目标密切关联，以及明确上下级之间的关系是直线指挥的关系。这种关系是不能反过来的，如果下级拒绝执行或不恰当地执行了指示，而上级主管人员又不能对此使用制裁方法，那么他今后的指示可能失去作用，他的地位将难以维持。为了避免这种情况的出现，可在指示发布前听取各方面的意见，对下级进行训导，或将下级尽可能安排到其他部门工作。

2. 指示的方法。管理中对指示的方法应考虑下列问题：（1）选择一般的指示方式或具体的指示方式。一项指示是一般的还是具体的，取决于项目经理对周围环境的预见能力以及下级的响应程度。授权或明确主管人员应运用具体的指示方式，而在对实施指示的所有周围环境不可能预见的情况下，大多采用一般的指示形式。（2）选择书面的或口头的指示方式。在决定指示是书面的还是口头的时候，应考虑的问题是：上下级之间关系的持久性、信任程度，以及避免指示的重复等。如果上下级之间关系持久，信任程度较高，则不必书面指示。如果为了防止命令的重复和司法上的争执，为了对所有有关人员宣布一项特定的任务，则书面指示更为必要。（3）选择正式和非正式的指示方式。对每一个下级准确地选择正式的或非正式的发布指示的方式是一种艺术。正确采用非正式的方式来启发下级，用正式的书面或口述的方式来命令下级。

（二）会议制度

管理中的领导职能的实质是处理人际关系，而人与人之间的沟通是人们思想、情感的交流，采用开会的方法，就是提供交流的场所和机会。会议的作用表现在：

1. 会议是整个组织活动的一个重要反映，是与会者在组织中的身份、影响和地位等所起作用的表现。会议中的信息交流能在人们的心理上产生影响。

2. 会议可集思广益。与会者在意见交流之后，就会产生一种共同的见解、价值观念和行动指南，而且还可密切相互之间的关系。

3. 会议可使人们了解共同目标、自己的工作与他人工作的关系，使之更好地选择自己的工作目标，明确自己怎样为组织作出贡献。

4. 通过会议，可以对每一位与会者产生一种约束力。

5. 通过会议，能发现人们所未注意到的问题，而认真地考虑和研究。

会议的种类主要有工作汇报会、专题讨论会、员工座谈会等。必须强调的是，虽然会议是项目进行沟通的重要方法，但决不能完全依赖这种方法。而且，会议要有充分准备，民主气氛浓厚，讲求实效，切忌"文山会海"的形式主义。

（三）个别交谈

个别交谈就是指项目经理用正式或非正式的形式，在组织内外，同下属或同级人员进行个别交谈，征询谈话对象对组织中存在的问题和缺陷的个人看法，包括对项目经理的意见。这种形式大部分都是建立在相互信任的基础上，无拘无束，双方都感到有亲切感。这对双方统一思想、认清目标、体会各自的责任和义务都有很大的好处。在这种情况下，人们往往愿意表露真实思想，提出不便在会议场所提出的问题，从而使项目经理能掌握下属人员的思想动态，在认识、见解、信心诸方面容易取得一致。

三、沟通的技能

优秀的项目经理必然有良好的沟通技能。对优秀的项目经理而言，要不断提高写作或会谈能力，将复杂情况用明白易懂的语言表达出来，让项目所有参加者了解相应的情况。管理学大师德鲁克（Drucker）说："一个基本的技能，就是以书面或口头的形式组织和表达思想，你的成功依赖于你通过口头和书面文字对别人的影响程度，这种将自己思想表达清楚的能力可能是一个人应拥有的最为重要的技能。"沟通的技能对所有管理阶层工作的功效都是很关键的。计划和实施的成功程度与沟通技能直接相关。

（一）有效反馈的技能

无论是管理者还是被管理者，对积极反馈的感知都比对消极反馈的感知要快和准，而且积极反馈几乎总是被接受，而消极反馈往往遭到抵制。这并不意味着应该避免提供消极反馈，而应当认识到这种潜在的抵触，并学会在易于被接受的情境下使用消极反馈。以下是使反馈更有效的几个技巧：

1. 强调具体行为。反馈应该具体化而不是一般化，针对具体行为，告诉接收者因何受到批评或受到赞扬。

2. 使反馈对事不对人。尤其是消极反馈，还应该是描述性的而不是判断和评价性的。无论项目经理如何失望，都应使反馈针对工作。说某人"很笨"或"没能力"等，常会激起极大的情绪反应，而这种反应往往会使人忽视了工作本身的错误。

3. 使反馈指向接收者和你的共同目标而不是别的。如果你不得不说一些消极的内容，应该保证这种消极反馈确实有助于你们达到所追求的目标。因此，在说话之前，首先问问自己到底希望通过反馈帮助什么人或促进什么事。

4. 把握反馈的良机。接收者的行为与获得对该行为的反馈相隔时间越短，反馈就越有意义。

5. 确保理解。要注意你的反馈是否足以清楚和完整，以使接收者能够全面准确地理解你的意思。必要的话，应该让接收者复述你的反馈内容，以了解你的本意是否被彻底领会。

6. 使消极反馈指向接收者可以控制的行为。消极反馈应该是指向接收者可以改进的行为和可以控制的方面，最好还同时指明如何做才能解决现有问题。这不但减弱了批评造成的伤害，而且给那些知道自己存在问题但不知如何解决的接收者提供了指导。

（二）有效授权的技能

1. 分工明确。你要确定授权的是什么以及授权给谁，提供明确的信息，明确告知给予他什么权力，你希望得到什么结果，以及你对时间及绩效方面的要求。除非别无选择而只能使用某种专门方法，应该只在要做什么以及期望获得什么结果上达成协议，而让被授权者自己决定采用什么方法。着眼于目标，并且给下属充分的自由，使他们对如何达到目标作出自己的选择与判断，可以增进你与员工之间的相互依赖，激励员工的工作积极性，强化对结果的责任感。

2. 具体指明授予的权限范围。每一授权活动都是与限制相伴随的。你所下放的是在某些条件下处理问题的权力，你应该明确指出这些条件是什么，使下属十分明确地知道其权限范围。成功地表达这一信息，可以使你和下属对被授予的权限范围及未经进一步许可能够走多远达成共识。

3. 允许下属参与。确定完成某项工作必须拥有多大权力的最好办法，是让负责此项任务的下属参与决策。但要注意，参与中会存在着一系列潜在问题，下属在评估自己能力时可能会带有自利偏见，某些下属的人格特点可能倾向于扩张自己的权力，使其超出需要的范围。

4. 通知其他人授权已经发生。不仅项目经理和被授权的下属要明确知道授权的内容，与授权活动有关联的其他人，包括组织内外的人员，都应当被告知。需要通报的信息主要包括授权给谁、任务与权力大小。不通知其他人很可能造成冲突。

5. 建立反馈控制机制，使下属能够及时汇报工作进展情况以及遇到的主要困难。控制机制可以监督下属的工作进程，增加尽早发现重大问题的可能性，保证任务按预期的要求完成，还可以确保下属不滥用权力，正确执行组织的决策。

（三）有效训导的技能

训导是指为了强化组织规范和规章，由项目经理从事的活动。引起训导的员工行为有旷工、迟到、滥用病假、不服从领导、不使用安全设施、欺骗上级、虚报信息等。我们知道，处罚可以减少或消除不良行为，却并不一定会导致好行为的出现。很多管理实践表明，对问题员工的处理，使用训导手段有时是很必要的。要使训导更加有效，可以采用以下几个技巧：

1. 用平静、客观、严肃的方式面对员工。在平时，项目经理可通过自由、放松、非正式的方式促进许多人际交往活动，因为这样的环境使员工感到无拘无束。然而，训导的实施与这些情境完全不同，应该以平静、客观、严肃的语气来表述你的意见，同时避免愤怒和其他情绪反应，但也不要以开玩笑或聊家常的方式来减弱紧张的压力，这类举动会传递相互矛盾的信息，降低训导的作用和效果。

2. 具体指明问题所在。当面对员工时，针对具体的问题，指出违规发生的时间、地点、参与者及其他任何环境因素。使用准确的语言界定过失，而不是仅仅引证规章制度和劳动合同。你应该表达的并不是违规这件事本身，而是违规对项目目标实现造成的影响。具体阐明出现的问题对员工的个人工作、项目的总体目标以及其他同事造成的不良影响，以此作为这类行为不应该再度发生的理由。

3. 对事不对人。批评应该指向员工的行为而不是人格特征。

4. 允许员工陈述自己的看法。无论你拥有什么样的事实支持你的谴责，正确的工作程序应该是：给员工一个机会陈述自己的看法。即从他的角度来看，发生了什么事？为什么会发生？他对规则、条例和环境的理解是怎么的？如果在这方面的观点差异极大，这样就需要做进一步的调查。

5. 保持对讨论的控制。在很多人际交流活动中，可以鼓励开放式的对话，抛开控制而制造一种双方平等的沟通气氛，但在实施训导时不能这样。对员工的训导是在权力基础上的活动，要想巩固组织准则和规程，项目经理就必须进行控制，让员工从自己的角度陈述所发生的事情，以便抓住事实真相，但不要让他们干扰训导或使你偏离目标。

6. 对今后如何防范类似错误达成共识。训导应当包括对改正错误的指导。项目经理应与员工在出现问题的原因和改正措施方面达成共识，拟订相应的整改措施，并保证今后不再出现类似的过失。

四、沟通的技巧

在工程项目管理过程中，项目经理应注重运用以下技巧。

1. 要以诚待人，不要过于世故。"诚"是人际交往的根本，自古以来一向受到人们的崇尚，交往能做到一个"诚"字，必能赢得真诚的回报。反之，世故圆滑，尔虞我诈，永远也不可能得到对方的真诚相待。

2. 要言而有信，不要轻易作出许诺。项目经理如果承诺做某一件事情，就应认真履行自己的诺言。一个人言而无信，到头来不仅得不到员工的信任，弄不好还会众叛亲离，使自己成为孤家寡人。

3. 保持适度距离，不要过于亲近。人际关系本是人与人之间的心理上的关系，也可称为心理上的距离。不分亲疏地靠近对方最终难免引起不快，彼此之间还是应该保持适度距离为好。

4. 要自尊自爱，不要热衷于接受他人的馈赠。十分要好的朋友，诚心诚意地相互赠送一些小礼物，以联络感情，增进友谊，这是人之常情。但假如仅有一面之交或交往不深的人，最好当面谢绝，不可来者不拒，以致受制于人。

5. 要平等待人，不要盛气凌人。在与人交往的过程中，切记彼此在人格上是平等的，受益是双方的，一定要平等待人，不可盛气凌人。

6. 要虚心听取不同意见，不要好为人师。要虚心听取真诚的忠告，切不可讳疾忌医。可以在充分尊重对方的前提下，提出自己的见解供其参考。不要遇事好为人师，弄得他人无所适从。

7. 要善始善终，不要见异思迁。工作中也有因误会而产生不快的时候，此时，应设身处地地替对方多加考虑，即使错在对方，也应豁达大度，谅解其过失。

8. 要不骄不躁，不要见风使舵。对每个人来说，在身份、地位发生变化步步高升时，尤其应记住不要造成一阔脸就变的印象。

9. 要宽以待人，不要苛求于人。严以对人、宽以对己是一种有悖于公平原则的双重标准，它只会导致对方反感。相反，如果我们能做到严于律己，宽以待人，不放纵自己，不苛求他人，必能赢得对方的敬重。

第五节　沟通的现实问题、障碍及其改善方法

一、沟通的现实问题

（一）个体差异

在现实的组织中，每个项目都有一些不善于沟通，但具有极佳的思想能力的男女员工，大致可分为以下三种类型：

1. 具有专业技术的看上去很孤傲的员工。这些员工只是忠于自己的工作而已，常埋头于自己知道的事情，而开口讲话时也只是讲几句简单的话，不精通人际关系的技巧。他们对于工作本身的忠诚，比起对组织的忠诚还要强烈，因为他们关心的只是"工作是否完成"。例如，电子资讯处理专家总是与项目以外的其他电子计算机专家保持密切关系，但对于项目的执行情况却很少关心；专业工程师、会计师和许多其他专家也都只关心他们的专业并和他们的同业保持关系，而很少关心项目的进展状况。他们在项目上只是体现了专业能力，这种情形可能使他们在组织内的任何层级上均与其他工作人员保持一段距离。

2. 常使人们忽略的员工，他们之所以无法负责更多的任务，是因为他们是"热心但沉默的一群"。这一类型的人，是由于他们的沉默寡言而被人们忽视，而不是他们的能力本身。

3. 言辞吝啬的员工。他们认为只有言简意赅才有价值，其他任何多余的话都是在浪费时间和生命，结果他们不愿表达任何"废话"般的意思。他们简单明了的意见可能在项目某个具体讨论会中极富价值，但他们的言辞吝啬对别人而言显示了兴趣或行为的缺乏。

项目经理必须要求这几类员工更广泛地参加讨论，或是要求他们在某些状态下更细微和深入地提出建议并将这些建议付诸实施。当他们参与组织的任何层级的活动增加后，应给他们热烈的赞许和鼓励。

此外，以下的几方面因素也会导致个体在沟通上的差异：

1. 遗传特征。个人的因素构成会影响其沟通的能力。

2. 民族。多数民族人和少数民族人有着差别很大的沟通方式。

3. 家庭。不同的家庭促成其成员形成不同的处事观念。

4. 个体经历。个人在社会中的地位，包括受教育的机会以及独特的生活经历都会影

响其沟通的能力和方式。

（二）性别

不同性别的人对于有效沟通的标准是不尽相同的。

在语言表达的技巧上，女性通常比男性更胜一筹。女孩子很早就开始相互谈论她们自己，谈论人们如何行事并开始分辨各种感情，因而总是有更多的时间和机会来尝试语言表达的技巧。所以，在长大以后她们对如何沟通总是很有一套，而这对于那些仅希望能够说清事件，却不管什么情感和想法的男孩子而言就显得太难了。男性不太善于把握别人的情感，因为他们常常很难注意到一些细致的暗示和线索。

许多女性在成长过程中被教育不要显露自己的愤怒和不满，而很多男性则被告知要隐藏自己痛苦和脆弱的一面。"我让他们怎么办，他们就应该怎么办，要知道这儿究竟谁是老板，谁说了算！"这是一种男性味十足的说话方式；而诸如"我的确很在乎你怎么看我"的话则显得女性化一些。因为女性对情感的把握总是很自如，而且常常希望别人能够与她分享，而男性往往不善于把握情感，而且不愿分担别人的情感。

男性与女性之间存在沟通障碍吗？黛伯拉·泰兰博士对此进行了研究。其研究表明，女性使用的语言是建立联系和亲密性的语言，强调融洽和共性；男性使用的语言是建立地位和独立性的语言，强调不同和差异。对于大多数男性来说，交谈主要是保护独立性和维持自己在社会格局中等级地位的手段；而对于大多数女性来说，交谈则是寻求融洽关系的谈判。这导致了男性和女性在沟通中存在很大差异。

（三）修辞

在沟通时词汇是主要手段，绝大多数人都知道如何委婉恰当地使用词汇。但同时，委婉恰当的语言对有效沟通构成了新的障碍。如果在使用词汇时除去那些过分委婉的词汇，我们就能以清楚、准确的方式传达信息。大多数情况下，发送者和接收者使用的词汇越多，信息传递的精确性概率就越高。如果从词汇库中删去某些词汇，则加大了准确沟通的难度。如果进一步用那些意义不易理解的新术语替代这些词汇，则信息符合原意的可能性就更低了。我们必须注意自己使用的词汇是否会冒犯他人，但同时还应注意，不要把语言的清理工作推向极端，以至于阻碍了沟通的准确性。我们还没有一种简单的办法来处理这种两难困境。但应该意识到在二者之间保持平衡的重要性，并要找到一种恰当的平衡做法。

（四）文化差异

跨文化因素也增加了沟通困难的潜在可能性。以下是跨文化沟通中存在的四个具体问题：第一，语言造成的障碍。不同人所理解的词汇意义是不同的，对于来自不同民族文化的人们来说尤其是这样。第二，词汇含义造成的障碍。在不同语言中，同一词汇的意义可能不相同。第三，语调差异造成的障碍。有些文化的语言是规范的，有些文化的语言却是不规范的。在一些文化中，语调的变化取决于交谈的环境，在不同环境中，人们说话的方式也是不同的。第四，认知差异造成的障碍。使用不同语言的人实际上看待世界的方式也不一样。

因此，在和来自不同文化的人进行沟通时，应该注意以下几点：

1. 在没有证实彼此之间的相似性之前，先假设存在着差异。大多数人常常自认为他人与自己非常相似，但实际情况却是来自不同国家的人常常是非常不同的。因此，在未得到证实之前，应先假设彼此之间有差异，这样做会减少误解的可能性。

2. 重视描述而不是解释和评价。相比描述来说，对某人言行的解释和评价更多是在观察者的文化和背景基础上进行的。因此，应该留出充足的时间，根据文化因素调整自己进行观察解释的角度，在此之前不要急于作出判断。

3. 设身处地。传递信息之前，先把自己置身于接收者的立场上；接受信息时，先确认发送者的价值观、态度、经历、参照点、教育、成长和背景。

4. 把自己的解释作为一种假设。当你对新情境提出一种见解，或者站在对方异国文化的角度上思考问题时，把自己的解释作为一种还有待于进一步检测的假设。仔细评价接收者提供的反馈，看看它们能否及时证实你的假设。对于重要决策，你还可以与文化背景相同的同事一起分析检查，以保证你的解释是准确的。

二、沟通的障碍

沟通中的第一类障碍主要是有关信息发送者的，第二类主要是有关信息的传递的，第三类则主要是有关信息接收者的。

（一）缺少沟通的计划

良好的沟通不是偶然得来的。人们往往是在事先对表达某个信息的目的未经思考、计划或说明的情况下就开始说话或写作了。但是，如果能说明下达指示的理由，选择最恰当的渠道和适宜的时机，就能大大有助于对信息的理解，从而减少抵制变动的阻力。

（二）未加澄清的假设

一个常被忽视但却很重要的问题是在沟通的信息中没有传递它所依据的基本假设。未予澄清的假设，无论责任在谁，都会引起混乱和徒伤感情。

（三）语意曲解

有效沟通的另一种障碍可以说是语意曲解。这种曲解可能是故意的，也可能是无意的。有些词也会引起不同的反应。对有些人来说，"政府"这个词可能意味着干涉、财政赤字，但对另外一些人来说，它可能意味着帮助、平等和正义。

（四）信息表达不佳

一个想法在信息发送者的脑子里不论多么清楚，但在表达时，仍然可能受到用字不当、遗漏、条理不清、语序紊乱、陈词滥调、生造术语、意思不全等毛病的影响。这种表达不清和不准的毛病造成的损失可能很严重，但这只要在表达信息时多加小心就能避免。

（五）信息在传递中的损失和遗忘

信息从一个人到另外一个人的接连多次的传递之后，就会变得越传越不准确，因此组织往往使用多种渠道来传递同一个信息。健忘则是信息传递中的另一个严重问题。例如，某项研究发现，员工们只能记住接收信息的 50% 而主管人员则只能记住 60%。这一数据充分说明对一个信息有必要反复地传递和使用多种渠道传递。

（六）听而不闻和判断草率

每个人大概都见到过，有些人喜欢在别人谈话当中突然插进一些不相干的话题。原因之一是这些人脑子里正在想着自己的问题，如维护他们以我为中心的地位，或者使别人对自己有个好印象等，而根本没在听别人的谈话内容。

聆听别人谈话需要注意力集中和自我约束，也就是说，要避免过分急于对别人的谈话作评价。一般的倾向是急于对别人的谈话作判断，表示赞同或反对，而不是设法了解谈话者的基本观点。然而，不带评判地聆听别人的谈话有时却能提高组织的效能。以认真的态度聆听别人的谈话能够减少组织生活中常见的烦恼，并能获得较好的沟通效果。

（七）猜疑、威胁和恐惧

猜疑、威胁和恐惧都会破坏沟通。在这种气氛下，人们对任何信息都会持怀疑态度。猜疑可能是由于上级行为的矛盾所造成的，也可能是由于下属过去曾因诚实地向上级报告了不利的但却是真实的情况而受到惩罚的教训所造成的。同样，在威胁（不论是真实存在的还是想像的）面前，人们一般是多保留、处处防卫和谎报情况。为此，需要一种信任的气氛，这样才有助于真实的信息得以畅通地流动。

（八）缺乏适应变化的时间

沟通的目的常常是为了引起一些变化，而这又可能对员工有重大影响：如工作的时间、地点、工种、工作顺序的变化，或者是小组的组成和所用的技术的变化等。有些沟通的目的则旨在必须作进一步的训练、职业调整或职位安排等的变化。变化以不同的方式影响着人们，而这可能需要花相当一段时间才能充分认识到某个信息的含义。因此，为了讲究效率，绝不应该在人们能够适应变化的影响之前，就强制变革。

三、工程项目沟通的困难

工程项目组织和项目组织行为的特殊性，增加了工程项目中沟通的困难。尽管有现代化的通信工具和信息收集、储存和处理工具，减小了沟通在技术上和时间上的障碍，使得信息沟通非常方便和快捷，但仍然不能完全解决人们许多心理上的障碍。组织沟通的困难在于：

1. 现代工程项目规模大，参加单位多，造成每个参加者沟通面大，各人都存在着复杂的联系，需要复杂的沟通网络。

2. 现代工程项目中技术的复杂、新工艺的使用、专业化和社会化的分工，以及项目管理的综合性和人们的专业化分工的矛盾，增加了交流和沟通难度。特别是项目经理和各职能部门之间经常难以做到很好的协调配合。

3. 由于各参加者（如业主、项目经理、技术人员、承包商）有不同的利益、动机和兴趣，有不同的出发点，对项目有不同的期望和要求，对目标和目的性的认识不同，则项目目标与他们的关联性就会各不相同，从而造成行为动机的不一致。项目经理在沟通过程中不仅应强调项目的总目标，而且还要照顾各方面的利益，使各方面都满意，这就有很大的难度。

4. 由于工程项目是一次性的，项目组织面对的都是新的成员、新的对象、新的任务，则项目的组织摩擦大。一个组织从新成立到正常运行都需要一个过程，都有许多不适应和摩擦发生。所以项目刚成立或一个单位刚进入项目时，都会有沟通上的困难，容易产生争执。

5. 反对变革的态度。项目是建立一个新的系统，它会对上层企业组织、外部周边组织（如政府机关、周边居民等）、其他参加者组织产生影响，需要这些组织改变行为方式和习惯，适应并接受新的结构和过程。这必然对这些组织的行为、心理产生影响，容易产生对抗。这种对抗常常会影响这些组织应提供的对项目的支持，甚至会造成对项目实施的干扰和障碍。

6. 人们的社会心理、文化、习惯、专业及语言会对沟通产生影响，特别是在国际合作项目中，参加者来自不同的国度，他们适应不同的社会制度、文化、法律背景及语言，从而就产生了沟通的障碍。

7. 在项目实施过程中企业和项目的战略方针和政策应保持稳定性，否则会造成协调的困难，造成人们行为的不一致，而在项目生命期中这种稳定性是无法得到保护的。

四、沟通的改善

改善沟通的基本途径有两个。一是要对沟通的状况进行检查。检查的结果可以作为改革组织机构与系统的基础。二是要应用沟通技术，重点是处理人际关系和耐心聆听等技术。

（一）沟通状况的检查

改善组织沟通的方法之一，就是对沟通状况进行检查，这是一种宏观的方法。这种方法是审核沟通的政策、网络和活动。在审核时，可把组织的沟通看作一组与组织目标的实现有关的因素。沟通本身并不被认为是目的，而只是达到组织目标的手段。信息沟通系统的职能之一是把计划、组织、人员配备、领导和控制等管理职能集中在一起。信息沟通系统的另外一个职能就是把组织与其外界环境联系在一起。

有四个主要的沟通网是需要加以审核的，它们是：

1. 在政策、程序、规章、上下级关系等方面与管理或工作任务有关的网络。

2. 与解决问题、召开会议和提改革建议等方面有关的创新网络。

3. 与表扬、奖励、晋升以及其他使组织目标和个人目标联系起来的各种工作有关的笼络人才的网络。

4. 与组织的出版物、布告栏以及小道传闻等有关的信息构成的网络。

由此可见，沟通的检查工作是沟通与许多关键性的管理活动联系在一起进行分析的工具。它不仅在发生问题的时候有用，而且也可以用来预防问题的发生。检查的方式可以多种多样，可以包括观察、民间测验式的书面调查、面谈和对书面文件进行分析等。虽然对沟通系统进行初步的审查是非常重要的，但随后必须写出定期报告。

（二）沟通的技术和准则

在沟通的任何一个阶段（信息的发送者进行编码时，信息传递时，以及接收者在解码、了解信息时）都可能发生故障。当然，在信息传递过程中的每个部分一定又都会有

"噪声"来干扰信息的有效沟通。

有效的沟通要求以信息发送者和接收者双方都熟悉的符号进行编码和解码。因此，主管人员（尤其是职能部门的专家）应当避免使用技术行话，因为这些行话只有专门学科的专家才会理解。

良好地进行沟通的一个重要方面就是仔细聆听。那些性急如火、从来不肯耐心地听人说话的项目经理，很少能对自己所管辖组织的工作状况有个客观的看法。拥有足够的时间、设身处地的为他人着想、集中精力听取别人传递来的信息，都是"理解"信息的先决条件。人们要求有人能听取他们的意见，要求别人对他们认真看待，要求得到别人的了解。因此，作为一个项目经理必须避免打断下属的谈话，不使他们处于随时提防的境地。一个聪明的项目经理与下属谈话，应当也要求对方提供反馈信息。因为如果没有反馈，人们就永远不能确知沟通的信息是否已为对方所了解。向下属征求实事求是的反馈信息，创造一种信任感和有信心的气氛，以及支持下属工作的领导方式，都是很必要的，还要尽量减少那些象征着职务地位的动作。

一个合格的项目经理在沟通方面应该做到：建立良好的人际关系，赢得同事的信任；掌握成功沟通的关键：观察、倾听、分析、计划、沟通；避免因为误解或倾听不够造成错误或冲突；学会调整自己的沟通方式来适应不同的人；认识价值观、信念、态度的作用和人的感知过程；更深刻地认识自己，在此基础上变得更加自信；理解情感，懂得如何解读情感；面对强硬的人和困难的情形不会退缩，能够自信有力地表达自己的观点。

小　结

组织协调与沟通是工程项目管理的一个重要职能。协调的目的是使项目组织系统结构均衡，把矛盾的各方面置于统一体中，有效解决分歧和冲突，求同存异，齐心协力，保证项目的顺利实施，以实现预期的目标。沟通涉及人的情感、动机、精神状态和态度，在沟通过程中的接受能力和所持的态度对沟通起着很大的影响作用。口头沟通、文字沟通和非语言沟通方式各有不同的特点和作用。组织沟通要正确应用正式沟通和非正式沟通两种方式。作为在项目管理中起核心作用的项目经理除应掌握几种重要的沟通外，还应处理好沟通中的现实问题和障碍，掌握沟通的原则和技能。

思考题

1. 工程项目组织协调的意义和内容是什么？
2. 工程项目协调的技术主要有哪些？
3. 沟通的内涵和意义是什么？
4. 简述工程项目中几种重要沟通。

5. 正式沟通和非正式沟通的功能及两者的联系是什么？

6. 沟通的原则和方法有哪些？

7. 如何掌握沟通的技能和技巧？

8. 沟通过程中的现实问题、障碍和困难有哪些及如何克服？

第五章 工程项目的招标与投标管理

工程项目的招标与投标制度是市场经济的要求，有利于保护国家利益、社会公共利益，打破部分垄断、地区分割及促进市场统一；有利于保证招标投标活动当事人的合法权益，提高资产使用效率，提高经济效益，保证工程项目的质量。本章主要介绍工程项目招标与投标的概念及原则、招标投标的内容及程序。

第一节 工程项目招标投标概述

一、工程项目招标投标的概念

业主以招标方式来选择建设项目的实施单位，是一种符合建筑市场经济规律的产品交易方式。招标是建设项目业主选择实施者的过程，也就是将拟建项目的全部任务或其中的部分工作内容，以招标文件的形式，告之于有兴趣承担该项工作任务的有关单位，要求他们按规定的条件投标报价，各自提出完成该项工作的计划和实施价格；然后由业主从中优选出信誉可靠、技术能力强、管理水平高的可信赖承包商（设计单位、施工单位、供货单位），并与之签订承包合同，将该项工作任务交予其完成。承包则是指委托任务的实施过程，即业主选定的实施单位按照承包合同中约定的条件，在限定的投资范围内保质、保量、按期地完成规定的任务，并获得相应的报酬。建筑产品也是商品，招标投标是遵循和运用商品的经济规律和价值规律，并将实施过程纳入法制化轨道的一种社会化的生产经营管理方式。

所谓"招标"是指项目建设单位（业主）将工程项目的内容和要求以书面文件的形式标明，招引项目承包单位（承包商）来报价（投标），经比较，选择理想承包单位并达成协议的活动。招标人必须是依照招标投标法规定提出招标项目、进行招标的法人或者其他组织，招标项目的相应资金或者资金来源必须已经落实，并应当在招标文件中如实载明。

对于业主来说，招标就是择优。由于工程的性质和业主的评价标准不同，择优可能有不同的侧重面，但一般包括四个主要方面：价格的竞争性（较低）；技术的先进性（先进合理可行）；质量的优良性（优良）；工期的满足性（要求）。业主通过招标，从投标者中进行评选，既要根据工程项目的特点从其突出的侧重面进行衡量，又要综合评定上述四个方面的因素，最后确定中标者。

所谓"投标"是指承包商向招标单位提出承包该工程项目的价格和条件，供招标单位选择以获得承包权的活动。投标人是响应招标、参加投标竞争的法人或者其他组织，投标人应当具备承担招标项目的能力。国家有关规定对投标人资格条件有规定的，或者招标文件对投标人资格条件有规定的，投标人应当具备规定的资格条件。

对于承包商来说，参加投标就如同参加一场赛事竞争，不仅比报价的高低，而且比技术、经验、实力和信誉。特别是当前国际建筑市场竞争日趋激烈，国内市场的国际化，工程项目越来越多的是技术密集型项目，势必要给承包商带来两方面的挑战：一方面是技术上的挑战，要求承包商具有先进的科学技术，能够完成高、新、尖、难工程；另一方面是管理上的挑战，要求承包商具有现代先进的组织管理水平，不仅能够以较低价格中标，而且能够通过管理获利。

招标投标的适用范围包括工程项目的前期阶段（可行性研究、项目评估等），以及建设阶段的勘测、设计、工程施工、设备采购、技术培训、试生产等各阶段的工作。由于各阶段工作性质有很大差异，实际工作中往往分别进行招投标，也有实行全过程招投标的。

二、工程项目招标投标的原则

1. 公平性。招标投标是独立法人之间的经济活动，按照平等、自愿、互利的原则和规范的程序进行，受到法律的保护和监督。在资格预审上业主应对所有投标人都适用同一标准，不应对本地区以外或者其他国家的投标人有所歧视。业主应为所有投标人提供同等的条件，投标人享有同等的权利和义务。只有在公平性的原则下，才能真正体现工程项目招标投标竞争的特点。招标人可以在投标人中间择优选择，有选择就有竞争，投标人需要依靠自身的实力、信誉、服务、价格等优势，通过投标竞争战胜其他对手。

2. 公正性。工程项目的招标投标活动必须按《中华人民共和国招标投标法》（以下简称）《招投标法》及其配套规定的规则和要求进行。司法者和管理者对招标投标中的合法行为予以保护，对违法行为予以惩处。禁止任何人、任何单位在招标投标活动中以其特权或优势获得不公正利益，使对方当事人或国家蒙受损失。

3. 公开性。工程项目的招标投标活动必须在公开发行的报刊杂志上或政府公共的网站上公布招标公告，打破行业、部门、地区，甚至国别的界限，打破所有的封锁、干扰和垄断，在最大限度的范围内让所有符合条件的投标人前来投标，进行自由的竞争，招标活动具有较高的透明度。

公平、公正、公开三原则相互补充，互为涵盖。公开性是公平性、公正性的前提和保障，是实行公平、公正的必要措施。只有实行公开性的原则，才有利于招标者和投标者在全面了解情况的基础上做出招标投标的决定，以维护双方的合法权益，也有利于社会公众的监督，从而实现公平性、公正性。

三、工程项目招标投标一般程序

（一）招标准备阶段

这一阶段基本上分为以下几个步骤：首先由具有招标条件的招标单位填写《建设工程招标申请书》，报有关部门审批；获准后，招标单位组织招标班子和评标委员会，编制招标文件和标底，同时发布招标公告；在审定投标单位之后，发放招标文件，组织招标会议和现场勘察，接受投标文件。

（二）投标准备阶段

这一阶段的主要内容是：投标人根据招标公告或招标单位的邀请，选择符合本单位施工能力的工程，向招标单位提交投标意向，并提供资格证明文件和资料；资格预审通过后，组织投标班子，跟踪投标项目，购买招标文件，参加招标会议并进行现场勘察，编制投标文件，并在规定时间内报送给招标单位。

（三）开标评标阶段

这一阶段是指按照招标公告规定的时间、地点，由招标方和投标方派出有关代表并有公证人在场的情况下，当众开标；招标方对投标者做资格后审、询标、评标；而投标方则要做好询标解答准备，接受询标质疑，等待评标定标。

（四）定标签约阶段

评标委员会提出评标意见后，报送决标单位确定，依据决标内容向中标单位发出《中标通知书》，中标单位在接到通知书后，在规定的期限内与招标单位签订合同。

四、招投标制的产生与发展

（一）招投标制在欧美的产生和发展

招投标制是在欧洲资本主义经济发展过程中产生的。据文献记载，18 世纪末，英国政府为了防止采购过程中接受回扣等贪腐行为，首先在政府采购中采用招标的方法。随着工业化的不断推进，生产和建设规模不断扩大，招投标方法很快在各类物资采购和工程建设中得以推广，并迅速传播到欧洲和世界其他国家。1830 年，英国政府颁布法令，在全国推行招标投标制。1861 年，美国联邦政府颁布了一项法案，规定超过一定规模的政府采购项目必须采取公开招标的方式，以后又相继颁布了公开招标和授予合同的程序。

（二）招投标制在我国的发展

19 世纪末期，由于西方资本主义和殖民势力对我国的入侵和浸透，招投标制也开始逐步传入我国，清朝的一些洋务派官员，在创办工业制造业和修建交通运输设施的活动中，也经常尝试采用招标投标的方式进行采购和施工承包，以节约成本，但在当时腐朽的封建统治和落后的经济条件下，不可能展开大规模的经济建设。在随后的战乱年代，国家经济衰败不堪，更不可能展开正常的经济建设活动，招标投标活动一直未能形成完善的制度而推行应用。

中华人民共和国成立之后的近 30 年时间内，我国实行的是中央集中的计划经济体制，经济活动中基本不采用招标投标的方法。直到 20 世纪 80 年代初，我国开始实行改革开放，确立了以经济建设为中心的基本方针，开始了大规模的经济建设。随之开始引进一些国外先进适用的经济管理方法，招标投标便开始在物资采购和工程建设中被逐步采用。从 1980 年开始，国家建设行政管理部门开始在全国推行工程建设项目的投资包干制，改变了在此以前工程建设中普遍存在的施工任务靠分配、投资无控制、工期无限制的严重不合理现象。

1984 年，原国家计委和城乡建设环境保护部联合制定了《工程建设招标投标暂行规定》，逐步在全国推行工程建设领域的招标投标制。

1992 年，原国家建设部发布了《工程建设施工招标投标管理办法》，进一步规范和完善了建设工程施工招标投标制度。

1997 年，原国家计委又发布了《国家基本建设大中型项目实行招标投标的暂行规定》。

1999 年 8 月，第九届全国人大常委会第十一次会议通过了《中华人民共和国招标投标法》，于 2000 年 1 月 1 日起实行。至此，我国招标投标制正式由立法形式规定而形成了完善的制度。

自《招投标法》实行以来，全国在工程建设活动中更规范地运用招投标方法，对提高工程建设效率、节约建设成本、保证工程质量均发挥了良好的作用，产生了巨大的经济效益。

当然，在一些工程的招标投标工作过程中，也存在一些不良现象及违规违法行为，如弄虚作假、行贿受贿等。虽然这些弊端并不是招投标制度本身的问题，但也提醒有关部门应不断的加强和改进管理，坚决遏止招投标活动中的不良现象和违法犯罪行为，保障建筑市场规范、良性发展。

第二节　工程项目招标

一、工程项目招标条件

（一）工程项目招标人应具备的条件

招标人是指依照《招标投标法》规定提出招标项目、进行招标的法人或其他组织。招标人自行办理招标事宜，应当具有编制招标文件和组织评标的能力，具体包括：

1. 具有项目法人资格或是依法成立的组织；

2. 有进行招标项目的相应资金或者资金来源已经落实，并应当在招标文件中如实载明；

3. 具有与招标工程规模相适应的工程技术、概预算、财务和工程管理等方面的人员；

4. 具有从事同类工程建设项目招标的经验；

5. 设有专门的招标机构或者拥有 3 名以上专职招标人员；

6. 熟悉招标法及有关法律规章。

招标人具有编制招标文件和组织评标能力的，可以自行办理招标事宜。任何单位和个人不得强制其委托招标代理机构办理招标事宜。招标人有权自行选择招标代理机构，委托其办理招标事宜。任何单位和个人不得以任何方式为招标人指定招标代理机构。

依法必须进行招标的项目，招标人自行办理招标事宜的，应当向有关行政监督部门备案。

招标人在自行办理招标事宜前应向招标办报送以下资料备案：

1. 项目法人营业执照、法人证书或者项目法人组建文件；
2. 招标项目相适应的专业技术力量情况；
3. 内设的招标机构或者专职招标业务人员的基本情况；
4. 拟使用的专家库情况；
5. 以往编制的同类工程建设项目招标文件和评标报告，以及招标业绩的证明材料；
6. 其他材料。

（二）招标工程项目应具备的条件

招标项目按照国家有关规定需要履行项目审批手续的，应当先履行审批手续，获得批准。具体来说，进行招标的工程项目一般应具备以下条件：

1. 工程项目已经正式列入国家、部门或者地方的年度固定资产投资计划，或者已经报政府有关部门备案批准；
2. 工程项目已经向招标管理机构办理登记；
3. 工程项目概算已经得到批准，招标范围内所需资金已经落实；
4. 工程项目建设用地使用权已经依法取得；
5. 招标所需的其他条件已经具备；
6. 招标项目所需要的有关文件及技术资料已经编制完成，并经过审批。

二、工程项目招标方式

根据《招投标法》规定，招标方式有两种，即公开招标和邀请招标。

（一）公开招标

公开招标又称无限竞争性招标，是指招标人以招标公告的方式邀请不特定的法人或者其他组织投标。业主在国内外主要报刊上或通过广播、电视、互联网等媒介发布招标广告，凡有兴趣并符合广告要求的承包商，不受地域和行业的限制，均可以申请投标。经过资格审查合格后，按规定时间参加投标竞争。

公开招标的优点是，业主可以在较广的范围内选择承包单位，投标竞争激烈，有利于业主将工程项目的建设任务交予可靠的承包商实施，并获得有竞争性的商业报价；但其缺点是，准备招标、对投标申请单位进行资格预审和评标的工作量大，因此，招标的时间长、费用高。目前，国家大型工程项目的建设一般都要求以公开招标的方式选择实施单位，尤其对使用世界银行、亚洲开发银行或其他国际金融机构贷款建设的工程项目，都规定必须通过国际公开招标的方式选择承包商。

（二）邀请招标

邀请招标也称有限竞争招标，是指招标人以投标邀请书的方式邀请特定的法人或者其他组织投标。业主向预先确定的若干家承包单位发出投标邀请函，就招标工程的内容、工作范围和实施条件等做出简要说明，请他们来参加投标竞争。被邀请单位同意参加投标后，从招标单位获取招标文件，并在规定时间内投标报价。

邀请招标的邀请对象数目以 5~10 家为宜，但不应少于 3 家，否则就失去了竞争性。与公开招标比较，其优点是不发招标广告，可以不进行资格预审，简化招标程序，因此，节约了招标费用和缩短了招标时间。而且由于对投标人以往的业绩和履约能力比较了解，减少了合同履行过程中承包商违约的风险。虽然不设置资格预审程序，但为了体现公平竞争和便于业主根据各投标人的综合能力进行选择，仍要求投标人按招标文件中的有关规定，在投标书内报送有关资质材料，在评标时以资格后审的形式作为评审的内容之一。邀请招标的缺点是，由于投标竞争的激烈程序不高，有可能提高中标的合同价；也有可能排除了某些在技术上或报价上有竞争力的承包商参与投标。

邀请招标中的一个特例是协商议标，议标仍属于招标范畴。对于有保密要求的工程项目，或时间紧迫工程项目，或专业性、技术性要求较高的特殊工程项目，或一些小型工程项目，经招标管理机构审查同意，可以进行协商议标，由业主和承包商双方协商确定价格及有关事宜，议标过程相对较为简单。

三、工程项目招标程序

工程项目招标程序如图 5-1 所示，大致经历招标准备、招标和开标定标三个阶段。各个阶段要解决的主要问题有：

（一）准备招标文件

招标文件是投标人报价的依据，必须使文件中各项目内容明确，以便最大限度地减少误解和争议。招标人根据施工招标项目的特点和要求编制招标文件。招标文件一般包括下列内容：

1. 投标邀请函。

2. 投标人须知。投标人须知是指导投标人正确地进行投标报价的文件，包括他们所应遵循的各项规定，以及编制标书和投标时所应注意、考虑的问题，避免投标人对招标文件的内容疏忽或错误理解。投标须知一般包括：项目简述，承包形式，报价要求，现场勘察和召开标前会议的时间、地点及有关事项，填写投标书的有关注意事项，投标和履约保证金的要求，投标文件的递送，投标有效期，开标和评标，业主接受或拒绝任何标书的权力，授予合同。施工招标项目招标人应当合理划分标段、确定工期，对工程技术上紧密相联、不可分割的单位工程不得分割标段。投标有效期是保证招标人有足够的时间完成评标和与中标人签订合同，在投标有效期结束前，若出现特殊情况，招标人可以书面形式要求所有投标人延长有效期。投标人同意延长的，不得要求或被允许修改其投标书的实质性内容，同时也应相应延长投标保证金有效期。投标人拒绝延长的，其投标失败，但其有权收回投标保证金。施工项目工期超过 12 个月的，招标文件中可以规定工程造价指数体系、

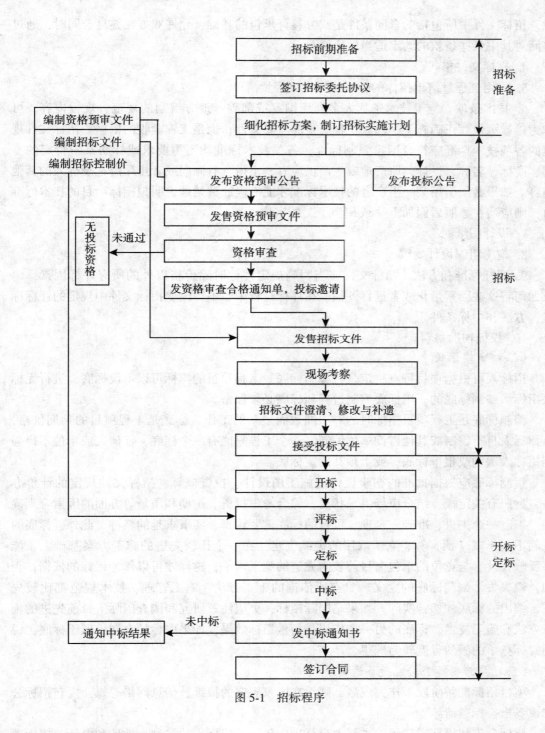

图 5-1　招标程序

价格调整因素和调整方法。

3. 合同主要条款。招标文件包括合同主要条款及合同格式，目的是让投标人了解中标后将与业主签订施工合同的有关权利和义务等规定，以便其在编标报价时予以充分考虑。招标文件中所包括的合同条件是双方签订承包的基础，允许双方在签订合同时，通过协商对其中某些条款的约定适当做出修改。

4. 投标文件格式。

5. 采用工程量清单招标的，应当提供工程量清单。

6. 技术条款。施工技术条款大多套用国家或部委、地方编制的规范、规程内容，可作为指导承包商正确施工、确保工程质量的重要文件，也是工程验收的依据。招标文件规定的各项技术标准应符合国家强制标准。各项技术标准均不得要求或标明某一特定的专利、商标、名称、设计、原产地或生产供应者，不得含有倾向或者排斥潜在投标人的其他内容。如果必须引用某一生产者的技术标准才能准确或清楚地说明拟招标项目的技术标准时，则应当在参照后面加上"或相当于"的字样。

7. 设计图纸。

8. 施工组织设计要求。

9. 评标标准和方法。招标文件应当明确规定评标时除价格以外的所有评标因素，以及如何将这些因素量化或者进行评估。在评标过程中，不得改变招标文件中规定的评标标准、方法和中标条件。

10. 投标辅助材料。

（二）审核标底

招标人可根据项目特点决定是否编制标底。工程项目的招标可以不设标底，进行无标底招标。编制标底的，则标底编制过程和标底必须保密。

编制标底是工程项目招标时的一项细致而复杂的工作。标底是工程项目的预期价格，由招标人自行编制或其他咨询单位编制。一个工程只能有一个标底，任何人或单位不得强制招标人编制或报审标底，或干预其确定标底。

编制标底应根据批准的初步设计或施工图设计、投资概算、招标文件规定的计价办法，参照有关定额，结合市场供求状况，综合考虑投资、工期和质量等方面的因素合理确定。编制一个先进、准确、合理、可行的标底需要认真、实事求是的精神。此外，标底的编制不同于概（预）算，它所取用的定额应建立在一个比较先进的施工方案基础上，能够反映预计参与竞争的承包商目前较为先进的施工水平，这样才可以作为评标的依据；否则，就失去了编制标底的意义。只有所依据的施工方法、施工管理、技术规范都比较先进，编出的标底才切合实际。如果是国际招标，更应注意研究和调查国际上目前先进的施工方法和施工技术。标底的另一个作用是衡量招标效果，如果中标的合同价低于标底，说明投标竞争的激烈程度较为理想。

（三）发布招标公告或投标邀请

项目招标准备阶段工作完成后，则须在国家规定的报纸、信息网络等媒介发布招标公告或发出投标邀请函。

招标公告和投标邀请函的主要内容至少应包括：招标人的名称、地址和电话，招标项目的内容、规模、资金来源、性质、数量、实施地点和工期，对投标人资质等级的要求，对招标文件和资格预审文件收取的费用，投标截止日期和开标时间，获取招标文件或资格预审文件的地点和时间等事项。招标公告内容应真实、准确、完整。

（四）资格预审

1. 资格预审程序

采用公开招标时，一般都要设置资格预审程序，其目的一是淘汰资质不合格的投标申请人；二是减少评标的工作量，通过对各申请人的全面综合审查，优选出一定数量的投标人参加投标竞争；三是通过预审投标人的资历，可作为决标时的重要参考条件。

2. 资格预审的内容

资格预审是对投标申请单位整体资格的综合评定，主要包括以下几方面内容：

（1）法人地位。审查其企业的资质等级、批准的营业范围、机构及组织等，是否与招标工程相适应。若为联营体投标，对合伙人也要审查。

（2）商业信誉。主要审查：承包商都完成过哪些工程项目，资信如何，是否发生过严重违约行为，施工质量是否达标，获得过多少施工荣誉证书等。

（3）财务能力。财务审查除了要关注投标人的注册资本、总资产之外，重点应放在近3年经过审计的报表中所反映出的实有资金、流动资产、总负债和流动负债，以及正在实施而尚未完成工程的总投资额、年均完成投资额等方面。另外，还要评价其可能获得银行贷款的能力，或要求其提供银行出具的信贷证明文件。总之，财务能力审查着重看投标人可用于本工程的纯流动资金能否满足要求，或施工期间资金不足时的解决方法。

（4）技术能力。主要是评价投标人实施工程项目的潜在技术水平，包括人员能力和设备能力两方面。在人员能力方面，又可以进一步划分为管理人员和技术人员的能力评价两个方面。

（5）施工经验。不仅要看投标人最近几年已完成工程的数量、规模，更要审查与招标项目相类似的工程施工经验，因此，在资格预审须知中往往规定有强制性合格标准。必须注意，施工经验的强制性标准应定得合理、分寸适当。

3. 资格预审的方法

对投标人的资格一般采取评分的方法进行综合评审。

（1）首先淘汰报送资料极不完整的公司。因为资料不全，难以在机会均等的条件下进行评分。

（2）根据招标项目的特点，将资格预审所要考虑的各种因素进行分类，并确定各项内容在评定中所占的比例，即确定权重系数。每一大项下还可进一步划分成若干小项，对各资格预审申请人分别给予打分，进而得出综合评分。

（3）淘汰总分低于预定及格线的投标申请人。

（4）对及格线以上的投标人进行分项审查。为了将施工任务交予可靠的承包商完成，不仅要看综合能力评分，还要审查各分项得分是否满足最低要求。

评审结果要报请业主和上级主管部门批准，如果是使用国际金融组织贷款的工程项目，还需报请该组织批准。然后将是否批准为投标人的申请决定，通知所有接受资格预审的申请者。

4. 资格预审应注意的问题

（1）在审查时，不仅要审阅其文字材料，还应有选择地做一些考察和调查工作。因为有的申请人得标心切，在填报资格预审文件时，只填那些工程质量好、造价低、工期短的工程，甚至会出现言过其实的现象。

（2）投标人的商业信誉很重要，应通过各种渠道了解投标申请人有无严重违约或毁约的历史记录，在合同履行过程中是否有过多的无理索赔和扯皮现象。

（3）对拟承担本项目的主要负责人和设备情况应特别注意。有的投标人将施工设备按其拥有总量填报，可能包含了应报废的设备或施工机具，一旦中标却不能完全兑现。另外，还要注意分析投标人正在履行的合同与投标项目，在管理人员、技术人员和施工设备方面是否发生冲突，以及是否还有足够的能力来承担本工程。

（4）联营体申请投标时，必须审查他们的合作声明和各合作者的资格。

（5）应重视各投标人过去的施工经历是否与招标工程的规模、专业要求相适应，施工机具、工程技术、管理人员的数量、水平能否满足本工程的要求，以及具有专长的专项施工经验是否比其他投标人更有优势。

（五）组织现场考察

招标单位负责组织各投标人，在招标文件中规定的时间到施工现场进行考察。组织现场考察的目的，一方面是让投标人了解招标现场的自然条件、施工条件、周围环境和调查当地的市场价格等，以便于编标报价；另一方面是要求投标人通过自己的实地考察，决定投标策略和确定投标原则，避免实施过程中承包商以不了解现场情况为理由，推卸应承担的合同责任。为此，招标单位在组织现场考察的过程中，除了对现场情况进行简要介绍以外，不对投标人提出的有关问题做进一步的说明，以免干扰投标人的决策。这些问题一般都留待标前会议上去解答。

（六）标前会议

标前会议是指招标单位在招标文件规定的日期（投标截止日期前），为解答投标人研究招标文件和现场考察中所提出的有关质疑问题而举行的会议。在正式会议上，除了向投标人介绍工程概况外，还可对招标文件中的某些内容加以修改或补充说明，有针对性地解答投标人书面提出的各种问题，以及会议上投标人即席提出的有关问题。会议结束后，招标单位应按其口头解答的内容以书面补充通知的形式发给每个投标人，作为招标文件的组织部分，与招标文件具有同等效力。书面补充文件应在投标截止日期前一段时间发出，以便让投标人有时间做出反应。时间长短应视工程规模大小和复杂程度而定，若发出的时间太短，且对招标文件有重大改动，而使投标人没有充足的时间编标报价时，投标截止时期应相应顺延。

标前会议上，招标单位对每个单位的解答都必须慎重、认真，因为其所说的任何一句话都有可能影响投标人的报价决策。为此，在召开标前会议之前，招标单位应组织人员对投标人书面质疑所提的全部问题归类研究，列出解答提纲，由主答人解答。对会上投标人即席提出的问题，主答人有把握时可予以扼要答复，其他人不宜轻率插话；对把握性不大的问题，则可以宣布临时休会，由招标单位研究之后再复会答复；与招标和现场考察无关的问题，一律拒绝解答。

（七）开标

开标应当在招标文件确定的提交投标文件截止时间的同一时间公开进行，开标地点应当为招标文件中确定的地点。

开标的方式有有投标人参加的公开开标和没有投标人参加的非公开开标两种，但开标方式应在招标文件内说明。公开开标，符合平等竞争原则，使每位投标人都知道自己的报价处于哪一位置，其他人的报价有何优势；非公开开标，投标人往往被蒙在鼓里，在不知道其他人报价的情况下，应业主的要求进行压价时，可使业主处于有利地位，但这种方式只有在特殊情况下经过招标管理部门批准后才能采用。

（八）评标定标

开标以后，首先从投标手续、投标资格等方面排除无效标书，并经公证人员确认，然后由评标小组就标价、工期、质量保证、技术方案、信誉、财务保证等方面进行审查评议。

为了保护竞争，应公布评审原则和标准，对所有有效标书应一视同仁。若有优惠政策，如对当地施工单位的照顾，应在招标通告或投标须知中事先说明。

评标以后，通常按标价由低到高列出名单，并写出评标报告，推荐前几名作为候选中标单位，供招标单位抉择。

对于不太复杂的工程，可在开标以后当场评标、当场定标，并同时公布标底。若工程规模较大，技术比较复杂，评出的候选中标单位又各有千秋，则需要进一步调查磋商，综合权衡，择优定标。

定标以后，应立即向中标单位发出中标通知，并通知未中标单位领回标书、押金。

中标通知发出以后，承发包双方应约定时间就项目合同进行磋商，达成协议后，正式签订合同，招标工作即告结束。

第三节 工程项目投标

一、投标的工作机构

工程项目招投标的市场经常变化，为适应这种变化，在投标竞争中获胜，项目实施单位应设置投标工作机构，投标工作机构一般由决策小组和编标小组组成。决策小组由企业总经理或其指定的项目经理负责，根据各种信息资料做出是否投标、如何投标、如何报价的决策。编标小组的任务是积累各种资料，掌握市场动态，研究投标策略，编制投标书，提出投标方案并进行盈亏分析，供决策小组决策。同时，投标工作机构进行项目所在地经济环境、地理环境的分析，做好相关法律材料的收集工作，以做好必要的投标准备。

1. 投标工作机构的职能

（1）收集和分析招标、投标的各种信息资料。收集各类招投标文件有关的政策规定；收集整理本单位内部的各项资质证书、资信证明、优良工程证书等竞争性材料；收集本单位外部的市场动态资料；收集整理主要竞争对手的有关资料；收集整理工程技术经济指标。

（2）从事工程项目的投标活动。接收招标通知，研究分析招标文化；研究分析各种信息，提出投标方案；安排投标工作程序，编制投标文件，办理投标手续；参加投标会议，勘察工程项目现场；中标后负责起草合同，参加合同洽谈等。

（3）总结投标经验，研究投标策略。这主要包括投标中的策略、方法、标价计算，分析比较同类工程项目报价、技术经济指标等资料，积累有关报价的各种原始数据、基础资料等，为以后搞好投标工作打下良好的基础。

2. 投标工作机构的组成

投标工作组织机构分为两个层次：第一个层次是决策层，由施工企业有关领导组成，负责全面投标活动的决策；第二个层次是工作层，负责具体工作，为决策层提供信息和决策的依据。

投标工作机构的人员组成一般为：经理或业务副经理作为决策者；总工程师或专业工程师负责施工方案及技术措施的编审；合同预算或经营部门负责投标报价的具体工作。此外，材料部门提供材料价格消息；劳动部门提供人员工资信息；设备管理部门提供机构设备供应及价格信息；财务部门提供有关成本信息。

为了保守投标报价的秘密，投标工作机构的人员不宜过多，特别是最后的决策阶段，应尽量缩小范围，并采取一定的保密措施。

3. 投标工作机构人员的素质要求

投标工作人员必须有较宽的知识面，较强的业务能力；既懂技术，又懂经济管理；应具有实事求是的精神和脚踏实地的工作作风；具有对信息资料分析、研究并做出合理判断的应变能力；有与外界交往的能力，在交往中能坚持原则，和睦共事；还应有较强的语言表达和答辩能力。

二、工程项目投标程序

投标的工作程序应与招标程序相配合、相适应。为了取得投标的成功，首先要了解投标工作程序流程图及其各个步骤，如图 5-2 所示。投标的程序主要包括：报名参加投标，办理资格审查，取得招标文件，研究招标文件，调查投标环境，确定投标策略，制定施工方案，编制标书，投送标书等工作内容。

（一）投标准备工作

投标的前期工作包括投标信息的收集和整理、投标资格预审资料的准备与递交以及投标邀请的决策等，即从众多招标信息中确定选取的投标对象，并作出投标举措。

1. 信息的收集与整理

准确、全面、及时地收集各项技术经济信息是投标成败的关键。需要收集的信息涉及面很广，其主要内容可以概括为以下几方面：

（1）招标信息，通过各种途径，尽可能在招标公告发出前获得工程项目信息。所以必须熟悉当地政府的投资方向、建设规划，综合分析市场的变化和走向。

（2）招标项目所在地的信息，包括当地的自然条件、交通运输条件、价格行情等。

（3）施工技术发展的信息，包括新规范、新标准、新结构、新技术、新材料、新工艺的有关情况。

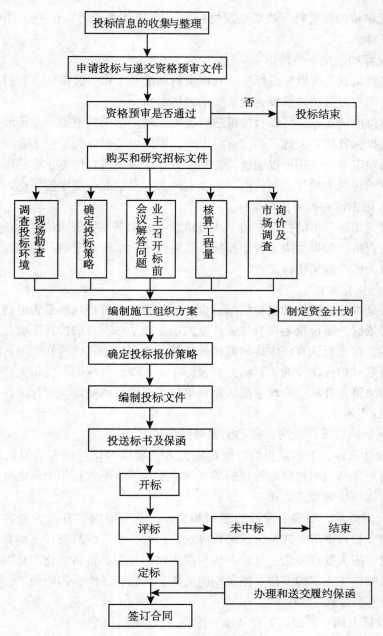

图 5-2 工程项目投标程序

（4）招标单位的情况，包括招标单位的资金状况、社会信誉以及对招标工程的工期、质量、费用等方面的要求。

（5）其他投标单位的情况。及时了解有哪些竞争者，分析他们的实力、优势、在当地的信誉，以及对工程的兴趣、意向。

（6）有关报价的参考资料。收集项目当地近几年类似工程的方案、报价、工期及实际成本等资料。

（7）投标单位内部资料。收集整理能反映本单位技术能力、信誉、管理水平、工程业绩的各种资料。

2. 申请投标和递交资格预审书

投标工作机构日常要做好投标资格预审资料的准备工作。资格预审资料不仅起到通过资格预审的作用，而且还是投标企业重要的宣传材料。

向招标单位申请投标，可以直接报送，也可以采用信函、电报、电传或传真。申请投标和争取获得投标资格的关键是通过资格审查，因此申请投标的承包企业除向招标单位索取和递交资格预审书外，还可以通过其他辅助方式，如发送宣传本企业的印刷品，邀请业主参观本企业承建的工程等，使他们对本企业的实力及情况有更多的了解。

3. 接受投标邀请和购买招标文件

申请者接到招标单位的投标申请书或资格预审通知书，就表明他已具备并获得了参加该项目投标的资格。如果他决定参加投标，就应按招标单位规定的日期和地点，凭邀请书或通知书及有关证件购买招标文件。

（二）研究招标文件

招标文件是投标和报价的主要依据，也是承包商正确分析判断是否进行投标和如何获得成功的重要依据，单位报名在参加或接受邀请参加某一项目的投标，通过资格审查并取得招标文件后，首先要认真仔细地研究招标文件，充分了解其内容和要求，以便统一安排投标工作。通过对招标文件的认真研究，投标单位可以全面权衡利弊得失，据此作出评价和投标报价的决策，并从中发现应提请招标单位予以澄清的疑点。招标文件的研究工作包括以下几方面：

1. 研究招标项目综合说明，熟悉工程项目全貌。

2. 研究设计文件，为制定报价或制定施工方案提供确切的依据。要认真阅读设计图纸、详细弄清楚各部门对材料品种规格的要求，发现不清楚或互相矛盾之处，可在招标答疑会上提请招标单位解释或更正。

3. 研究合同条款，明确中标后的权利和义务。其主要内容有：承包方式、开竣工时间、工期奖罚、材料供应方式、价款结算办法、预付款及工程款支付与结算方法、工程变更及停工、窝工损失处理办法、保险办法、政策性调整引起价格变化的处理办法等。这些内容将直接影响施工方案的安排、施工期间的资金周转，最终会影响施工企业的获利，因此应在标价上有所反映。

4. 研究投标人须知，提高工作效率，避免造成废标。

（三）调查投标环境

招标工程项目的社会自然及经济条件，会影响项目成本，因此在报价前应尽可能了解清楚。主要调查内容有：

1. 社会经济条件。如劳动力资源、工资标准、专业分包能力、地产材料的供应能力等。

2. 自然条件。如影响施工的天气、山脉、河流等因素。

3. 施工现场条件。如场地地质条件、承载能力、地上及地下建筑物、构筑物及其他障碍物、地下水位、道路、供水、供电、通信条件、材料及构配件堆放场地等。

（四）确定投标策略

竞争的胜负不仅取决于参与竞争单位的实力，而且决定于竞争者的投标策略是否正确，研究投标策略的目的是为了取得竞争的胜利。

（五）参加现场调查和答疑会

现场调查情况是编制投标书的重要依据，应充分重视。其费用由投标人承担。投标人参加答疑会，应重点注意以下方面的问题：工程内容和重要合同是否清楚；招标文件中图纸和技术说明是否有矛盾之处。如有不清楚之处，投标方整理成书面文件，寄往招标单位指定地点，或在答疑会上要求澄清。答疑会上提出的问题和解答的概要情况，应记录并由投标人作为招标文件的组成部分分发给所有投标人。

（六）核算工程量

复核和计算工程量是计算标价和报价准备的重要内容，也是承包商得到相应工程款的依据。

按国际惯例，招标文件中对工程量的处理分两种情况，其一是业主在招标文件中列明工程量；其二是仅提供图纸，由投标方自行计算。由于业主方招标时一般没有详细设计的图纸，而工程量计算十分繁琐，所以上述第一种情况下列明的工程量数据往往不准确，需要复核；第二种情况下必须进行详细计算。

在我国国内招标文件中大部分有实物工程量清单，必须进行核对，核对内容有：项目是否齐全，是否有漏项或重复；工程量是否正确；工程做法与用料是否与图纸相符等。核对方式可采用重点抽查的方式进行，即选工程量较大、造价较高的项目抽查若干项，详细按图计算，而对一般项目只粗略估算是否基本合理。

投标方若确定发现工程量清单中有错误、漏项和重复，应向招标人提出书面答疑，由招标人确定统一的修改或处理意见。招标人的答复将发给所有投标人并作为招标文件的组成部分。

（七）编制施工组织设计或施工方案

施工组织设计或施工方案是投标的必要条件，也是招标单位评标时考虑的因素之一。为投标而编制的施工组织设计与指导具体的施工方案有两点不同：一是读者对象不同，投标中的施工组织设计是向招标单位或评标小组介绍施工能力，应简洁明了，突出重点和长处；二是作用不同，投标中的施工组织设计是为了争取中标，因此应在技术措施、工期、质量、安全以及降低成本方面对招标单位有恰当的吸引力。

（八）报价

报价是投标的关键工作。报价的最佳目标是既接近招标单位的标底，又能胜过竞争对手，而且能取得较大的利润。报价是技术与决策相协调的一个完整过程。

1. 标价的计算依据

投标工程项目的标底按定额编制，代表行业的平均水平。标价是企业自定的价格，反映企业的管理水平、装备能力、技术力量、劳动效率和技术措施等。因此，不同投标单位对同一工程项目的报价是不同的。计算标价的主要依据有：

（1）招标文件，包括工程范围、技术质量和工期要求等；

（2）施工图纸和工程量清单；

（3）现行的预算定额、单位估价表及取费标准；

（4）材料预算价格、材差计算的有关规定；

（5）施工组织设计或施工方案；

（6）施工现场条件；

（7）影响报价的市场信息及企业的内部相关因素。

2. 标价的费用组成

投标标价的费用由直接工程费（人、材、机）、临时设施费、间接费、利润、税金、独立费用和不可预见费等组成。

3. 标价的计算与确定

（1）计算工程预算造价。按工程预算方法计算工程预算造价。

（2）分析各项技术经济指标。把投标工程项目的各项技术经济指标与同类型工程项目的相关指标对比分析，或用其他单位报价资料加以分析比较，从而发现预算中不合理的内容，并做调整。

（3）考虑报价技巧与策略并确定标价。投标报价应根据工程项目条件和各种具体情况来确定。报"高标"利润高，但中标几率少；报"低标"中标几率大，但利薄。多数投标单位报"中标"。

（九）编制汇总投标文件及投送标书

投标单位应按招标文件的要求，认真编制投标书，投标文件应当对招标文件提出的实质性要求和条件做出响应。投标文件的纸张、文字、货币单位、度量衡标准等均须严格按招标文件的规定和要求。投标文件的主要内容有：

1. 投标函。招标文件中，通常有规定的投标书格式，投标者须根据要求填写必要的内容，其主要内容有：投标人的基本保证，表明投标人完全愿意按招标文件的规定承担工程施工、建成移交和维修任务，填报总报价；开工日期和工期；表明愿意提供相应履约保证金（或银行保函）；投标报价的有效期；表明本标书连同业主的书面接受通知具有约束力；表明对业主接受其他投标人的理解。

2. 投标报价。按招标文件规定的格式填报。

3. 施工组织设计。

4. 商务和技术偏差表。

5. 投标保证金银行保函。

6. 对合同主要条件的确认及招标文件要求的其他内容。

7. 投标人的声明与说明。声明降价（如有），说明投标人的优势。

投标文件的装订和密封须符合招标文件的要求。投标书、密封签必须有法人单位公章、法定代表人或其委托代理人的印鉴，投标书的正本每页应有小签。投标单位应在规定时间前将投标书密封送达招标文件指定的地点。若发现标书有误，需在投标截止时间前用正式函件更正，否则以原标书为准。

（十）参加开标会、授标与签约

1. 开标会议

当招标者采取公开开标方式时，投标人应按规定的日期参加开标会。招标委员会宣布符合条件的投标者和报价，以及报价低的承包候选人，并予以正式记录。至于秘密开标方式，不允许投标人参加开标会，由招标委员会将开标结果通知候选人。

2. 决标过程中的竞争策略

决标前，投标人应利用决标过程中的这段时间，聘请有声望、活动能力强的代理人进行必要的活动，利用各种方式和途径加强与业主的联系，展开竞争以争取中标。一般情况下，招标者在进行定标选择时，通常优先考虑投标人所能提供信贷的情况，因而常授标给报价较高，但在资金融通方面对己有利的投标人。在决标中，招标者常常同时选择两个以上的承包候选人，促使他们为争取中标而相互压低价格。

3. 中标和授标

投标人收到招标单位的授标通知书，即获得工程承建权，称为中标或得标。投标人接到授标通知书以后，应在招标单位规定的时间内与招标单位谈判，并签订承包合同，同时还要向业主提交履约保函或保证金。如果投标人在中标后不愿承包该工程而逃避签约，招标单位将按规定没收其投标保证金作为补偿。

三、工程项目投标策略和技巧

（一）投标报价策略

1. 免担风险，增大报价

当工程地质条件复杂时或不可预见因素多时，可增大报价，以减少风险，但中标机会较小。

2. 活口报价

在投标报价中留下一些活口，表面上看来是"低标"，但在建议中附加多项备注，留在施工中处理，其实质却是"高标"。

3. 多方案报价

由于招标文件不明确或项目本身有多方案存在，投标单位可做多方案报价，最后与招标单位协商处理。

4. 薄利保本报价

工程项目条件好，目前本单位任务不足，为了争取中标，采取薄利保本策略，按最低的报价水平报价。

5. 亏损报价

亏损报价也称"拼命法"报价，在特殊情况下才采用。如企业无任务，为了减少亏损而争取中标；企业为了创牌子，采取先亏后赢的策略；企业为开辟某一地区的市场等情况。

6. 合理化建议

投标单位针对设计图纸中技术经济不合理处提出中肯的建议："若作……修改，则造价可降低……"这就会引起建设单位的好感，有利于中标。

（二）投标报价方法的选择

1. 成本报价法

完全成本报价法应具备的条件如下：

（1）招标文件和评标方法中没有标底"±"值允许范围为有效标的规定。

（2）施工企业应探索自己的各建筑行业、各工程项目名称和各种施工方法实际消耗的工、料、机定额或定额水平，即制定出自己的成本预算定额，制定出每项细目工程所需的人工、各种材料、各种机械体现本企业水平的定额。

（3）要掌握各种规格的材料，各个时期的实际价格和货源地，以及当前市场价格，并预测其动态因素。

（4）要掌握各类机械设备台班实际成本和产量定额。

（5）要掌握工、料、机以外的各项开支的实际数及其比率关系，并能合理地摊到各工程项目中和测算其动态因素。

2. 风险决策法

风险决策法是计量决策方法之一，其原理是将决策变量与决策目标之间的关系用一定的数字模型表示出来。根据目标要求和决策条件，选择合理方案。

这种决策方法应在具备以下条件下使用：

（1）决策目标明确；

（2）需具备两个以上的可行方案；

（3）存在着两个以上的不以决策者主观意志为转移的自然状态；

（4）已知不同方案在自然状态下的损益值，即中标或失标情况下的盈亏额；

（5）已知各种自然状态发生的概率。

四、投标报价的技巧

投标技巧研究，其实质是在保证工程质量与工期的条件下，寻求一个好的报价技巧的问题。承包商为了中标并获得期望的效益，投标程序全过程几乎都要研究投标报价技巧问题，并应根据招标人在本项目上的期望和本项目的特点，重点地、有针对性地使用投标技巧。

如果以投标程序中的"开标"为界，可将投标的技巧研究分为两阶段，即开标前的技巧研究和开标至订立合同阶段的技巧研究。

（一）开标前的投标技巧

1. 不平衡报价

不平衡报价，指在总价基本确定的前提下，如何调整项目和各个子项的报价，以期既不影响总报价，又在中标后可以获取较好的经济效益。通常采用的不平衡报价有下列几种情况：

（1）对能早期结账收回工程款的项目（如土方、基础等）的单价可报以较高价，以利于资金周转；对后期项目（装饰、电气安装等）单价可适当降低；

（2）估计今后工程量可能增加的项目，其单价可提高；而工程量可能减少的项目，其单价可以降低；

（3）图纸内容不明确或有错误，估计修改后工程量要增加的，其单价可以提高；而工程内容不明确的，其单价可降低；

（4）没有工程量而只需填报单价的项目（如疏浚工程中的开挖淤泥工作等），其单价抬高。这样，既不影响总的投标价，又可多获利；

（5）对于暂定项目，其实施的可能性大的项目，价格可定高价；估计该工程不一定实施的项目则可定低价。

2. 零星用工（计日工）

零星用工一般可稍高于工程单价表中的工资单价。原因是零星用工不属于承包总价的范围，发生时实报实销，可多获利。

3. 多方案报价法

若业主拟订的合同条件要求过于苛刻，为使业主修改合同要求，可准备"两个报价"，并阐明，按原合同要求规定，投标报价为某一数值；倘若合同要求做某些修改，则投标报价为另一数值，即比前一数值的报价低一定的百分点，以此吸引对方修改合同条件。

另一种情况是自己的技术和设备满足不了原设计的要求，但在修改设计以适应自己的施工能力的前提下仍希望中标，于是可以报一个原设计施工的投标报价（高报价）；另外再报一个按修改设计的施工方案，比原设计的标价低得多的投标报价，诱导业主采用合理的报价或修改设计。但是，这种修改设计，必须符合设计的基本要求。

4. 突然袭击法

由于投标竞争激烈，为迷惑对方，有意泄露一点假情报，如不打算参加投标；或准备投高报价标，表现出无利可图不想干的假象。然而，到投标截止之前几个小时，突然前往投标，并压低标价，从而使对方措手不及而败北。

5. 低投标价夺标法

这是一种非常手段。如企业大量窝工，为减少亏损；或为打入某一建筑市场；或为挤走竞争对手保住自己的地盘，于是制定严重亏损标，力争夺标。若企业无经济实力，信誉又不佳，此法不一定奏效。

6. 联保法

一家实力不足，联合其他企业分别进行投标。无论谁家中标，都联合进行施工。

（二）开标后的投标技巧

投标人通过公开开标这一程序可以得知众多投标人的报价，但低报价并不一定中标，需要综合各方面的因素，反复考虑，并经过谈判，方能确定中标者。所以，开标并非已确定了中标者。投标人可以利用谈判施展竞争手段，从而改变自己原投标书中的不利因素而成为有利因素，以增加中标的机会。

谈判又称评标答疑。谈判的内容主要是：其一，技术谈判，业主从中了解投标人关于组织施工，控制质量工期的保证措施，以及特殊情况下采取何种紧急措施等；其二，业主要求投标人在价格及其他一些问题上，如自由外汇的比例、付款期限、贷款利率等方面做出让步。可见，这种谈判业主处于主动地位。

从招标的原则来看，投标人在投标有效期内，是不能修改其报价的。但是，某些谈判对报价的修改例外。

谈判的投标技巧主要有：

1. 降低投标报价

投标价格不是中标的唯一因素，但却是中标的关键因素。在谈判中，投标人适时提出降价要求是谈判的主要手段。需要注意的是：其一，要摸清招标人的意图，在得到招标人希望降价的暗示后，再提出降价的要求。因为，有关招标的法规中规定，已投出的投标书不得做出任何改动；若有改动，投标即为无效。其二，降低投标价要适当，不得损害投标人自己的利益。

降低投标报价可以从三方面入手，即降低投标利润、降低经营管理费和设定降价系数。

投标利润的确定，既要围绕争取最大未来收益这个目标而定立，又要考虑中标率和竞争人数因素的影响。通常投标人准备两个价格，即准备了应付一般情况的适中价格，又同时准备了应付竞争特殊环境需要的替代价格，它是通过调整报价利润所得出的总报价。两个价格中，后者可以低于前者，也可以高于前者。

经营管理费，应作为间接成本进行计算，为了竞争的需要，也可适当降低这部分费用。

降价系数，是指投标人在投标报价时，预先考虑一个未来可能降价的系数。如果开标后需要降价竞争，就可以参照这个系数进行降价；如果竞争对投标人有利，则不必降价。

2. 补充投标优惠条件

除中标的关键性因素——价格外，在谈判的技巧中，还可以考虑其他许多重要因素，如缩短工期，提高工程质量，降低支付条件要求，提出新技术和新设计方案（局部的），以及提供补充物资和设备等，以此优惠条件争取得到招标人赞许，争取中标。

五、工程项目投标过程中应注意的问题

（一）明确投标目的

一般若投标是为创经济效益，投标前应详细计算成本、开支、利润等，对于大型的项目、时间长的项目，还应将风险计算进去；将不利因素计算之后，看是否投这个标。若为打开市场、创牌子，则应用保本微利甚至不考虑盈利的办法确保中标。

（二）投标操作中应注意的问题

1. 商务方面

（1）应从多渠道获信息，包括概算、所需产品的主要指标、材料设备是否需要进口等；

（2）与项目单位、招标单位进行必要的接触，了解他们的需要；

（3）正式购买招标文件，并严格按招标文件的要求来准备投标，编制投标文件；

（4）在开具银行保函方面，开户银行地区、级别、金额、时间应符合招标文件的要求；

（5）投标文件正本一份，副本和空白本份数按招标文件规定。投标文件的正本需要法人或委托人（附委托书）签字并盖章，每页都需要小签；空白本是为公平评标用的，应认真检查，不得透露投标人单位或法人代表的信息。投标文件的密封要求严格按招标文件的规定。

2. 技术方面

（1）应达到招标文件中各项指标的要求；

（2）招标文件中的特殊要求应得到满足；

（3）工程质量保修期需明确且应符合招标文件的要求。

第四节　工程项目开标、评标与定标

一、工程项目开标

工程项目开标，指的是把所有投标人递交的投标文件启封揭晓的过程。开标应当在招标文件确定的提交投标文件截止时间的同一时间公开进行；开标地点应当为招标文件中预先确定的地点。

开标的方式可有投标人参加的公开开标和没有投标人参加的非公开开标两种，但开标方式应在招标文件内说明。公开开标，符合平等竞争原则，使每位投标人都知道自己的报价处于哪一位置，其他人的报价有何优势；非公开开标，投标人往往被蒙在鼓里，在不知道其他人报价的情况下，应业主的要求进行压价时，可使业主处于有利地位，但这种方式只有在特殊情况下经过招标管理部门批准后才能采用。

1. 开标程序

在招标文件规定的日期、时间和地点，由招标单位主持举行开标仪式，所有投标人参加，并可邀请建设项目的有关主管部门、当地计划部门、经办银行的代表和公证机关，以及项目监理工程师出席。

主持人要当众打开标箱，由公证人员检查并确定标书的密封和书写符合招标文件规定后，由读标人逐一开封，宣读开标一览表中的有关要点，并由记录人在预先准备好的表册上逐一登记。表册内容一般包括：投标单位、总标价、总工期、主要材料用量、附加条件、补充表明、优惠条件等内容，同时按报价金额排出标价顺序。登记表册由读标人、记录人和公证人签名后作为开标的正式记录，由招标单位保存。在宣读各投标书时，对投标致函中的有关内容，如临时降价声明、替代方案、优惠条件、其他"可议"条件等均应予以宣读，因为这些内容都直接关系到招标单位和投标单位的切身利益。

2. 公布标底

开标时是否公布标底，要根据招标文件中说明的评标原则而定。在超过规定标底上下百分之多少范围的投标均为废标，则开标时必须公布标底，以使每个投标人都知道自己标价的位置。但对于大型复杂的建设项目，标底仅为评标的一个尺度，一般以最优评标价者中标，此时没有必要公布标底。因为对于大型复杂的工程，采用先进技术、合理的施工组织和施工方法、科学的管理措施等，完全可以突破常规而达到质优价廉的目的。

3. 废标处理

开标时如果发现有下列情况之一者，均应宣布投标书作废：

（1）逾期送达的或者未送达指定地点的标书。

（2）未按招标文件要求密封的标书。

（3）无单位盖章、无法定代表人或法定代表人授权的代理人签字或盖章的标书。

（4）未按规定格式填写，内容不全或关键字迹模糊、无法辨认的标书。

（5）投标人递交两份或多份内容不同的投标文件，或在一份投标文件中对同一招标项目报有两个或多个报价，且未声明哪个有效。按招标文件规定提交备选投标方案的除外。

（6）投标人名称或组织机构与资格预审时不一致的标书。

（7）未按招标文件要求提交投标保证金的标书。

（8）联合体投标未附联合体各方共同投标协议的标书。

所有被宣布为废标的标书，招标单位应原封不动地退回，不予评审。

二、工程项目评标

工程项目评标，指的是按照招标文件的内容和要求对投标文件进行评审、比较的过程。工程项目评标由招标人依法组建的评标委员会负责。评标的目的是根据招标文件中确定的标准和方法，对每个投标人的标书进行评审，以选出中标人。

评标工作可分为初评和详评两个阶段。

1. 初评

初评也称"审标"，是为了从所有标书内筛选出符合最低要求标准的合格标书，淘汰那些不合格的标书，以免在详评阶段浪费时间和精力。评审合格标书的主要条件是：

（1）投标书的有效性。审查标书单位是否与资格预审名单一致；递交的投标保函的金额和有效期是否符合招标文件的规定；如果以标底衡量有效标时，投标报价是否在规定的标底上下百分比幅度范围内。

（2）投标书的完整性。投标书应包括招标文件中所规定应递交的全部文件，如果缺少一项内容，则无法进行客观、公正的评价，只能按废标处理。

（3）投标书与招标文件的一致性。如果招标文件指明是"反应标"，则投标书必须严格地对招标文件的每一空白栏做出回答，不得有任何修改或附带条件。如果投标人对任何栏目的规定有说明要求时，只能在原标书完全应答的基础上，以投标致函的方式另行提出自己的建议。对原标书私自做出任何修改或用括号注明的条件与业主的招标要求不相一致，也按废标对待。

（4）报价计算的正确性。由于只是初评审标，不用仔细研究各项目报价金额是否合理、准确，仅审核是否有计算统计错误。若出现的错误在规定的允许范围内，由评标委员会予以改正，并请投标人签字确认；若其拒绝改正，不仅按废标处理，而且按投标人违约对待；当错误值超过允许范围时，也按废标对待。

经过初评，对合格的标书再按报价由低到高的顺序重新排列名次。由于排除了一些废标和对报价错误进行了某些修正，此时的排列顺序可能和开标时的排列顺序不一致。一般情况下，评标委员会将新名单中的前几名作为初步备选的潜在中标人，在详评阶段作为重点评审对象。

2. 详评

施工评标不仅是考虑投标报价的组成，还要对技术条件、财务能力等进行全面评审和综合分析，最后选出中标候选人。详评的内容包括以下几个方面：

（1）技术评审。对投标文件进行技术性评审是为了确定招标单位完成本工程项目的技术能力和施工方案的可靠性，对投标人的实施方案进行评定，重点是要评定投标单位将如何实施招标工程项目。主要包括施工总体布置是否合理，施工方法和技术措施是否可靠、科学和先进，能否保证施工的顺利进行，能否确保施工质量；是否充分考虑了气候、水文、地质等各种因素的影响，并对施工中可能遇到的问题做了充分的估计，是否同时也设计了妥善的预处理方案；施工进度计划是否科学、可行；材料、设备、劳动力的供应是否有保障；施工场地平面图设计是否科学、合理等。

（2）价格分析。不仅对各标书进行报价数额的比较，还要对主要工作内容及主要工程量的单价进行分析，并对价格组成各部分比例的合理性进行评价。分析投标价的目的在于鉴定各投标价的合理性，并找出报价高与低的主要原因。

（3）管理和技术能力评审。主要审查承包商实施本项工程的具体组织机构是否合适；所配备的管理人员的能力和数量是否满足施工需要；是否建立起满足项目管理需要的质量、工期、安全、成本等保证体系。

（4）商务法律评审。即对投标书进行响应性检查，主要审查投标书与招标文件是否有重大偏离。当承包商采用多方案报价时，要充分审查评价对招标文件中双方某些权利义务条款修改后，其方案的可行性以及可能产生的经济效益与随之而来的风险。

3. 评标方法

评标的方法很多，方式有繁有简，究竟采用哪种方法要根据招标项目的复杂程度、专业特点等来决定。目前，施工评标方法主要有以下几种：

（1）专家评议法

由评标委员会预先确定拟评定的内容，如工程报价、合理工期、主要材料消耗、施工方案、工程质量和安全保证措施等项目，经过对分项的认真分析、横向比较和调查后进行综合评议，最终通过协商和投票，选择各项都较优良的投标人作为中标候选人推荐给业主。这种方法实际上是一种定性的优选法，虽然能深入地听取各方面的意见，但容易发生众说纷纭、意见难以统一的情况，而且由于没有进行量化评定和比较，评标的科学性较差。其优点是评标过程简单，在较短时间内即可完成，一般仅适用于小型工程或规模较小的改扩建项目。

（2）综合评分法

评标委员会事先根据招标项目特点，将准备评审的内容进行分类，各类再细划成小项，并确定各类及小项的评分标准。评分标准确定后，再根据对标书的评审给予打分，各项统计之和即为该标书得分。最终以得分的多少排出次序，作为综合评分的结果。这种定性分析定量评分的评标方法，在评审因素较多而且繁杂的情况下，可以综合评定出各投标人的素质情况。它既是一种科学的评标方法，又能充分体现平等竞争原则。

（3）低标价法

以评审价格（或称评标价）作为衡量标准，选取最低评标价者作为推荐中标候选人。评标价并非投标价，它是将一些因素折算为价格，然后再评定标书次序。由于很多因素不能折算为价格，如施工组织机构、管理体系、人员素质等，因此，采用这种方法必须建立在严格的资格预审基础上。只要投标人通过了资格预审，就被认为已具备可靠承包商条件，投标竞争只是一个价格的比较。投标人的报价，虽然是评标价的基本构成要素，但如果发现有明显漏项时，可予以相应的补项而增加其报价值。尽管从理论上讲，承包商报价过低的后果由其自负，但承包商在实施过程中如果发生严重亏损，必然会将部分风险转移给业主，使业主实际支出的费用超过原合同价。

评标价的其他构成要素还包括工期的提前量、标书中的优惠条件、技术建议而导致的经济效益等，这些条件都折算成价格作为评标价内的扣减因素。如标书中工期提前较多，可以视为投标人将业主所得收益按一定的比例折合为优惠价格计入评标价内；技术建议的实际经济效益也按一定的比例折算。以工程报价为基础，对可以折合成价格的因素经换算后加以增减，就组成了该标书的评标价。

但应注意，评标价仅是评标过程中以货币为单位的评定比较方法，而不是与中标人签订合同的价格。业主接受了最低评标价的投标人后，合同价格仍为该投标人的报价值。

（4）A+B 值法

当评标委员会对所有标书进行全面审查评定后，凡满足要求条件的标书均被认为具备投标资格，因此就以标书中报价的合理性作为选定最终中标者的依据。通常的做法是以标底价格作为衡量标准，与标底最接近的为最优标书。但如果出现多家具有授标资格的投标人，其投标报价均低于标底时，则很有可能是标底编制得不够科学，不能充分地反映出较为先进的施工技术和管理水平，若以标底作为衡量标准就显得有失公允。为了弥补这一缺陷，可以标底价的修正值作为衡量标准，也即"A+B 值法"。它是将低于标底某一预定百分比范围内的投标报价算术平均值作为 A，将标底或评标委员会在评标前确定的标价作为 B，然后将 A 和 B 的加权平均值作为衡量标准，再选定与 A+B 值最接近的为最优标书。

（5）记分法

该方法一般从 6 个方面进行评议，即投标价、企业素质、主要工程机械设备、施工组织规划、商业信誉和附加优惠条件。

4. 评标报告

评标报告是评标阶段的结论性报告，由评标委员会将评标结果报送业主，供业主决标时参考。评标报告一般包括以下内容：

（1）评标情况介绍。说明共收到多少标书，评审过程中判定有哪些标书是废标，并分列出废标单位的名称、废标的原因。

（2）对合格标书的评价。重点应放在中标候选人的标书上，并详细做出评标说明。主要内容包括：标价分析、技术建议分析、合同建议分析、实施能力分析和风险分析等。

（3）推荐中标候选人名单。评标报告应明确提出推荐的中标候选人。

三、工程项目定标

工程项目定标，指的是最终确定承包工程项目中标人的过程。

1. 决标前谈判

业主根据评标报告所推荐的中标候选人名单，约请被推荐者进行决标前谈判，业主谈判的主要目的如下：

（1）标书通过评审，虽然从总体上可以接受投标人的报价，但仍可能存在某些不够合理之处，希望通过谈判压低报价额而成为正式合同价格；

（2）发现标书中某些建议（包括技术建议或商务建议）是可以采纳的，有些可能是其他投标人的建议，业主希望备选的中标人也能接受，需要与其讨论这些建议的实施方案，并确定由于采纳建议而导致的价格变更；

（3）进一步了解和审查备选中标人的施工规划和各项技术措施是否能保证工程质量和工期要求。

业主经过与几家备选中标人谈判后，最后确定中标人，并在报请有关主管部门批准后，向其发出中标通知书。

2. 授标

中标人接受授标通知书后，即成为该招标工程的施工承包商，应在规定时间内按招标文件的规定提交履约保函，并与业主签订施工合同。此时，业主和中标人还要进行决标后的谈判，将双方以前谈判过程中达成的协议具体落实到合同内，并最后签署合同。在决标后的谈判中，如果中标人拒签合同，业主有权没收其投标保证金，再与其他人签订合同。

业主与中标人签署施工合同后，对未中标的投标人也应当发出落标通知书，并退还他们的投标保证金。

小　　结

招标文件是标明招标工程数量、规格要求和招投标双方责权利关系的书面文件。工程项目招标投标的市场千变万化，为适应市场竞争的需要，承包商应在投标过程中，不断地积累各种技术和经济资料，掌握市场动态，研究投标策略，提高中标率。

工程项目投标程序一般包括：申请投标、参加资格预审、研究招标文件、调查投资环境、参加现场调查和答疑会、复核工程量、确定投标策略、编制施工组织设计、报价、编制标书和按时投送标书等阶段。其中，投标报价策略和技巧的选择最为重要。投标策略和技巧的研究，其实质是在保证质量和工期的条件下，寻求一个好的报价技巧，争取中标，并能获得预期的经济效益或长远的经济效益。投标策略和技巧的应用贯穿于从投标准备开始到中标签订合同的投标全过程。

评标是一件复杂而又重要的工作。评标委员应由技术、经济、法律三方面的人员组成，按招标文件确定的评标原则，从报价、技术、工期、管理、服务、商务、法律等方面进行定性和定量的分析评价，综合评定每份有效的投标文件，公平地确定中标单位。

思考题

1. 招标、投标的概念是什么？有哪些原则？
2. 简述工程项目招投标的一般程序。
3. 工程项目招标的条件和方式主要有哪几个方面？
4. 简述工程项目招标的程序。
5. 简述工程项目投标的程序。
6. 如何掌握投标策略和技巧？
7. 简述工程项目投标过程中应注意的问题。
8. 简述工程项目的评标方法。

第六章 工程项目合同管理

工程项目合同属经济合同范畴，其重要内容是明确规定当事人双方的权利和义务。工程项目涉及多方面的经济利益，往往需要多个经济合同来调整各方关系。本章介绍了工程项目合同的概念、特点、作用、体系和类型，并阐述了工程项目合同管理中的签约与履行、变更、解除和终止、合同纠纷的解决方式、索赔等。最后，简要地介绍了新版 FIDIC 合同条款。

第一节 工程项目合同概述

一、工程项目合同的概念

工程项目合同是指发包方（建设单位）和承包方（施工单位）为完成指定的工程项目，明确相互之间权利和义务而达成的协议。工程项目合同是工程项目实施过程中的各个主体之间订立的，它不仅仅是一份合同，而且是由各个不同主体之间的合同组成的合同体系。

工程项目合同属经济合同的范畴，具有下列法律上的特征：

1. 合同是一种法律行为。这种法律行为使签订合同的双方当事人产生一种权利和义务关系，受到国家强制力即法律上的保护，任何一方不履行或者不完全履行合同，都要承担经济上、法律上的责任。

2. 合同是当事人双方的法律行为。合同的订立必须是合同双方当事人意见的表示，只有双方的意见表示一致时，合同方能成立。

3. 双方当事人在合同中具有平等的地位，即双方当事人应当以平等的民事主体地位来协商制定合同，任何一方不得把自己的意志强加于另一方，任何单位和机构不得非法干预。这是当事人自由表达其意志的前提，也是合同双方权利、义务相互对等的基础。

4. 合同应是一种合法的法律行为，合同是国家规定的一种法律制度，双方当事人按照法律规范的要求达成协议，从而产生双方所预期的法律效果。合同必须遵循国家法律、行政法规的规定，并为国家所承认和保护。

5. 合同关系是一种法律关系。这种法律关系不是一般的道德关系。合同制度是一项重要的民事法律制度，它具有强制性，不履行合同要受到国家法律的制裁。

综上所述，合同是双方当事人依照法律的规定而达成的协议。合同依法成立，即具有法律约束力，在合同双方当事人之间产生权利和义务的法律关系。合同是通过这种权利和义务的约束，促使签订合同的双方当事人全面认真地履行合同。

二、工程项目合同的特点与作用

1. 工程项目合同的特点

我国合同法规定经济合同的主要条款包括标的、数量和质量、价款或酬金、履行的期限、地点和方式，违约责任等。工程项目合同与一般经济合同相比，具有以下特点：

（1）合同的标的物具有特殊性。合同的标的物是工程项目，工程项目具有固定性的特点，而其对应的生产具有流动性；时间、地点、技术、经济、环保等条件的不同，造成了工程项目具有一次性的特点，无法按重复的模式去组织建设；建设产品体积庞大，消耗资源多，涉及面广，投资额度大；工程项目建设在自然条件影响下，不确定因素多等。合同标的物的特殊性决定了工程项目合同管理的复杂性。

（2）合同履行的期限长。项目合同的履行期限长，是由工程项目实施周期长决定的。由此，也决定了合同管理的长期性，必须保证合同各方在享有约定权利的基础上履行合同中约定的义务；同时，也必须加强对工程项目各种合同的整体管理，保证各种构成要素之间的协调配合。

（3）合同包含的内容多。工程项目建设涉及诸方面的因素和多方面的法律关系，这些都要反映到合同中。因此，项目合同往往分写成好几个文件，既要涵盖项目实施过程中的各个环节，又要包涵项目实施过程中的各种条款。比如，除了一般性条款（如范围、质量、工期、造价等）外，还会有一些特殊性条款（如保险、税收、专利、文物等），条款有的多达几十条。

（4）合同涉及面广。工程项目实施过程中会涉及多方面的关系。如业主可能聘请招标公司或工程管理公司进行项目管理；承包方则会涉及工程分包方、材料采购与供应方。在大型工程项目中，甚至会有几十家分包单位，而国际工程招标投标中，还会涉及国外的工程单位。工程项目合同中必须明确所涉的各方关系，订立相应的条款。这就决定了项目的合同涉及面广、管理复杂的特点。

（5）合同风险大。工程项目所固有的一次性、固定性、涉及面广、投资额大、易受自然因素影响等特点，造成了合同的风险性，而建筑业市场的激烈竞争又加剧了这种风险。因此，在签订合同过程中须仔细斟酌，避免承担风险责任，并要善于把握和利用可能的风险因素获利，使己方在今后的合同执行中居于有利地位。

2. 工程项目合同的基本构成要素

工程项目合同具有 5 个构成要素：

（1）合同的彼此一致性。项目合同必须建立一个双方均可接受的提议基础之上；

（2）报酬原则。项目合同必须有一个统一的计算和支付报酬的方式；

（3）合同规章；

（4）合法的合同目的；

（5）依据法律确定的合同类型。

3. 工程项目合同的作用

（1）工程项目合同明确了项目当事人间的关系、责任、权利和义务，有利于工程项目的管理。项目合同主要是针对当事人间行为的准则，对当事人都起到制约作用，使得项目的实施、管理更有效、更科学。

（2）工程项目合同是项目实施的法律依据。项目合同一般都具体地规定了项目的标的、所要达到的要求、起始时间和终止时间，以及成本约束等内容。这些条款和内容说明在项目实施中有了明确的目标和依据，同时在法律上依法保护合同当事人的权益，依法追究违反项目合同的当事人责任，以及按照合同的规定解决、处理纠纷和进行索赔等。

（3）工程项目合同是工程项目实施过程中整体协调运作的保证。通过项目合同的规定，确定了组织关系，直接影响着整个项目组织和管理系统的形态和运作。合同将项目涉及的设计、生产、材料和设备供应、运输、施工等各种关系和环节通过规定联系起来，协调并统一了各参与者的行为。

（4）工程项目合同有利于国际间的相互交流与协作。项目合同的规范化，有利于我国施工企业进入国际市场，参与国际竞争，也有利于我国引进外资、引进国外的技术项目，加强国际合作。

三、工程项目合同的类型

（一）按合同的标的物，工程项目合同可分为：勘察设计合同、工程监理合同、土建安装工程承包合同、工程材料和机械设备供应合同、加工订货合同、工程咨询合同等

1. 勘察设计合同

勘察设计合同是发包方与承包方为完成勘察设计任务，明确双方权利和义务关系的协议。

（1）勘察设计合同的签订程序

①承包单位审查工程项目的批准文件。在接受任务前，承包商要对所承包勘察设计项目的批准文件进行全面审查，这些文件是项目实施的前提条件。如果还要委托施工图设计，应同时具有经过批准的初步设计文件。

②发包方提出勘察设计的要求。它主要包括勘察设计的期限、进度、质量等要求。

③双方根据勘察、设计的要求和资料，协商并确定取费金额、付款办法和进度。

④签订勘察设计合同。

（2）勘察设计合同的主要内容

①总述。包括工程项目的名称、规模、投资额、地点、合同双方的简单介绍等。

②发包方的义务。

③承包方的义务。

④设计的修改和停止，包括修改或停止设计的程序、责任和有关财务方面的处理办法等。

⑤勘察设计的取费标准。

⑥违约责任。

⑦争执的解决。

⑧其他条款，包括合同的生效和失效日期，以及合同未尽事宜。

2. 工程监理合同

工程监理合同是工程项目的建设单位委托监理单位对工程项目实施阶段的建设行为实行监督管理的协议。委托方必须委托与实施合同内工程等级相适应的资质等级的监理单位进行工程监理。建设监理合同的主要内容包括：

(1) 明确协议的双方；

(2) 合同的一般性叙述；

(3) 要求监理内容和工程师应履行的义务；

(4) 委托方的义务；

(5) 监理依据；

(6) 监理费。

3. 土建安装工程承包合同

土建安装工程承包合同是建设单位与承包商为完成商定的施工和安装工作内容，明确双方权利、义务关系的协议。其主要内容有：

(1) 工程名称和地点：

(2) 工程范围和内容；

(3) 开、竣工日期及中间交工工程的开、竣工日期；

(4) 工程质量保修期及保修条件；

(5) 工程造价；

(6) 工程价款的支付、结算及交工验收办法；

(7) 设计文件和其他技术资料提供日期；

(8) 材料和设备的供应情况与进场期限；

(9) 双方相互协作事项；

(10) 违约责任；

(11) 争议的解决方式。

4. 工程材料和机械设备供应合同

合同的供方一般为物资供应商或机械设备的生产厂家，需方按土建安装施工合同中对供应物资责任方的规定，可能是建设单位，也可能是总承包商。合同的主要内容有：

(1) 标的物的名称、品种、规格和质量；

(2) 数量和计量方法；

(3) 包装；

(4) 运输方式；

(5) 价格；

(6) 交 (提) 货期限；

(7) 贷款结算方式；

(8) 验收方法；

（9）违约责任；

（10）其他方面条款。

5. 加工订货合同

在项目建设工程中加工合同很多。加工合同的标的通常称为定做物，定做物可以是构件、机组设备或施工用品。加工合同的委托方称为定做方，该方需要定做物。另一方称为承揽方，完成定做物的加工。加工订货合同的主要内容有：

（1）定做物的名称、规格、型号；

（2）定做物的数量、质量、包装和加工方法；

（3）检查监督方式；

（4）原材料的提供以及规格、质量和数量；

（5）加工价款或酬金；

（6）履行的期限、地点和方式；

（7）成品的验收标准和方法；

（8）结算方式；

（9）违约责任；

（10）其他事项。

6. 工程咨询合同

工程咨询合同是就特定的技术项目提供可行性论证、技术预测、专项技术调查、分析评价报告等所订立的合同。合同当事人一方可以是建设单位或承包商，他们提出咨询要求，称为委托方；另一方是提供服务的咨询单位或个人，称为顾问方。为建设单位进行咨询服务的工作内容有，机会研究、可行性研究、评价设计方案等工作。为承包商提供咨询服务的内容有投标前机会研究、施工计划编制、施工方案咨询等工作。

（二）按合同所包括的工程范围和承包关系，工程项目合同可分为总包合同和分包合同

1. 总包合同

总包合同是指业主与总承包商之间就某一工程项目的承包内容签订的合同。总包合同的当事人是业主和总承包商。工程项目中所涉及的权利和义务关系，只能在业主和总承包商之间发生。

2. 分包合同

分包合同是指总承包商将工程项目的某部分工程或单项工程分包给某一分包商完成所签订的合同，分包合同的当事人是总承包商和分包商。工程项目所涉及的权利和义务关系，只能在总承包商与分包商之间发生。

（三）按承包合同的计价方法，工程项目合同可分为总价合同、单价合同、成本加酬金合同

1. 总价合同

总价合同又分为固定总价合同、调值总价合同、固定工程量总价合同三种。

（1）固定总价合同。合同双方以图纸和工程说明为依据，按照商定的总价进行承包，并一笔包死。在合同执行过程中，除非业主要求变更原定的承包内容，否则承包商不得要

求变更总价。这种合同方式一般适用于工程规模较小，技术不太复杂，工期较短，且签订合同时已具备详细设计文件的情况。

（2）调值总价合同。在报价及签订合同时，以设计图纸、工程量清单及当时价格计算签订总价合同。但在合同条款中双方商定，如果在合同执行过程中由于通货膨胀引起工料成本增加时，合同价应相应调整。这种合同业主承担了物价上涨这一不可预测费用因素的风险，承包商承担其他风险。这种计价方式通常适用于工期较长，通货膨胀难以预测，但现场条件较为简单的工程项目。

（3）固定工程量总价合同，即业主要求承包商在投标时按单价合同办法分别填报分项工程单价，从而计算出工程总价，据之签订合同。原定工程项目全部完成后，根据工程量调整总价。这种合同方式要求工程量清单中的工程比较准确，不宜采用估算的数值，因此应达到施工图设计或扩大的初步设计条件。

固定工程量总合同中的单价并不是成品价，它的单价中并不包括所有的费用。因此，除单价提出的费用外，还需确定一些有关的费率，如施工管理费、不可预见费、利润等。

2. 单价合同

单价合同又可细分为估计工程量单价合同和纯单价合同两类。

（1）估计工程量单价合同。承包商投标时按工程量表中的估计工程量为基础，填入相应的单价作为报价。合同总价是根据结算单中每项的工程数量和相应的单价计算得出，但合同的总价并不是工程项目费用的最终金额，因为单价合同中的工程量是一个估算值，这种合同形式适用于招标时还难以确定比较准确工程量的工程项目。

估计工程量单价合同与固定工程量总合同虽然都是按工程量表中的数量与单价计算合同总价，但它们是两种截然不同的合同方式，单价合同的特点是，合同中的单价属于成品单价，即包括了产品全部费用的单价，合同中的单价一般是不能变的，合同中的工程量是可以变化的。

估计工程量单价合同也可以进一步划分为固定单价合同和可调价的单价合同。调价方法和总价合同一样。

（2）纯单价合同。招标文件只向投标人给出个各分项工程内的工作项目一览表、工程范围及必要的说明，而不提供工程量。承包商只要给出各项目的单价即可，实施时按实际工程量计算。但对于工程费分摊在许多工程中的复杂工程，或有一些不易计算工程量的项目，采用纯单价合同就会引起一些纠纷和争执。

3. 成本加酬金合同

这种承包方式的基本特点是按工程发生的实际成本（人工、材料和施工机械费），加上固定的管理费和利润来确定工程总造价。这种承包方式主要用于开工前对工程内容尚不十分清楚的情况，例如边设计边施工的紧急工程，或遭受地震或战火等灾害破坏后急需修复的工程。在实践中可有四种不同的具体做法：

（1）成本加固定百分比酬金合同。即除直接成本外，管理费和利润按成本的一定比例支付。

（2）成本加固定酬金。直接成本实报实销，但酬金是事先商定的一个固定数目。

（3）成本加浮动酬金。这种类型的合同要求双方事先商定工程成本和酬金的预期水平。如果实际成本恰好等于预期水平，工程造价就是成本加固定酬金；如果实际成本低于预期水平，则增加酬金；如果实际水平高于预期水平，则减少酬金。

（4）目标成本加奖励。在仅有初步设计和工程说明书，迫切要求开工的情况下，可根据粗略估算的工程量和适当的单价表编制概算作为目标成本。随着详细设计逐步具体化，工程量和目标成本可加以调整，另外规定一个百分数作为酬金。最后结算时如果实际成本高于目标成本并超过事先商定的界限，则减少酬金；如果实际成本低于目标成本，则增加酬金。

第二节 工程项目合同的签约与履行

一、合同的谈判

（一）合同谈判

合同谈判是指业主与承包商经过认真仔细的会谈、商讨、讨价还价，将双方在招投标过程中达成的协议具体化或做某些增补与删改，对价格和所有合同条款进行法律认证，最终订立一份对双方都有法律约束力的合同文件的过程。

1. 合同谈判的准备

合同谈判是业主与承包商面对面的较量，谈判的结果直接关系到合同条款的订立是否于已有利。因此，在合同正式谈判开始之前，必须深入细致地做好充分的思想准备、组织准备、资料准备等，做到知己知彼、心中有数，为合同谈判的成功奠定坚实的基础。

（1）合同谈判的思想准备

合同谈判是一项艰苦复杂的工作，只有做好充分的思想准备，才能在谈判中坚持立场，适当妥协，最后达到目标。谈判前，必须对以下问题进行充分准备：

①谈判的目标。这是必须明确的首要问题，因为不同的目标决定了谈判的方式和最终的谈判结果，一切具体的谈判行为方式与技巧都是为谈判的目标服务的。因此，谈判前首先要确定自己的目标，同时也要尽可能摸清对方的谈判目标，从而有针对性进行准备，并采取相应的谈判方式和谈判策略。明确目标是思想准备的首要环节。

②确定谈判的原则和态度。确定了谈判目标之后，谈判原则和态度的确定就成了实现目标的重要环节。围绕着谈判目标的实现，要确立自己在谈判中的基本立场和原则，从而确定谈判中哪些问题是必须坚持的、哪些问题是可以做出合理让步的，以及让步的程度等。同时，还应具体分析在谈判中可能遇到的各种复杂情况及其对谈判目标实现的影响，谈判有无失败的可能，遇到实质性问题争执不下时如何解决等。这些问题都应在谈判前有充分的思想准备。

③谈判对手的谈判意图。"知己知彼，百战不殆"，合同谈判也是一种斗智斗勇的活动，只有在充分了解对手的意图，并对此有充分的思想准备之后，才能在谈判中始终掌握主动权。这里所说的意图，包含对方谈判的诚意和动机两个方面。对方参加这次谈判有无

诚意，是主动接洽还是被动应付，持积极态度还是消极态度；对方谈判的动机是为了摸底还是为了正式与自己商谈具体事宜，是希望应付一次后通过函电达成协议，还是希望在面对面的会谈中取得成果等。

（2）合同谈判的组织准备

在明确了谈判目标并做好了应付各种复杂局面的思想准备之后，谈判者就需要着手组织一个精明强干、经验丰富的谈判班子，具体进行谈判准备和谈判工作。谈判班子的知识专业结构、基本素质和综合业务能力，对谈判结果有着重要的影响。一个合格的谈判小组通常由技术人员、财务人员、法律人员以及懂业务的人员组成。在谈判组中，领导的作用是至关重要的。因为他是主谈人，他的思路一定要始终清楚，这对谈判内容是至关重要的，并对谈判内容要熟悉，还必须有丰富的谈判技巧和经验；同时，他也必须具备很强的组织能力和应变能力，以便在遇到意外情况时，能够调动谈判组成员的思路并进行妥善处理。

（3）合同谈判的资料准备

合同谈判中必须有理有据，切忌空谈，因此，在会谈前必须准备好充足的资料。

（4）谈判方案的准备

在具体会谈开始前，要仔细研究分析有关合同谈判的各种文件资料，拟订谈判提纲。同时，要根据会谈的目标要求，准备几个不同的谈判方案，并研究和考虑其中哪个方案更好，以及对方可能会倾向于哪一个方案。这样，当对方不愿接受某一方案时，就可以改换另一方案。谈判中切忌只有一种方案，当对方不接受时，容易使谈判陷入僵局。

（5）会议具体事务的安排准备

主要包括三方面内容：一是选择谈判的时机，谈判主要考虑双方的横向联系情况，对方将与几家公司商谈，己方将面对几家公司，何时与某一公司会谈，这是一种谈判策略；二是谈判地点的选择，一般来说应选在于己方有利的地点；三是会谈议程的安排，议程还要安排得松紧适度，不要拖得时间太长，同时要避免过于紧张、连续作战，还要注意到双方谈判的习惯。

（6）了解对手的情况

着重了解谈判对方的年龄、健康、资历、职务、谈判风格等情况，以便己方有针对性地安排谈判人员，并做好思想和技术人的准备，同时要了解对方是否熟悉己方。

2. 合同谈判过程

合同谈判一般分为初步接洽、实质性谈判和合同拟订与签约三个阶段。

（1）初步接洽阶段

双方当事人一般是为了达到预期的效果，就双方各自最感兴趣的事项，相互向对方提出或澄清一些问题。这些问题包括：项目的名称、规模、内容和所要达到的目标与要求，项目是否列入年度计划或实施的许可，当事人双方的主体性质，双方主体以往是否参与过同类或相似项目的开发、实施，双方主体的资质状况与信誉，项目是否已具备实施条件等。有的问题可以当场澄清，有的可能当场不能澄清。如果双方了解的资料及信息同各自所要达到的预期目标相符，觉得有继续保持接触与联系的必要，就可为实质性谈判做准备。

（2）实质性谈判阶段

实质性谈判是双方在广泛取得相互了解的基础上运行的，主要就项目合同的主要条款进行具体商谈。项目合同的主要条款一般包括：标的、数量和质量、价款或酬金、履行、验收、违约责任等条款。

①标的。是指合同权利义务所指向的对象。有关标的谈判，双方当事人必须严肃对待。特别是项目合同的标的比较复杂，要力求叙述完整、准确，不得出现遗漏及概念混淆的情况。

②数量和质量。项目合同中应严格注明各标的物的数量和质量要求。由于数量和质量涉及双方的权利和义务，所以要慎重处理。

③价款或酬金。这是谈判中最主要的议项之一。价款或酬金采用何种货币计算与支付是首先要确定的，这在国内合同中不成问题，但在涉外合同中却是至关重要的。这里还涉及一个汇率问题，一般可以选择汇率比较稳定的硬通货。

④履行期限、方式和地点。合同谈判中应逐项加以明确规定。

⑤验收方法。合同谈判中应明确规定何时验收、验收的标准及验收机构。

⑥违约责任。当事人应就双方可能出现的导致影响项目完成的错误，订立违约责任条款，明确双方的责任。具体规定还应符合法律规定的违约金限额和赔偿责任。

（3）合同拟订与签约阶段

项目合同必须尽可能明确、具体，条款完备，避免使用含糊不清的词句。一般应严格控制合同中的限制性条款，明确规定合同生效条件、合同有效期以及延长的条件、程序，对仲裁和法律适用条款做出明确的规定，对选择仲裁或诉讼做出明确的约定。另外，在合同文件正式签订前，应组织有关专业人员、律师等，对合同进行仔细推敲，在双方对合同内容达成一致意见后签字盖章。

（二）工程合同的谈判技巧和应注意的问题

1. 谈判技巧

合同谈判是一个双方为各自利益和目标企图说服对方的过程，也是双方逐步相互让步，最后达成协议的过程。所以，谈判中既注意自己的谈判策略与技巧，也应了解分析对方的策略与技巧。下面是一些常用的谈判技巧：

（1）反复表述自己的优势及特点，以促成对方决心合作。

（2）在出价中利用"非价格因素"的作用。在承包商出价时，不仅考虑成本与利润，而且要考虑诸如对方需求的迫切性，本公司能满足对方的程序等非价格因素。

（3）讲求让步降价的策略。所采取的策略取决于谈判开展过程中对方的态度、心理、降低额度及其他条件。一般规律是：开始时让步幅度较大，以吸引对方期望成交；中期时双方着重窥测对方意见，讨价还价，让价少；后期因双方已做让步，有意忙于成交，可能再进行一次较大的让价。

（4）在心理上削弱对方。从一开始就坚持不让步，使对方感到难以应付，心理上产生畏难情绪，使之信心受到削弱，在讨价还价中放松条件。

（5）"最先一分钟策略"。国际谈判中常用诸如同意最后这一让步条件就签约，否则不能成交；或用限期达成协议等条件要挟对方。遇此不应过早同意，应冷静分析情况采取措施，或说明不能接受的理由，或采取折中办法。

（6）抓住实质性问题。应始终抓住诸如工作范围、价格、工期、支付条件、违约责任等主要的实质性问题，不轻易让步或有限度让步，防止对方纠缠于小问题转移视线。

（7）先成交后抬价。先做出某种许诺或能使对方接受合作的行动。一旦对方接受且无退路时，再借理由抬价。为此不要轻易接受许诺，要看到对方真实意图，防止上当。

（8）利用所谓的惯例。国际谈判中，常利用所谓的国际惯例来维护自己利益和压服对方；若对方提出的"惯例"对己不利时，不要随意接受，因为惯例不是法律规范，对合同不具有强制力。此外，也可以利用具体的合同条款改变其中的既定规则，或以其他的"惯例"制约对方和维护自己的利益。

2. 合同谈判中应注意的问题

一般招标文件中的合同条款，通常较有利于业主。因此承包商在中标后，应就合同中不明确和不合理的部分与业主谈判，争取修改或写入合同附录。概括地说，在合同谈判中应注意以下主要问题：

（1）特别注意关键的实质性条款。如工程量计算、双方责权范围、工作内容、计息与付款等。

（2）文字词句要确切和清楚。避免含糊不清、模棱两可。

（3）防止潜在性损失。例如有的国家总包商与我方签订劳务合同时，虽然工程工期为 2 年，但劳务合同期却为 1 年。其目的地是要避免承担受雇人受雇超过 1 年时要增加工资或给予带薪探亲待遇。为此应规定续雇增薪的条款；

（4）避免有名无实的条款。例如 A 国的总包商与 B 国的分包商在签订分包合同中规定：若甲方不能按期支付乙方工程款，甲方应按其开户银行的利率向乙方支付拖欠款利息。但是，在工程所在国 C 国银行存款按规定是无利息的，因此总承包商借在 C 国银行开户之名而不付欠款利息。

（5）既要争取自己的权利，又要避免限制自己的权利。例如对工程变更设计，承包商无权决定，但可争取规定变更或修改超过一定范围，有权要求调价和延期。

（6）计算费用要细致谨慎。应注意在细微处算大账。

二、工程项目合同的签订与生效

（一）工程项目合同的签订

双方谈判取得一致意见，并确定了书面的合同文本后，即应由各当事人签署合同。签署合同时，双方应署以法人的全称和签约人的姓名、职务。大型工程项目合同还常要求签约人持有各自所属公司授权签字的委托书。签约人除应在合同末尾签字外，在页与页之间也应署名。

若签约当事人不能同时集会签合同时，也可以在不同的时间或地点签署，但签约日期及地点应以最后一个当事人签署合同的时间和地点为准。

（二）工程项目合同的生效

合同签订后是否立即生效，需区别两种情况：一种是法律上对所签的合同无专门规定，仅凭当事人的意愿，合同签署后立即生效；另一种是有些国家规定，合同签订后必须经有关主管部门的鉴证，或经司法部门的公证后，合同才具有法律效力，这是国家对合同的监督与保护。合同鉴证属于行政监督，而合同公证属于法律监督。

（三）合同订立应遵循的原则

1. 平等自愿原则

合同当事人的地位平等，一方不得将自己的意志强加给另一方。订立合同时应当在自愿的基础上充分协商，使合同能反映当事人的真实意思表示。

2. 诚实信用原则

合同的订立应当是在互相信任的基础上完成的，不应进行欺诈。

3. 合法原则

合法的合同才是有效合同。订立合同应遵守国家法律和行政法规，签约的法人代表的意愿必须真实，而且不超过法定的权限。工程项目的合同必须尊重社会公德，不得扰乱社会经济秩序，不得损坏国家利益和社会公共利益。

三、工程项目合同的担保

在承包工程的合同文件中，一般都明确规定，承包方应通过金融机构的担保，向发包方（业主）开具银行保函，来保证自己履行合同义务和责任，保证合同的顺利执行。

根据承包合同，承包人对业主承担的义务主要有两点：按合同要求完成工程建设；垫付施工所需的一切流动周转费用。对业主来说，他的义务是按施工进度按时向承包人拨付进度款。

银行保函是合同担保的具体形式。银行根据保函申请人（工程承包人）的请求，向保函受益人（工程业主）开具保函，担保申请人履行合同义务；否则，银行将先承担向保函的受益人进行经济赔偿的责任。为了开出保函，保函申请人应在银行有一定数额的存款或抵押物，并需支付保函手续费。

在招投标承包工程业务的全过程中，通常采用以下三种形式的保函。

1. 投标保函

在正式投标时，招标人（业主）要求每个投标人递交一份投标保函，作为投标文件不可缺少的部分；否则，这份投标文件将失效。

投标保函一般是由业主同意的一家银行出具的银行保函。有时，在投标人未办妥银行保函的情况下，可以递交一份保兑支票。一般情况下，投标人愿意请银行开具投标保函，而不愿拿现金作抵押。

投标保函是招标人对投标人的制约手段，它控制投标人不得在投标后中途撤标，在中标之后不得拒绝签订施工承包合同及提交履约保函。如果投标人违反了投标保函规定的责任，招标方有权向开立保函的银行索取担保金额，而银行不得拒付。

投标保函的担保金额因招标工程的规模而异，大型项目的保函金额为投标报价的1%~3%，中小型项目一般为3%~5%。保函有效期一般为6个月左右，从公开开标之日算起；小型工程的有效期则短，具体以投标通知书规定为准，满期后保函自动失效。一般情况下，招标人应在投标保函到期前选定中标者。如果不能按规定时间选定，则应通知各投标人延长投标保函的有效期。定标后，中标者在出具履约保函后，应撤回投标保函。未中标者的保函由招标人退还各投标人。

2. 履约保函

投标人中标后，按招标文件和承包合同规定的要求，向业主开具履约保函。履约保函一般由开具投标保函的同一银行开出，作为对业主保证按合同施工并保质按期完工的具有法律作用的文件。

履约保函的保证期，一般包括施工期和维护保修期。保修期满，并经咨询工程师和业主最终验收，以及发给维修责任完结证明书后，可由承包人撤回履约保函。也有在维修期开始时另开质量保函、收回履约保函的情况。履约保函的担保金额，由每个工程项目的招标文件规定，一般为合同价的10%。

3. 预付款保函

一般合同规定，在施工承包合同正式签订后，为了使承包人尽快采购建筑材料和施工机械，促使早日开工，业主可以向承包人预支部分工程款，即预付款，其款额一般为合同总价的10%～15%。为此，业主要求承包人向他开具同等金额的预付款保函。

预付款的金额，以后在工程实施中分期由业主收回。一般的做法是：在每月的工程款支付额中扣除一定的比例，直至扣完为止。这时，承包人出具的预付款保函也随着扣款而分期减额，直到最后完成其担保价值，由承包人把保函收回。

保函的种类很多，最普遍采用的是以上三种。有时对维护保修期，业主要求承包人开具独立的维修保函，亦称质量保函。其他的保函种类还有材料或设备付款保函（信用证）、货物运输保函和分包人保函等。

四、工程项目合同的履行

工程项目合同的履行是指合同的当事人根据项目合同的规定，在适当的时间、地点，以适当的方式全面完成自己所承担的责任和义务的过程。

严格履行项目合同是双方当事人的义务，因此项目合同的当事人必须共同按计划履行合同，实现项目合同所要达到的各类预定目标。项目合同的履行分为实际履行和适当履行两种形式。

（一）项目合同的实际履行

项目合同的实际履行，就是要求项目合同的当事人按照合同规定的目标来履行。实际履行是合同法规的一个基本原则。由于项目合同的标的物大都为指定物，因此不得以支付违约金或赔偿经济损失来免除项目合同一方当事人继续履行合同规定的义务。如果允许合同当事人一方用货币代偿合同规定的标的，那么项目合同当事人的另一方可能在经济上蒙受更大的损失或无法计算的间接损失。此外，即使项目合同当事人一方在经济上没有遭受损失，但是，对于预定的项目目标或任务，这会使某些涉及国计民生、社会公益项目不能得到实现，实际上的损失更大。所以，实际履行的正确含义只能是按照项目合同规定的标的履行。

当然还存在另一种情况，当实际履行，不仅在客观上不可能，而且还会给项目合同的另一方当事人和社会利益造成更大的损失，这时应当允许用支付违约金和赔偿损失的办法，代替合同的实际履行。

（二）项目合同的适当履行

项目合同的适当履行，即项目合同的当事人按照法律和项目合同条款规定的标的，按质、按量、按时地履行。合同的当事人不得以次充好，以假乱真，否则，项目合同的另一方当事人有权拒绝接受。所以，在签订项目合同时，必须对标的物的规格、数量、质量等方面作出具体规定，以便当事人按规定履行，另一方当事人在项目结束时也能按规定验收。

合同履行的期限，是指承包人向业主履行义务的时间或时间范围。双方当事人应当在合同中明确规定年月日，不能明确规定的，也必须注明某年、某季或某年的上半年或下半年等。

合同履行的地点在合同中也应明确规定。

合同履行的方法，应当符合权利人的利益，同时也应当有利于义务的履行。

（三）合同当事人各方履行的责任和义务

1. 业主的主要责任和义务

业主责任和义务的核心是按合同规定向承包商付款，以及提供必需的施工前提条件，其主要方面如下：

（1）及时选派业主代表、工程师及工程师代表；

（2）按合同规定及时移交施工场地给承包商；

（3）按合同规定及时向承包商支付有关的各种款项；

（4）及时向承包商提供图纸、说明和工程变更命令；

（5）国际承包工程中业主应协助承包商办理承包人员入境、居住、交通以及通讯等有关手续；

（6）主持当事人解决合同纠纷、条款更改等问题的会议；

（7）负责组成验收委员会，及时进行有关材料、设备及已完工程的验收与确认。

2. 监理工程师的主要责任和义务

监理工程师受业主委托负责合同管理及工程监督，具体如下：

（1）负责提供施工图纸及规范，设计交底、设计修改通知以及解决施工期间出现的设计问题；

（2）负责检查工程量和承包商试验室及现场试验成果；

（3）负责提供水准基点，审查承包商测量放样成果；

（4）负责审查承包商有关施工及安全措施；

（5）负责施工监督，做好施工日志作为日后审核支付的依据；

（6）审核承包商提出的月结算表，签署月支付款额，报业主审核、支付；

（7）协助业主解决与承包商间矛盾和合同执行中的矛盾；

（8）负责协调现场多家分包商间的有关问题；

（9）参加完工项目及工程竣工验收。

此外，还有监理工程师委派负责具体执行现场监督工作的工程师代表（Engineer Representation）或驻地工程师（Resident Engineer）。当监理工程师书面通知承包商将自己的职权授予工程师代表后，工程师代表的书面指示和工程师一样对承包商具有约束力。

3. 承包商的主要责任和义务

承包商履约任务的核心是按合同规定的工程范围、质量和工期完成施工任务。具体有以下主要方面：

（1）负责组织现场施工机构，包括选定承包商代表和项目经理，以及配备足够的技术人员和各工种的工人。

（2）负责设备与材料的询价与采购。

（3）负责施工放样与测量，原始数据应经监理工程师审批。

（4）按要求进行现场及实验室的各项试验，成果报监理工程师审查批准。

（5）按合同要求组织现场施工，每月（周）的施工进度计划应事先报监理工程师审核批准，并保证按期完工。

（6）制定有效的质量保证措施和施工安全措施，报监理工程师批准执行。

（7）做出详细的施工记录，报监理工程师审核、确认。

（8）定期在监理工程师召开的会议上汇报工程情况及存在问题，提出解决办法，经监理工程师批准后执行。

（9）每月终应将本月完成工程量交工程师核准、确认并上报业主据以支付工程款。

第三节　工程项目合同当事各方的合同管理

业主、工程师和承包商是工程项目的主要当事方。业主和承包商是合同的双方，而工程师则是受业主雇用来按照业主和承包商的合同进行项目管理的。从合同管理的角度看，各方的职责和义务是不同的，但目标又是一致的，表6-1说明了三方在合同管理中的主要职责。

表6-1　　　　　　　　业主、工程师、承包商在合同管理中的主要职责表

序号	合同内容	业主	工程师	承包商
1	总的要求	项目的立项、选定、融资和施工前期准备； 项目的合同方式与组织（选承包商、监理工程师等）； 决定工程师的职责和权限。	受业主聘用，按业主和承包商签订的合同中授予的职责、权限对合同实施监督管理。	按合同要求，全面负责工程项目的具体实施、竣工和维修。

序号	合同内容	业主	工程师	承包商
2	进度管理	进度管理主要依靠工程师，但对开工、暂停、复工，特别是延期和工期索赔要审批； 可将较短的工期变更和索赔交由工程师决定，报业主备案。	按承包商开工后送交的总进度计划，以及季、月、周进度计划，检查督促； 下开工令，下令暂停、复工、延期；对工期索赔提出具体建议报业主审批。	制定具体进度计划，研究各工程部位的施工安排，工种、机械的配合调度，以保证施工进度； 根据实际情况提交工期索赔报告。
3	质量管理	定期了解、检查工程质量，对重大事故进行研究； 平日主要依靠工程师管理和检查工程质量。	审查承包商的重大施工方案并可提出建议，但质量保证措施由承包商决定； 拟定或批准质量检查办法，严格对每道工序、部位和设备、材料的质量进行检查和检验，不合格的下令返工。	按规范要求拟定具体施工方案和措施，保证工程质量，对质量问题全面负责。
4	费用管理	审批工程师审核后上报的支付表； 与工程师讨论并批复有关索赔问题； 可将较小数额的支付或索赔交由工程师决定，报业主备案。	按照合同规定，特别是工程量表的规定严把支付关，审核后报业主审批； 研究索赔内容、有关计算和数额，上报业主审批。	拟定具体措施，从人工、材料采购、机械使用以及内部管理等方面采取措施降低成本，提高利润率； 设立索赔组适时申报索赔。
5	风险管理	注意研究重大风险的防范。	替业主把好风险关，进行经常性的风险分析，研究防范措施。	注意风险管理，做好索赔工作。
6	变更	加强前期设计管理，尽量减少变更； 慎重确定必要的变更项目以及研究变更对工期及费用的影响。	提出或审批变更建议，计算出对工期、费用的影响，报业主审批。	认为需要时，向工程师或业让提出变更建议； 执行工程师的变更命令； 抓紧变更时的索赔。

一、业主方的合同管理

一个工程项目在评估立项之后或合同生效后，即进入实施期，实施期一般包括项目的勘测、设计、专题研究、招标投标、施工设备采购、安装，直至调试竣工验收。

127

（一）业主方在设计阶段对项目管理的主要职责

1. 委托咨询设计单位进行工程设计，包括有关的勘测及专题研究工作；

2. 对咨询设计单位提出的设计方案进行审查、选择和确定；

3. 对咨询设计单位编制的招标文件进行审查和批准；

4. 选择在项目施工期实行施工管理的方式，选定监理公司等；

5. 采用招标或议标方式，进行项目施工前期的各项准备工作，如征地拆迁、进场道路修建、水和电的供应等。

（二）业主方在施工阶段对项目管理的主要职责

当一个工程开工之后，现场具体的监督和管理工作全部都交给工程师负责，但是业主也应指定业主代表，负责与工程师和承包商的联系，处理执行合同中的有关具体事宜。对一些重要问题，如工程的变更、支付、工期的延长等，均应由业主负责审批。

1. 将任命的业主代表和工程师以书面形式通知承包商，如系国际贷款项目，还应该通知贷款方；

2. 继续抓紧完成施工开始前未完成的工程用地征用手续以及移民等工作；

3. 批准承包商转让部分工程权益的申请，批准承包商提交的保险单和保险人；

4. 负责项目的融资以保证工程项目的顺利实施；

5. 在承包商有关手续齐备后，及时向承包商拨付有关款项。如工程预付款、设备和材料预付款、每月的月结算、最终结算等；

6. 及时签发工程变更命令（包括批准由工程师与承包商协商的有关变更的单价和总价）；

7. 批准经工程师研究后提出建议并上报的工程延期报告；

8. 负责为承包商开证明信，以便承包商为工程的进口材料、工程设备以及承包商的施工装备等办理海关、税收等有关手续；

9. 协助承包商（特别是外国承包商）解决生活物资供应、材料供应、运输等问题；

10. 对承包商的信函及时给予答复；

11. 负责编制并向上级及外资贷款单位报送财务年度用款计划、财务结算及各种统计报表等；

12. 负责组成验收委员会，进行整个工程或区段的初步验收和最终竣工验收，签发有关证书；

13. 解决合同中的纠纷，如需对合同条款进行必要的变动和修改，需要与承包商协商；

14. 如果承包商违约，业主有权终止合同并授权其他人去完成合同。

（三）业主方的索赔管理

业主要善于依靠工程师处理索赔，以防止和减少承包商的索赔。业主方的索赔管理应该延伸到项目的勘测设计、招投标和合同谈判与签订阶段，这一阶段工作中要有防范风险、减少承包商索赔机会的明确思路，做到防患于未然。

二、承包商的合同管理

（一）承包商的一般管理

在合同实施阶段，承包商的中心任务就是按照合同的要求，认真负责地、保证质量地按规定的工期完成工程并负责保修。具体到承包商一方的施工管理，又大体上分为两个方面：一方面是承包商施工现场机构内部的各项管理；另一方面是按合同要求组织项目实施的各项管理。

承包商施工现场机构内部的各项管理是指项目经理可以自己作出决定并进行管理的事宜，如现场组织机构的设置和管理；人力资源和其他资源的配置和调度；承包商内部的财务管理，包括成本核算管理；工程施工质量保证体系的确定和管理等。除非涉及执行合同事宜，业主和工程师不应也不宜干预这些内部管理，当然可以对承包商提出建议，但应由承包商作出决策。

承包商按合同要求组织项目实施有关的管理，这是承包商的合同管理：

1. 按时提交各类保证。如履约保函、预付款保函等。

2. 按时开工。根据工程师的开工令或合同条款规定的日期按时开工，否则会构成违约。

3. 提交施工进度实施计划。按合同的工作范围、技术规范和图纸要求，在开工后规定的时间内呈交施工进度实施计划，经工程师批准后，根据计划负责组织现场施工。每月的施工进度计划亦须事先报工程师批准。在工程师召开的例会上汇报工程进展情况及存在的问题，提出解决办法，经工程师同意后执行。如果工程师根据此施工进度实施计划进行检查后认为承包商的工程进度太慢，不符合施工期限要求时，工程师有权下令承包商赶工，由此引起的各种费用开支由承包商自己承担。如果承包商无视工程师的书面警告或不采取相应措施，业主可认为承包商违约。

4. 保证工程质量。检验工程质量的标准即合同中规范和图纸的规定，承包商应制定各种有效措施保证工程质量，并且在需要时，根据工程师的指示，提出有关质量检验办法的建议，经工程师批准后执行。

承包商应负责按工程进度及工艺要求进行各项有关现场及实验室的试验，所有试验结果均须报工程师审核批准，但承包商对试验结果的正确性负责。

承包商应负责施工放样及测量。所有测量原始数据、图纸均须经工程师检查并签字批准，但承包商应对测量数据和图纸的正确性负责。在订购材料之前，如工程师认为需要，应将材料样品送工程师审核，或将材料送工程师指定的实验室进行检验，检验结果报请工程师审核批准，对进场材料承包商应随时抽样检验质量。

承包商应按合同要求，负责设备的采购、检验、运输、验收、安装调试以及试运行。如果工程师认为材料或工程设备有缺陷或不符合合同规定时，可拒收并要求承包商采取措施纠正；工程师也有权要求将不合格的材料或设备运走并用合格产品替换，或要求将之拆除并适当地重新施工。如果承包商拒不执行这些要求，将构成违约。

5. 设计。承包商应根据合同规定或工程师的要求，进行全部（采用设计/建造与交钥匙合同时）或部分永久工程的设计或绘制施工图样，报工程师批准后实施，但承包商应对所设计的永久工程负责。如果工程按批准的设计图纸施工后暴露出设计中的问题，在工程师要求时，承包商应拆除并重新施工，否则会构成违约。

6. 协调、分包与联营体。如果承包商是工地中主要的承包商时，则应按合同规定和工程师的要求为其他承包商及分包商提供方便和服务，但可以收取相应的费用。按照合同规定，不得将整个工程分包出去，在开工后进行分包之前，一定要取得工程师（或业主代表）的同意，否则将构成违约。在签订分包合同时，承包商应将合同条件中规定的，要求在签订分包合同时写入的保护业主权益的条款包括在分包合同中，否则所造成的对业主权益的损害由承包商负责补偿。如果采用联营体形式承包工程，要写明联营体中各成员共同的责任和各自的责任。

7. 保险。承包商应按合同条件中的要求及时办理保险（包括对自己的工作人员和施工机械的保险），在工程条件发生变化（如延期、增加新项目等）时，也应及时去补办保险，以免造成意外的损失。

8. 安全。承包商应按合同要求和工程师批准的安全计划，全面负责工地的安全工作，包括安装各种安全设施、采取安全措施等。同时，要在移交证书颁发前保护工程、材料和未安装的工程设备。

9. 其他。根据工程师的要求，每月报送进出场机械设备的数量和型号、材料进场量和耗用量；按工程所在国有关主管单位（包括海关、项目所在地）、业主或工程师的要求，按时报送各类报表，办理各种手续。负责施工机械的维护、保养和检修，以保证工程施工正常进行。

（二）承包商的风险管理

国际工程承包是一项充满风险的事业。在国际承包市场上，承包商以报价的形式争取中标，拿到项目的过程竞争激烈。一个承包商，如果拿不到项目，就无利润可谈，如果仅仅拿到项目，但标价过低，或招标文件中有许多对承包商不利的条款，或投标时计算失误，或由于其他原因导致经营管理失败而亏损，久之则会导致承包商破产倒闭。所以，对每一个承包商来说，投标和经营管理的成败，也可以说是生死存亡之争。但国际工程市场对各国承包商仍然有着极大的吸引力，因为在国际工程承包中，风险和利润是并存的，没有脱离风险的纯利润，也不可能有无利润的纯风险。关键在于承包商能不能在投标和经营的过程中，善于识别、管理和控制风险。一般从理论上讲，业主方在编制招标文件时应努力做到风险合理分担，但实际上能做到这一点的业主很少。因此，承包商在中标承包后将承担大部分风险，风险管理的任务很重。

（三）承包商的索赔管理

承包商的索赔管理是一件十分重要的工作，它关系到承包商的经济效益、进度和质量管理，甚至项目的成败。一个承包商既面对业主方，又面对众多的分包商、供应商，彼此之间都有一个向对方索赔和研究处理对方要求索赔的问题，因而索赔管理从一开始就应列入重要议事日程，使全体管理人员都具有索赔意识。

三、工程师在合同管理中的地位与职责

工程师受业主聘用为其监督管理工程，他是业主和承包商合同之外的第三方，是独立的法人单位。在 FIDIC 的合同条件中，工程监理人员分为三个层次，即工程师、工程师代表及助理。

工程师对合同的监督管理与承包商在实施工程时的管理方法和要求都不一样。承包商是工程的具体实施者，他需要制定详细的施工进度和施工方法，研究人力、机械的配合和调度，安排各个部位施工的先后次序以及按照合同要求进行质量管理，以保证高速优质地完成工程项目。工程师则不必具体安排施工和研究如何保证质量的具体措施，而是宏观上控制施工进度，按承包商在开工时提交的施工进度计划以及月计划、周计划进行检查督促，对施工质量则是按照合同中技术规范和图纸的要求去进行检查验收。工程师可以向承包商提出建议，但并不对如何保证质量负责，是否采纳工程师提出的建议，由承包商自己决定，因为他要对工程质量和进度负责。对于成本问题，承包商要精心研究如何去降低成本，提高利润率；而工程师主要是按照合同规定，特别是工程量表的规定，严格为业主把住支付这一关，并且防止承包商的不合理的索赔要求，工程师的具体职责是在合同条件中规定的，如果业主要对工程师的某些职权做出限制，他应在合同专用条件中做出明确规定。

工程师的职责也可以概括为进行合同管理，负责进行工程的进度控制、质量控制、费用控制以及做好协调工作。具体的职责如下：

1. 协助业主与中标者谈判，商签承包合同。

2. 在工程合同实施过程中，按照合同要求，全面负责对工程的监督、管理和检查，协调现场各承包商之间的关系，负责对合同文件的解释和说明，处理矛盾，以确保合同的圆满执行。

3. 审批承包商申请的分包报告，并要求承包商在所订的分包合同中应包括合同条件中规定的保护业主利益的条件。分包商的工作应由承包商进行直接的管理，但工程师需监督承包商必须按照与业主签订的合同中的图纸、技术规程及合同条款的要求管理分包商。对质量等有关重要问题验收时，仍由工程师负责检查和验收。

4. 进度控制。监督检查承包商的施工进度，审查承包商的施工组织设计、施工方案和施工进度实施计划以及工程各阶段或各分部工程的进度实施计划，并监督实施，督促承包商按期或提前完成工程。按照合同条件主动处理工期延长问题，或接受承包商的申请，处理有关工期延长问题。审批承包商报送的各分部工程的施工方案、特殊技术措施和安全措施。必要时发出暂停施工命令和复工命令，并处理由此而引起的问题。

5. 帮助承包商正确理解设计意图，负责有关工程图纸的解释、变更和说明，发出图纸变更命令，提供新的补充的图纸，在现场解决施工期间出现的设计问题。根据合同要求承包商进行部分永久工程的设计或要求承包商提交施工详图时，工程师均应对其进行审核批准。处理因设计图纸供应不及时或修改引起的拖延工期及索赔等问题。负责提供原始基准点、基准线和参考标高，审核检查并批准承包商的测量放样结果。

6. 监督承包商认真贯彻执行合同中的技术规范、施工要求和图纸上的规定，以确保工程质量能满足合同要求。制定各类对承包商进行施工质量检查的补充规定，或审查、修改和批准由承包商提交的质量检查要求和规定，及时检查工程质量，特别是基础工程和隐蔽工程。指定试验单位或批准承包商申报的试验单位，检查批准承包商的各个实验室及现场试验成果。及时签发现场或其他有关试验的验收合格证书。

7. 严格检查材料、设备质量，批准、检查承包商的订货（包括厂家、货物样品、规格等），指定或批准材料检验单位，检查或抽查进场材料和设备（包括配件、半成品数量和质量）；

8. 费用控制。负责审核承包商提交的每月完成的工程量及相应的月结算财务报表，处理价格调整中有关问题并审核签署月支付证书，及时报业主审核、支付。

9. 处理好索赔。当承包商违约时，代表业主向承包商索赔，同时处理承包商提出的各类索赔。索赔问题均应与业主和承包商协商后，提出处理意见。如果业主或承包商中的任何一方对工程师的决定不满意，可以提交仲裁。

10. 人员考虑。承包商派去工地管理工程的项目经理，须经工程师批准。工程师有权考查承包商进场人员的素质，包括技术水平、工作能力、工作态度等。工程师有权随时要求撤换不称职的项目经理和不听从管理的工作人员。

11. 审核承包商关于设备、材料、施工机械进、出海关的报告，并及时催请业主发出办理海关手续的公函。

12. 工程师应记录施工日志，保存一份质量检查记录，以作为每月结算及日后查核的依据。

13. 核实竣工工程量，以便最终支付。参加竣工验收。

14. 签发合同条款规定的各类证书与报表。

15. 定期向业主提供工程情况报告（一般每月一次），并根据工地发生的实际情况及时向业主呈报工程变更报告，以便业主签发变更命令。

16. 协助调解业主和承包商之间的各种矛盾。当承包商或业主违约时，按合同条款的规定，处理各类问题。

17. 处理施工中的各种意外事件（如不可预见的自然灾害等）引起的问题。

第四节　工程项目合同的变更、解除和终止

一、工程项目合同的变更、解除

一定的法律事实，可能会导致项目合同发生变更。在项目合同变更时，当事人必须协商一致，这将会使合同的内容和标的发生变更。合同变更的法律后果是将产生新的权利和义务关系。

（一）项目合同变更的特征

项目合同的变更通常是指由于一定的法律事实而更改合同的内容和标的的法律行为。它具有如下主要特征：

1. 项目合同的双方当事人必须协商一致；

2. 改变合同的内容和标的；

3. 合同变更的法律后果是将产生新的债权和债务关系。

（二）项目合同解除的特征

项目合同的解除是指消灭既存的合同效力的法律行为，其主要特征有如下三点：

1. 项目合同的双方当事人必须协商一致；

2. 合同当事人应负合同解除前的义务和赔偿责任，必要时还应负恢复原状的义务；

3. 项目合同解除的法律后果是消灭原合同的效力。

合同的变更和解除，属于两种法律行为，但也有其共同之处，即都是经项目合同双方当事人协商一致，改变原合同的法律关系。其不同的地方是，前者产生新法律关系，后果是消灭原合同关系，而不是建立新的法律关系。

（三）合同变更或解除的条件

根据我国现行的法律，有关的合同法规以及经济生活与司法实践来看，一般必须具备下列条件才能变更和解除项目合同：

1. 双方当事人确实自愿协商同意，并且不因此损害国家利益和社会公共利益。

2. 由于不可抗力致使项目合同的全部义务不能履行。

3. 由于另一方在合同约定的期限内没有履行合同，且在被允许的推迟履行的合理期限内仍未履行。

4. 由于项目合同当事人的一方违反合同，以致严重影响订立项目合同时所期望实现的目的或致使项目合同的履行成为不必要。

5. 项目合同约定的解除合同的条件已经出现。

当项目合同的一方当事人要求变更、解除项目合同时，应当及时通知另一方当事人。因变更或解除项目合同使一方当事人遭受损失的，除依法可以免除的责任之外，应由责任方负责赔偿。当事人一方发生合并、分立时，由变更后的当事人承担或者分别承担项目合同的义务，并享受相应的权利。

（四）项目合同变更或解除的程序

项目合同的变更或解除需要一定的程序。根据我国目前的有关法规和司法实践，其程序一般为：

1. 当事人一方要求变更或解除项目合同时，应当事先向另一方用书面的形式提出。

2. 另一方当事人在接到有关变更或解除项目合同的建议后，应及时作出书面答复，如同意，则项目合同的变更或解除发生法律效力。

实际上，以上两点同合同订立的程序基本相同，即一方提出要约，另一方作出承诺或接受，其区别在于合同的变更和解除，是在原合同的基础上进行的。

3. 变更和解除项目合同的建议与答复，必须在双方协议的期限之内或者在法律或法令规定的期限之内。

4. 项目合同的变更和解除如涉及国家指令性工程项目，必须在变更或解除项目合同之前报请有关主管部门批准。

5. 因变更和解除项目合同发生的纠纷依双方约定的解决方式或法定的解决方式处理。

除由于不可抗力致使项目合同的全部义务不能履行或者由于项目合同的另一方当事人违反合同以致严重影响订立合同所期望实现目的的情况之外，在协议尚未达成之前，原项目合同仍然有效。任何一方不得以变更或解除为借口而逃避责任和义务，否则仍要承担法律上的后果。

（五）项目合同的违约责任

违反合同必须负赔偿责任，合同关系是一种法律关系，合同依法成立之时，即具有法律上的约束力。因此，当项目合同的一方当事人不履行项目合同时，另一方当事人有权请求他方履行合同，并支付违约金或者赔偿损失。支付违约金或者赔偿损失，是对不履行合同的一方的一种法律制裁。如果项目合同的一方当事人不履行合同，合同的另一方当事人可向仲裁机关和人民法院提出申请和起诉，要求在必要时采取强制措施，强制其履行合同和赔偿损失。

追究不履行合同行为，须具备以下条件：

1. 要有不履行合同的行为，当事人一方不履行或不适当履行既定的义务都是一种不履行合同的行为。

2. 要有不履行合同的过错。过错是指不履行合同一方的主观心理状态，包括故意和过失。故意和过失是承担法律责任的一个必要条件。法律只对故意和过失给予制裁，因此，故意和过失是行为人，即不履行或不适当履行项目合同的当事人承担法律责任的主观条件。根据过错原则，违反合同的不管是谁，合同的一方当事人也好，合同双方当事人也好，或者合同以外的第三方都必须承担赔偿责任。

3. 要有不履行合同造成损失的事实。不履行或不适当履行项目合同必然会给项目合同的另一方当事人造成一定的经济损失。一般来说，经济损失包括直接的经济损失和间接的经济损失，而间接损失在实际的经济生活中很难计算，多不采用。但是，法律、法令另有规定或项目双方当事人另有约定的例外。

法律只要求行为人对其故意和过失行为造成不履行项目合同负赔偿责任。对于无法预知防止的事故致使合同不能履行时，则不能要求合同当事人承担责任，所以在下列情况下，可以免除合同当事人不履行项目合同的赔偿责任：

（1）合同当事人不履行或不适当履行，是由于当事人无法预知或防止的事故所造成时，可免除赔偿责任，这种事由在法律上称为不可抗力，即个人或法人无法抗拒的力量。

（2）法律规定和合同约定有免责条件，当发生这些条件时，可不承担责任。

（3）由于一方的故意和过失造成不能履行合同，另一方不仅可以免除责任，而且还有权要求赔偿损失。

二、工程项目合同的终止

项目当事人双方按照合同的规定履行其全部义务后，项目合同即告终止。合同签订以后，因一方的法律事实的出现而终止合同关系，叫合同的终止。合同签订以后，是不允许随意终止的，根据我国的现行法律和有关司法实践，合同的法律关系可由于以下原因而终止：

1. 合同因履行而终止。合同的履行，就意味着合同规定的义务已经完成，权利已经实现，因而合同的法律关系自行消灭。所以，履行是实现合同、终止合同法律关系的最基本方法，也是项目合同终止的最通常的原因。

2. 合同因行政关系而终止。项目合同的双方当事人根据国家计划或行政指令而建立的合同关系，可因国家计划的变更或行政指令的取消而终止。

3. 合同因不可抗力的原因而终止。项目合同由于某种不可抗力的原因而致使合同义务不能履行的，应当终止合同。

4. 当事人双方混同一人而终止。法律上对权利人和义务人合为同一人的现象称为混同。既然要发生项目合同当事人合并为一人的情况，那么原来的合同已无履行的必要或已不需要依靠这种契约关系而维系项目的实施，因而项目合同自行终止。

5. 合同因双方当事人协商同意而终止。项目合同的当事人双方可以通过协议来变更和终止合同关系，所以通过双方当事人协议而解除合同关系或者免除义务人的义务，也是终止项目合同的一种方法。

6. 仲裁机构或者法院判决终止合同。当项目合同的一方当事人不履行，或不适当履行合同，另一方当事人可以通过仲裁机构或法院进行裁决以终止合同。

第五节　工程项目合同纠纷的解决方式

一、合同的不履行和违约处理

（一）合同的不履行

在某种情况下，合同当事人一方或双方认为不能或不应该履行合同，称为合同的不履行。当一方对合同不履行时，一般应承担法律责任；另一方有权要求其支付违约金，如有损失还可要求赔偿。工程承包合同的不履行有三种情况：

1. 全部不履行

指当事人完全没有履行自己的义务。一般合同规定凡出现下述情况，应允许变更或撤销合同，双方均不承担违约责任。它们是：

（1）签约后由于政府颁布的法令使一方不能履约；

（2）政府撤销合同项目；

（3）因自然灾害和不可抗拒原因无法执行合同。

2. 部分不履行

指履行合同过程中在某些方面出现不符合合同要求的情况，例如承包商完成的部分工程项目质量低劣。这种部分不履行也要承担违约责任和相应的赔偿。

3. 到期不履行

指当事人不能按时履行合同，例如业主不按时付款或不按时验收已完工程；承包商未按规定的进度及时完成项目等。到期不履行一方应承担违约责任。

若当事人一方有理由认为对方可能不履约时，有权要求对方在一定时间内作出履约保证，否则可视为违约。

（二）违约的处理方式

1. 违约罚款

违约罚款（Default Fines）一般有两种：一种是具有惩罚性质的罚款金，是对违约一方的制裁；另一种是作为预定损失赔偿的违约款。一般来说，违约罚款的支付并不免除违约人继续履行合同和完成工程的义务。例如承包商延误工期既要支付罚款，又要继续完成工程。

2. 损害赔偿

构成损害（Damage）赔偿责任成立的条件有：

（1）必须有损害的事实；

（2）必须是因承包人过失而导致损害行为的发生；

（3）损害发生的原因与损害之间必须是因果关系。损害包括建筑物、设备、财产的损坏或造成的损失及人身伤害等。赔偿的方式可以是赔偿金或对损坏物的修复。

3. 取消合同

即当一方不履行合同时，另一方有权根据规定的条件要求取消合同以及违约方赔偿损失。

（三）违约责任的认定

合同的当事人应按合同规定完成自己应承担的义务。但是当事的一方如果不能履行其所应承担的任何一项义务，而且又不能证明自己未履行合同的责任不在于己，则可认为他应承担违约责任。

在确定违约责任时，重要的是要对于发生未履行合同的原因及来源的确认。工程项目承包中常发生争执，以承包商延误工期的纠纷为例，按不同情况说明。

1. 承包商不能按期完成工程，如果不是承包商无法控制的原因造成的，则他应承担违约责任，负责赔偿。

2. 若延误工期的原因属于业主一方（如未及时提供施工场地或未及时验收而影响后继工程等），则承包商不承担延误责任并有权向业主索取赔偿（时间或金钱）。

3. 若延误工期的原因属于特殊风险（在合同中应明确规定，例如战争、核污染等），则承包商不承担责任，并有权要求得到补偿（工期或对受损坏工程的修复费）。

4. 若不属于上述原因，承包商不承担责任，有权要求延长工期，但无权要求赔偿费用。

二、合同纠纷发生的原因和解决方式

（一）合同纠纷发生的原因

在合同履行过程中，合同双方发生纠纷不可避免，这些纠纷的事项可能是各种各样的，例如：因工期索赔或经济索赔而发生争执；因中途停止施工而追究责任归属而发生争执；因对承包商提供的材料、设备的性能、质量估价不同而发生争执；因终止合同而追究责任争执等。除了业主和承包商的纠纷以外，还经常发生承包商同监理工程师之间的争端。例如：承包商对监理工程师的决定或意见表示反对，对监理工程师关于合同双方的争端的建议不能接受，对监理工程师确定的新单价不能同意等。但争端发生的根源，在于工程承包业务存在的客观缺陷和多变因素，主要可归纳如下：

1. 合同双方的权利和地位不平等

由于"买方市场"的原则，业主在合同的制定和实施过程中处于主导地位，往往把承包商约束得很死，要求他承担过多的风险，稍有不慎，就会亏损。

2. 对合同文件的理解双方不相同

由于对合同条款的解释不同，合同双方经常会发生分歧，而合同的解释权总是属于监理工程师，实际上是业主一方。不合理的解释合同必然引起承包商的权益遭受损失。

3. 业主付款的拖期

这是合同争端中最常见的，在工程项目实施中，尤其是国际工程项目中，业主按时付款是少见的，大多数是寻求借口拖数月不付，特别是发展中国家自筹资金的项目。业主对承包商的扣款，往往自作主张，从承包商的每月进度款中扣除。

4. 施工条件的变化多端

土建工程，尤其是大型水利枢纽、煤矿枢纽工程，施工条件涉及天文地理，经常遭受难以预测的天灾和人祸，无论是施工现场的自然条件的重大变化，或工程所在国的任何重大社会条件变化，都会对工程的施工造成严重障碍，引起合同双方的争端。有时，施工条件的变化，引起设计上的重大修改，提出大量的工程变更指令，影响到工期和造价的变化，亦易引起纠纷。

（二）合同纠纷的解决途径和方式

合同争端的解决途径如图 6-1 所示。

在 FIDIC《合同条款》中，仲裁（arbitration）是解决合同纠纷的最后一个手段。当合同双方的纠纷经过监理工程师的决定、双方协商和中间人调解等办法，仍不能得到解决时，提请仲裁不失为最后一个解决途径。

解决合同纠纷的最终途径，除通过仲裁机关以外，还有法律诉讼裁决。不过，在国际通用的 FIDIC《合同条款》中，只有提出和解（67.2 条）和仲裁（67.3 条）两个途径和方法，没有关于法律诉讼的条款规定。可见，国际范围内的合同争端解决途径，已归一为通过仲裁机关裁决。

有时，合同某一方对仲裁庭（仲裁委员会）的裁决不服，拒不执行仲裁的决定，而使合同纠纷仍不能获得最终解决。这时，进一步的办法是诉诸该承包合同中涉及的工程所在国的法律来裁决。这时，仲裁胜诉的一方向工程所在国法院提出法律诉讼，控告败诉一方拒不执行仲裁的决定，要求法院再裁决。事实上，合同争端发展到如此程度者非常罕见，仅有个别实例。在这种情况下，大多数的法院裁决仍是维护仲裁庭裁决，以法律手段强制败诉方执行仲裁决定。因此，通常解决工程项目合同纠纷主要有四种方式，即协商解决、调解解决、仲裁解决和诉讼解决。

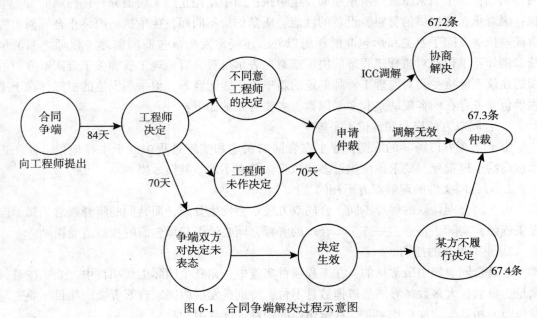

图 6-1 合同争端解决过程示意图

1. 协商

协商是指双方当事人进行磋商，在相互谅解的基础上，为了促进双方的关系，为了今后双方之间的业务继续往来与发展，相互都怀有诚意做出一些有利于实际解决纠纷的让步，并在彼此都认为可以接受的基础上达成和解协议。

目前，许多不同类型的合同中，有关纠纷解决条款大都写明了类似"凡由于执行本项目合同所引起的或与合同有关的一切争议和纠纷，双方当事人都应首先通过友好协商解决"这样的条款。在通常情况下，项目合同的双方当事人遇到争议和纠纷时，一般都愿意先进行协商，这样既可以不影响双方的和气和以后业务的正常往来，又可以在做出一定让步的基础上换取项目合同的正常履行。特别是在项目合同的执行中，即项目的实施过程中，这种解决方式比较普遍。

协商解决的优点在于，不必经过仲裁机构或司法程序，省去仲裁和诉讼所浪费的时间和金钱，气氛一般比较友好，而且双方协商的灵活性较大，更重要的是协商解决给双方留下的余地较大。

当然，在履行项目合同中如发生争议和纠纷，也不能因为为了获得协商的解决而一味让步，让步必须是有原则的让步。在通常情况下，仅靠这种通过友好协商解决的良好愿望是不够的。如果争议纠纷涉及的金额较大，双方都不愿意或不可能作太大的让步；或者一方的故意毁约，没有协商的诚意；或者经过反复的磋商，双方仍相持不下，无法达成协议等，这样就必须通过必要的法律程序来解决了。

2. 调解

调解是由第三者从中调停，促进双方当事人和解。调解可以在交付仲裁和诉讼前进行，也可以在仲裁和诉讼过程中进行。通过调解达成和解后，即不可再求助于仲裁和诉讼。

实践证明，很多纠纷案件，经过双方协商，或者第三者的调解是可以得到解决的。调解的过程，是查清事实、分清是非的过程，也是协调双方关系，更好地履行合同的过程。

在对双方当事人进行调解时，应尽可能促使双方当事人在自愿的基础上达成和解协议。调解时，要弄清楚纠纷的原因、双方争执的焦点和各自应负的责任，要客观、细致、实事求是地做好当事人的思想工作。调解必须双方自愿，不得强迫。达成协议的内容不得违背国家的法律、法令和方针政策。调解达成的协议，应写明当事人争议的内容与事实，当事人达成协议的内容。

调解不能达成协议的，或者达成协议后又反悔的，则须通过仲裁机关或诉讼解决。

3. 仲裁

仲裁是指双方当事人把纠纷提交仲裁机构，由其依照一定的程序做出判决或裁决。仲裁是一种措施，是维护合同法律效力的必要手段。

依照有关合同法规和有关规定，进行仲裁的基本做法一是申诉人必须在其权利受到侵害之日起 1 年内，以书面形式向仲裁机关提出申请书，具体写明合同纠纷及其主要问题，提出自己的要求，同时附有原合同和有关材料的正本或者复制本；二是仲裁机关在接到申请书后，先审查申诉手续是否完备，如不符要求，可通知申诉人补交材料或者不予受理；三是案件受理后，由仲裁机关将申诉副本转交受诉人，并限期提出答辩，提供有关材料；四是仲裁机关应对受理的案件组织调查，取得有关的人证、物证；五是在弄清事实的基础上，进行调解，调解不成时，根据有关法律、法令和政策，作出裁决，并制作裁决书；六是一方或双方当事人反悔的，必须在收到仲裁决定书之日起 15 天内，向法院起诉。已发生效力的裁决，由仲裁机关督促执行，并在当事人拒绝执行时，通知开户银行划拨贷款或赔偿金。这里需说明的是，仲裁不是起诉的必需程序，当事人不愿仲裁或对仲裁裁决不服，可以向法院提出诉讼。

4. 诉讼

项目合同当事人因合同纠纷在通过其他方式都无法解决时，可以向法院提起诉讼。根据合同的特殊情况，还可能必须由专门的法院对一些合同纠纷案件进行审理，如铁路运输法院、水上运输法院、森林法院以及海事法院等。

当事人一方在提起诉讼前必须充分做好诉讼准备，收集各类证据，进行必要的取证工作。在向法院提交起诉状时应准备下列文件或证词以及有关凭证：起诉状、合同文件以及附件、营业执照、法定代表人、委托人员授权证书、合同双方当事人往来的财务凭证、合同双方当事人往来的信函、电报等。

合同纠纷的一方当事人在诉讼之前还应注意到管辖问题，也就是向哪一级法院、哪一个地方法院提出诉讼的问题。

一方当事人在面临合同纠纷时，都应注意诉讼时效问题。即使暂时无意以诉讼手段来解决纠纷，也应采取各种有效手段使诉讼时效得以延长。

第六节　工程项目合同的索赔

一、工程项目索赔的概念

索赔是当事人在合同实施过程中，根据法律、合同规定及惯例，对并非由于自己的过错，而是属于应由合同对方承担责任的情况造成且实际已造成了损失，向对方提出给予补偿或赔偿的权利要求。

项目索赔是法律和合同赋予当事人的正当权利。工程项目合同当事人应当树立起索赔意识，重视索赔、善于索赔。索赔的含义一般包括以下三个方面：

1. 一方违约使另一方蒙受损失，受损方向对方提出赔偿损失的要求；

2. 发生了应由业主承担责任的特殊风险事件或遇到了不利的自然条件等情况，使承包商蒙受了较大损失而向业主提出补偿损失的要求；

3. 承包商本来应当获得的正当利益，由于没能及时得到监理工程师确认业主应给予的支付，而以正式函件的方式向业主索要。

索赔的性质属于经济补偿行为，而不是惩罚。索赔的损失结果与被索赔人的行为并不一定存在法律上的因果关系。索赔工作是承发包双方之间经常发生的管理业务，是双方合作的方式，而不是对立。

二、索赔与变更的关系

有时变更（设计等的变更）会发生索赔，但变更并不必然带来索赔。索赔与变更是既有相同点也有区别的两个概念。

1. 索赔与变更的相同点

对索赔和变更的处理都是由于承包商完成了工程量表中没有规定的工作，或者在施工过程中发生了意外事件，由业主按照合同的有关规定给予承包商一定的费用补偿或者批准顺延工期。

2. 索赔与变更的区别

变更是业主或者监理工程师提出变更要求（指令）后，主动与承包商协商确定一个补偿额付给承包商；而索赔则是承包商根据法律和合同的规定，对认为他有权得到的权益主动向业主提出要求。

三、项目索赔的起因

1. 业主违约

（1）业主未按合同规定交付施工场地；

（2）业主交付的施工场地没有完全具备施工条件；

（3）业主未保证施工所用水电及通讯的需要；

（4）业主未保证施工期间运输的畅通；

（5）业主未及时办理施工所需各种证件；

（6）业主未及时交付水准点与坐标控制点；

（7）业主未及时进行图纸会审及设计交底；

（8）业主没有协调好工地周围建筑物等的保护；

（9）业主没有提供应提供的材料设备；

（10）业主拖延合同规定的责任；

（11）业主未按合同规定支付工程款；

（12）业主要求赶工等。

2. 甲方代表（监理工程师）的不当行为

（1）甲方代表（监理工程师）委派人员未提前通知承包商；

（2）甲方代表（监理工程师）发出的指令、通知有误；

（3）甲方代表（监理工程师）未及时提供指令批准的图纸等；

（4）甲方代表（监理工程师）对承包商的项目组织进行不合理的干预等。

3. 合同文件的缺陷

合同文件由于在起草时的不慎，可能本身就存在缺陷，这种缺陷也可能存在于技术规范和图纸中。由于此类缺陷给承包商造成费用增加、工期延长的结果，承包商有权提出索赔。

4. 合同变更

合同变更的表现形式非常多，如设计变更、追加或取消某些工作、项目方法变更、合同规定的其他变更等。

5. 施工条件变化

工程项目施工与地质条件密切相关，如地下水、断层、溶洞、地下文物遗址等。这些施工条件的变化即使是有经验的承包商也无法事前预料。因此，施工条件的异常变化必然会引起施工索赔。

6. 不可抗力事件

不可抗力事件是指当事人在订立合同时不能预见，对其发生的后果不能避免也不能克服的事件。不可抗力事件的风险承担应当在合同中约定，承担方可以向保险公司投保。在很多情况下，由于不可抗力事件给承包商造成的损失应由业主承担。

四、索赔与反索赔

（一）索赔

索赔发生在实施承包合同的过程中。如果根据它发生的原因划分，则索赔的名称甚多，如：工程量变化索赔、施工条件变化索赔、设备窝工索赔、设计变更索赔等。在工程项目实施中，一般根据索赔的目的将索赔分成两类：

1. 工期索赔

由于业主方面的原因导致拖后竣工日期，这种要求简称为工期索赔。

在一般的合同条款中都列有延长工期的条款，并具体指出在哪些情况下承包商有权要求延长工期。这不仅对承包商是必要的，对业主也是有利的。否则，如果由于业主或监理工程量的任何疏忽，如晚交施工图纸、没有及时提出施工指令等，都会被承包商用以作为无限拖延工期的借口，会使合同规定的竣工日期一拖再拖。

在工程项目实践中，根据具体情况，可将工期拖延分为可原谅的和不可原谅的两大类，作为是否应给承包商延长工期的前提。进一步地，将可原谅的拖期分成两种：可原谅并应补偿的拖期，可原谅但不应补偿的拖期。现分别简述如下：

（1）可原谅的拖期

凡不是由于承包商一方的原因而引起的工程拖期，都属于可原谅的拖期。因此，业主及监理工程师应该给承包商延长施工时间，即满足其工期索赔的要求。

可原谅拖期的原因很多，如异常的天气、罢工、人力不可抗拒的天灾、业主改变设计、业主未及时提供施工进场道路、地质条件恶劣、施工顺序改变等。

确定某项拖期是否属于可原谅的拖期，还有一个条件，就是该项工作是否在施工进度的关键路线下。因为只有处于关键路线上的关键施工项目的拖期，才能直接导致原定的竣工日期拖后。如果拖后的工作项目不在关键路线上，则不会影响竣工日期，即不给予工期索赔。但是往往有这样的情况，某项工作开始时不在关键路线上，但由于它的一再拖期后，会影响到其他工作项目的进度，而使这项工作处于关键性的部位了。因此，对每项承包工程的施工，尤其是工种繁多的大型工程，都应制定施工进度表，并用横道图、关键路线网络或其他醒目的进度图表显示，以便于经常跟踪关键路线。

（2）可原谅并应给予补偿的拖期

这种拖期的原因纯属业主造成。如业主没有按时提供施工进场道路、场地、测量网点，或应由业主提供的设备和材料到货晚了等。在这些情况下，业主不仅应满足承包商的工期索赔要求，而且应支付承包商合理的经济索赔要求。

（3）可原谅但不给予补偿的拖期

这种拖期的责任不在承包合同的任何一方，纯属自然灾难，如人力不可抗拒的天灾、流行性传染病等。一般规定，对这种拖期，业主只给承包商延长工期，不予以经济赔偿。但在有的合同中，将这类拖期原因命名为"特别风险"，并规定对这种风险造成的损失，业主应给承包商补偿。

（4）不可原谅的拖期

这是指由于承包商的原因而引起的工期延误，如施工组织协调不好、人力不足、设备晚进场（指规定由承包商提供的设备）、劳动生产率低、工程质量不符合施工规程的要求而造成返工等。

出现不可原谅的拖期时，承包商非但不能有工期索赔和经济索赔的权利，反而要向业主赔偿"违约罚款"。有时当业主发现不可原谅的拖期时，或向承包商下达加快施工的命令，或干脆决定终止合同。这时，加快施工或终止合同所造成的一切经济损失均应由承包商负担。

2. 经济索赔

承包商要求业主支付增加的开支或亏损，弥补承包商的经济损失，这种要求简称为"经济索赔"。

但在具体实践中，大多数情况是承包商既要求工期索赔，又要求经济索赔。在这种情况下，两种索赔要独立地提出，要报送两个各自独立的索赔报告文件；切忌在一个索赔报告中既要求延长工期，又要求支付附加费用索赔，这样的索赔报告不符合承包索赔的惯例。

经济索赔是承包商由于施工客观条件改变而增加了自己开支时，向业主和监理工程师要求补偿自己的额外开支。

经济索赔可进一步分为三类：

（1）合同规定的索赔

凡是在合同条文中有明文规定的索赔项目，如工程量增加、承包商因业主的原因造成开支亏损等，都属于这一类。因此，对于不会有太大争议的经济索赔项目，一般由监理工程师按合同的规定可评出应索赔的金额。

（2）非合同规定索赔

这类索赔项目一般在合同条文上没有明文规定，但从合同含义中可以找出索赔的根据。如业主或监理工程师违反合同时，承包商有权提出经济索赔。

（3）道义索赔或称"通融的"索赔

非合同规定索赔和道义索赔两类经济索赔，一般均由业主决定，监理工程师无权决定。

（二）反索赔

承包人要求索赔在工程承包实践中是经常发生的事，而合同的另一方业主亦经常用反索赔的措施维护自己的利益。业主往往针对承包商在实施合同过程的缺陷，向承包商提出反索赔，即业主对承包商的索赔要求。其目的是一方面以反索赔来制约承包商提出的索赔；另一方面抓住承包商在施工过程中的缺陷，尤其是不符合合同要求的地方，向承包商提出索赔，以减少向承包商支付索赔的款项。

反索赔即业主向承包商提出索赔，一般分为两类：

1. 工期拖期索赔

如果工程拖期的责任在承包商一方，例如开工拖后、设备材料晚进场、人力不足、施工组织不善等，则业主有权向承包商提出索赔。

在一般合同文件中，列有拖期罚款的条款，并明确规定拖期一天的罚款额。这种罚款额相当大，很可能大于业主受到的实际损失。业主正是利用这一条款，使承包商按期完成工程，以满足按计划投入使用的目的。

2. 施工缺陷索赔

这主要针对承包商在施工中的缺陷，如工程质量不符合施工技术规程的规定，从而导致业主承受经济损失，因此向承包商提出索赔。

业主对工程缺陷提出经济索赔要求时，往往不仅是提出由于工程缺陷所产生的直接损失，也同时提出由此而带来的其他间接的经济损失。例如：由于承包商在施工时偷工减料、未按技术规程施工，使屋顶漏水。业主可以提出修复屋顶所发生的直接费用索赔，也可提出被淋坏家具的修理费、推迟出租损失等间接费用的索赔。

五、索赔依据

承包人提出索赔要求时，无论是工期索赔还是经济索赔，必须同时提供有关索赔事项的证明资料作为要求索赔的证据，来论证自己提出索赔的原因。

证据对索赔工作具有决定性的作用，单纯的一个文字叙述报告和亏损表，没有必需的证据，是肯定无效的。在施工过程中应始终做好资料积累工作，建立完善的资料记录制度，认真系统地积累施工进度、质量及财务收支等资料。对于要发生索赔的一些工作项目，从开始施工时正式发函提出索赔要求起，就要有目的地收集证据资料，系统拍照工地现场，妥善保管开支收据，有意识地为索赔文件积累所需的证据。

在工程索赔工作中，一般需要以下几个方面的资料：

1. 招标文件

招标文件是承包商投标报价的依据，是工程项目合同文件的基础。招标文件中的通用条件、专用条件、施工技术规程、工程量表、工程范围说明、现场水文地质资料等文件，都是工程成本的基础资料。

2. 投标书

投标书是承包商依据招标文件进行工地现场勘察后编制的报价文件，是通过竞争中标的依据。在投标报价文件中，承包商对主要工种的施工单价进行分析计算，对主要工程量的工效和施工强度进行了分析，对施工所需的设备和材料提供了数量和价格，对施工过程中各阶段所需的资金提出要求等。这些文件在中标及施工协议书签订后，成为正式合同文件的组成部分。

3. 施工协议书及其附属文件

施工协议书是合同双方正式进入合同关系的标志。在签订合同协议书之前，合同双方对于中标价格、施工计划、合同条件等问题的讨论纪要文件，也是工程项目合同文件的重要组成部分。如果会议纪要文件中，对招投标文件的某些合同条款做出了修改或解释，则修改纪要是索赔报价的依据。

4. 来往信件

在合同实施期间，合同双方有大量的往来信件。这些信件都具有与合同文件同等的效力，是结算和索赔的依据，如工程师的工程变更指令、口头变更确认书等。

5. 会议记录

在工程项目从招标到建成移交整个期间，合同双方要通过很多会议，讨论解决合同实施中的问题。施工和索赔中的许多重大问题，都是通过会议反复协商讨论后决定的。

6. 施工记录

施工记录方面的证据包括：施工日志、施工检查员的报告、逐月分项施工纪要、施工工长的日报、每日工时记录、同监理工程师或业主的电话记录、投标时的施工进度计划、修正后的施工进度计划、施工质量检查记录、施工设备使用记录、施工材料使用记录。

7. 财务记录

财务记录方面的证据包括：施工进度款支付申请表，工人劳动计时卡，工人分布记录，工人工资单，材料、设备、配件等的采购单，付款收据，收款单据，标书中财务部分的章节，工地的施工预算，工地开支报告，会计日报表，会计总账，批准的财务报告，会计来往信件及文件，通用货币汇率变化表。

8. 现场气象记录

水文气象条件对土建工程施工的影响很大，它经常引起工程施工的中断或工效降低，有时甚至造成施工项目的损失。许多工期拖延索赔与气象条件有关。

9. 市场信息资料

大中型土建工程施工期较长，对市场变动等报道资料应系统收集整理。这些资料对工程报价的调价计算和索赔必不可少。

10. 政策法令文件

工程合同条件是以国家法律为前提的。国家的法令对工程结算和索赔具有决定性的意义。

所有的索赔证据资料，按一般程序应该作为索赔报告的附件，一并报送给监理工程师。在具体的施工过程中，往往由于测算、整理、印刷照片、等待证据资料而超过报出索赔报告的规定期限。因为按一般合同条款的规定，索赔报告应在发生索赔事项后 28 天以内报出，否则，承包商将失去索赔的权利。因此，承包商应按规定在每月报送工程结算款的同时，向监理工程师报送额外工程或其他任何超出标书范围的工程开支的索赔报告，如果来不及现时报出全部所需的证据资料时，可以向监理工程师申明将尽快报出。这样就可保留自己要求索赔的权利，并在监理工程师同意的期限内再补充报上全部的索赔证据资料，把应该履行的手续办理齐全。

六、项目索赔的程序

1. 有正当的索赔理由

从工程项目对索赔管理的角度看，应当积极寻找索赔机会。所谓有正当的索赔理由，必须具有索赔发生时的有关证据，因为索赔的进行主要是靠证据说话。因此，对索赔的管理必须从宏观的角度上与工程建设管理有机结合起来。

2. 发出索赔通知

索赔事件发生后，在规定的时间范围内，承包商应向业主发出索赔通知。

因此，承包商在索赔事件发生后，应立即着手准备索赔通知。索赔通知是合同管理人员在其他管理职能人员配合和协调下起草。索赔通知应当包括承包商的索赔要求和支持这个要求的有关证据。证据应当详细全面，但不能因为证据的收集而影响索赔通知的按时发出，因为通知发出后，承包商还有补充证据的机会。

3. 索赔的批准

业主在接到索赔通知后在规定的时间范围内或给予批准，或要求承包商进一步补充索赔理由和证据。业主在规定的时间内未予答复，应视为该项索赔已经批准。

在这一步骤中，业主或者监理工程师应抓紧时间对索赔通知（特别是有关证据）进行分析，并提出意见。特别需要注意的是，应当在合同规定的期限内对索赔给予答复。

七、经济索赔的计算方法

为了使索赔计价工作准确而全面，提出的索赔金额有说服力，需要在每项工程开始施工的时候就建立起完善的"工程成本系统"。

在要求索赔时，首要的一件工作便是分析哪些开支是可以索赔的，现分述如下：

1. 人工费

在索赔款额中，人工费一般占较大比重。它不仅包括直接增加的工人人数和工作时数，还应包括由于业主干扰或打乱原施工计划引起的工作效率降低造成的损失。此外，承包人按规定向政府交纳的工资税金，以及向工人组织交纳的费用等，都是应索赔的款项。

2. 设备费

计算设备索赔的依据是统计计算出所增加的设备运转小时数，它既包括了原有设备比预定计划所增加的工作小时数，又包括了新增设备所发生的一切费用，即采购费、运输费及运行维修费等。

3. 材料费

由于业主和监理工程师指令增加工程量，或修改工程内容，使工程所需用的建筑材料增加，由此发生的费用理应得到补偿。至于新材料的数量则比较容易，只要把原来的（投标书中）材料数量同实际使用的材料单据加以比较，即可准确地计算出来。

4. 分包费

对于大型承包工程，采取专业分包是广泛而有效的办法。所以，总承包人的索赔工作往往涉及分包人所承担的工程部分，索赔项中也包括了分包工程的索赔款额。但在具体计算分包工程费增加款额外负担时，除了业主方面的原因外，往往也与总承包人的协调配合有关。这时，应该具体分析，把对业主和对总承包人索赔要求分开来。对业主索赔要求，可由总承包人纳入索赔项目中，一并提交业主和监理工程师；对总承包人的索赔要求，则应由总承包人同分包人协商解决。

5. 保证金

在承包施工的工程量大幅度增减时，承包人保证金支付金额亦应做相应调整。当业主决定取消部分工程导致合同总额减少时，承包人应得到上述保证金的折减，折减额按合同额减少的比例计算。如果工程量不变而工期延长时，承包人支付的保证金期限延长，增加的相应的保函费用和贷款利息等项费用应由业主予以补偿。

6. 保险费

在一切工程承包合同的实施过程中，均要发生保险费。当实施过程中业主要求增加工程项目时，尤其是由于增加工程量而给承包人延长工期时，承包人必须办理新增工程的各项保险，并办理已购保险的延期手续，增加了保险的开支。在这种情况下，新增的各种保险费，承包人有权向业主提出补偿。

7. 利息

对于新增工程和施工延期情况下承包人增加的利息开支，应该得到补偿。至于利息的索赔款额，它是根据本金、贷款种类和利率以及发生利息的时间计算的。下列是几项利息的索赔：

（1）业主推迟支付工程进度款；

（2）业主推迟退还保留金；

（3）承包人借款完成新增工程和延长施工期所发生的利息。

8. 利润

承包人在编报索赔款的同时，也可以列入所得款的利润。但是，由于人们对索赔的分析理解的不同，这一问题一般不易解决。如果按"工程变更"的合同条款对待，则按合同规定，利润可包括在索赔金额中；如属"停止施工"，则一般不补偿利润款。具体的解决方式因合同形式、业主的态度或各地的法规的不同，变化甚大。一般情况下，承包利润均混入管理费中，可不单列。

9. 工地管理费

一般地说，工地管理费包括：营地费、水电费、通讯费、办公费、工地管理员工的工资、保险费等。

工地管理费的索赔金额，等于工地管理费率乘以索赔直接费金额。

10. 公司管理费

公司管理费指承包人向其公司总部上缴的管理费，包括房租、固定资产折旧、电讯、采暖、水电、人员工资及福利开支、税金、保险等费用。

小　结

工程项目合同从谈判到签订分为三个阶段。在初步接洽阶段，合同的当事方就感兴趣的事项进行协商；在实质性谈判阶段，当事方就合同的主要条款进行具体的商谈；在最后的签约阶段，当事方达成协议，并用合同的形式来约束当事人对工程项目的行为。合同谈判的技巧和应注意的问题在合同谈判过程中起着十分重要的作用。

工程项目合同的履行是指合同的当事人根据项目合同的规定，在适当的时间、地点，以适当的方式全面完成自己所承担的责任和义务的过程。严格履行项目合同是双方当事人的义务，这样才能完成既定的项目目标。项目合同的履行又可分为实际履行和适当履行两种形式。

工程项目合同的变更、解除和终止是由于一定的法律事实而改变、解除或终止合同的内容、标的的法律行为。合同的变更、解除和终止的法律后果是将产生新的权利和义务关系。

违反合同必须负赔偿责任，这是合同法中规定的一项重要的法律制度。工程项目合同中发生纠纷是常见的和正常的，解决纠纷主要有四种方式，即协商解决、调解解决、仲裁解决及诉讼解决。

思考题

1. 工程项目合同的概念和特征是什么？

2. 工程项目合同的特点和作用是什么？

3. 简述工程项目合同谈判的技巧和应注意的问题。

4. 工程项目合同业主、工程师和承包商的主要责任和义务是什么？

5. 业主、工程师和承包商在工程项目实施阶段合同管理的职责有哪些？

6. 工程项目合同变更或解除的条件和程序是什么？

7. 解决工程项目合同纠纷主要方式有哪几种方式，每种方式各有什么特点？

8. 结合工程实例，如何理解和进行索赔？

第七章　工程项目计划与进度控制

工程项目计划管理是对工程项目预期目标进行筹划安排等一系列活动的总称。工程项目计划管理是工程项目管理的重要组成部分，也是工程项目管理工作中矛盾比较突出的问题。在项目管理与实践中，项目计划是最先发生并处于首要地位的职能，它引导项目各种管理职能的实现，是项目管理活动的首要环节。项目计划是项目得以实施和完成的基础与依据，项目计划的优劣是决定项目成败的关键性因素之一。

第一节　项目计划概述

一、项目目标

（一）项目目标的概念

计划是组织为实现一定目标而科学地预测并确定未来的行动方案。项目计划的第一步就是要明确项目目标。项目目标是指一个项目为了达到预期成果所必须完成的各项指标的标准。项目指标有很多，但最核心的是质量目标、工期目标和投资目标。这些目标值往往都是合同界定的。质量目标是指完成项目所必须达到的质量标准，工期目标是指定完成项目所必须满足的时间限制；投资目标是指项目投资必须控制在限定的数额内。

三大目标对一个项目而言不是孤立存在的，它们三者是一个既统一又矛盾的整体。对一个项目而言，三大目标的理想值是高质量、低投资、短工期，三者的关系见图7-1。

（二）制定目标的依据

1. 合同提出的项目总目标，即项目经理部与企业或部门之间签订的内部合同中规定的责任目标。

2. 反映项目特征的有关资料，如批准的可行性研究报告或设计任务书、项目立项批文、设计任务书、招投标文件、设计图纸等。

3. 反映当地建设条件的有关资料，如当地气候资料、工程地质及水文地质资料、交通能源及市政公用设施条件资料等。

4. 国家的政策、法规、规范、标准、定额等。

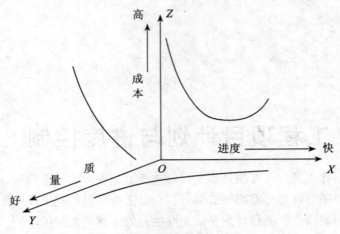

图 7-1　项目目标关系图

二、项目计划的概念

项目计划是为实现项目的既定目标，对未来项目实施过程进行规划、安排的活动。计划就是预先决定要去做什么，如何做，何时做和由谁做。在具体内容上，它包括项目目标的确立，确定实现项目目标的方法，预测、决策、计划原则的确立，计划的编制以及计划的实施。项目的计划职能是实施项目控制职能的前提和条件，管理人员行使项目控制职能的目的就是使体现该项目目标的计划得以实现。

三、工作分解结构（WBS）

工作分解结构（Works Breakdown Structure，WBS），是活动定义的基本依据，是系统安排项目工作的一种常用的标准技术。工作分解结构图是将项目按照其内在结构或实施过程的顺序进行逐层分解而形成的结构示意图。它可以将项目分解为相对独立、内容单一、易于成本核算与检查的工作单元，并能把各工作单元在项目中的地位与构成直观地表示出来。

进行项目分解，即把项目整体系统地分解成有内在联系的若干工作任务，其步骤如下：

（一）项目的结构分析

项目的总任务是完成确定的技术系统（功能、质量、数量等）的工程，完成这个任务是通过许多互相联系、互相影响、互相依赖的工程活动实现的。这些活动构成项目的行为系统，即为项目本身，它具有系统的层次性、集合性、相关性、整体性特点。按系统工作程序，在具体的项目工作，如设计、计划和实施之前必须对这个系统作分析，确定它的构成及它的多层次系统单元之间的内在联系。

（二）工作结构分析的主要工作

工作结构分析包括如下三方面内容：

1. 项目的结构分解，即按系统规则将一个项目分解开来，得到不同层次的项目单元。

2. 项目单元的定义，即通过规划设计、详细设计、计划和责任的分配，将项目目标分解落实到具体的项目单元上，并从各个方面（质量、技术要求，实施活动责任人，费用限制，工期，前提条件等）对它们作详细的说明。这个工作应与相应的技术设计、计划、组织安排等工作同步进行。

项目单元要求具有以下性质：（1）易于管理；（2）有明确衡量工作任务的尺度；（3）实施过程中便于成本核算；（4）可以作为一个独立的单元分派给某个人或班组来完成，其责、权分明。

3. 项目单元之间逻辑关系的分析。包括界面的分析和实施顺序安排。将全部项目单元还原成一个有机的项目整体。这是进行网络分析、工程组织设计的基础工作。

（三）工作结构分解

对一个项目进行结构分解，通常按系统分析方法，由粗到细、由总体到具体、由上而下地将工程项目分解成树型结构。结构分解的结果有：

1. 树型结构图。常见的工程项目的树型结构可见图 7-2。

其中每一个单元（不分层次）又统一被称为项目单元。项目结构图表达了项目总体的结构框架。

2. 项目结构分析表。将项目结构图用表来表示则为项目结构分析表。它类似于计算机中文件的目录路径。例如上面的项目结构图可以用一个简单的表表示，如表 7-1。在表上可以列出各项目单元的编码、名称、负责人、成本项目等说明。

表 7-1　　　　　　　　　　　　　**项目结构分析表**

编　码	名　称	负责人	成　本
1000	新设备安装运行	王新建	5 000
1100	总体设计	李　岩	1 000
1110	厂址分析	李德伦	500
1120	选择设计	万钱江	500
1200	布局设计	设备部门	1 000
1210	机器布局	钱江林	700
1220	工艺流程设计	宋晓波	300
1300	设备安装	基建部门	2 000
1310	加工	纪　成	500
1320	装配	齐鲁生	1 200
1321	零件运往工地	金　震	500
1322	组装部件	乔世明	500
1323	测试建筑物	陈志明	200
1330	安装设备	赵志安	300
1400	设备调试	生产部门	1 000
1410	测试设备	秦益明	600
1420	试生产	徐　青	400

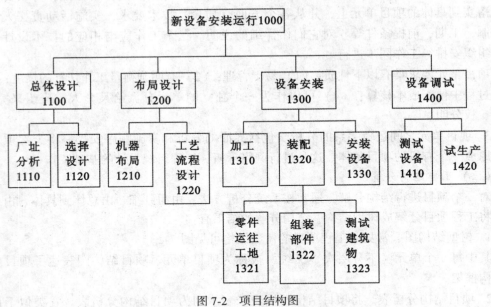

图 7-2　项目结构图

（四）工作结构分解过程

对于不同性质、规模的项目，其结构分解的方法和思路有很大的差别，但分解过程却很相近，其基本思路是：以项目目标体系为主导，以项目的技术系统说明为依据，由上而下、由粗到细进行。一般经过如下几个步骤：

1. 将项目分解成单个定义的且任务范围明确的子部分（子项目）。

2. 研究并确定每个子部分的特点和结构规则，它的执行结果以及完成它所需的活动，以作进一步的分解。

3. 将各层次结构单元（直到最低层的工作包）收集于检查表上，评价各层次的分解结果。

4. 用系统规则将项目单元分组，构成系统结构图（包括子结构图）。

5. 分析并讨论分解的完整性，如有可能让相关部门的专家或有经验的人参加，并听取他们的意见。

6. 由决策决定结构图，并作相应的文件。

7. 在设计和计划过程中确定各单元的（特别是工作包）说明文件内容，研究并确定系统单元之间的内部联系。

进行项目工作分解结构时，并非层次划分得越低越好，工作任务也并非越细越好，同时，还应注意最低层次的工作任务也是在项目实施中将要运行的最小工作任务。

（五）项目结构分解方法

1. 以产品结构进行分解。如果项目的目标是建设一个生产一定产品的工厂，则可以将它按生产体系、生产一定产品分解成各子项目。

2. 按平面或空间位置进行分解：即一个项目、子项目可以按几何形体分解。

3. 按功能进行分解。功能是建好后应具有的作用，它常常是在一定的平面和空间上起作用，所以有时又被称为"功能面"。功能的要求对项目的目标设立和技术设计有特殊作用，工程项目的运行实质上是各个功能作用的组合。

4. 按要素进行分解。一个功能面又可以分为各个专业要素。例如供排设施可以分为排水、采暖、通风、清除垃圾等。

5. 按项目实施过程进行分解。每一个项目单元作为一个相对独立的部分，必须经过项目的实施全过程。按实施过程分解则得到各种项目的实施活动，如图7-3某房地产项目包括一栋楼和楼外工程建设的分解图。

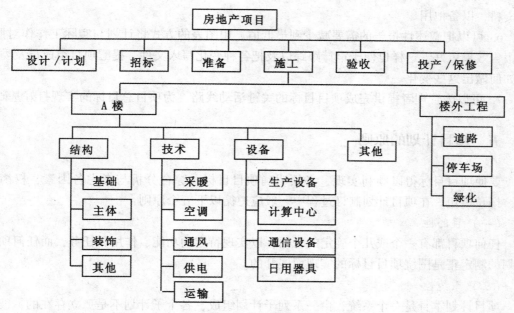

图 7-3 某房地产工程项目结构分解图

四、项目计划的目的及作用

（一）项目计划的目的

项目计划的具体目的表现在以下五个方面。

1. 确定并描述项目目标的各项任务或项目（活动）范围。

2. 确定负责执行项目各项任务（活动）的全部人员。

3. 制定各项任务（活动）的时间进度表。

4. 确定每项任务（活动）所必需的人力、物力、财力。

5. 确定项目总预算和每项任务（活动）的预算。

（二）项目计划的作用

项目计划的作用表现在以下七个方面。

1. 可以确立项目组各成员及工作的责任范围以及相应的职权，以便按要求去指导和控制项目的工作，减少风险。

2. 可以促进项目组成员及项目委托人和管理部门之间的交流与沟通，增加顾客满意度，并使项目各工作协调一致，在协调关系中了解哪些是关键因素、关键工作。

3. 可以使项目组成员明确自己的奋斗目标、实现目标的方法、途径及期限，并确保以时间、成本及其他资源需求的最小化实现项目目标。

4. 可作为进行分析、协商及记录项目范围变化的基础，也是约定时间、资源供给的基础，同时为进度控制提供了基础。

5. 可以了解结合部在哪里，如何组织使结合部最少，并以标准格式记录关键性的项目资料，以备他用。

6. 可以把叙述性报告的需要减少到最低值。用图表的方式将计划与实际工作作对照，使报告效果更好。这样也便于审计跟踪以及把各种变化写入文件，提醒项目组成员及委托人如何做出这些变化。

7. 可以为管理者提供完成项目目标的关键活动线路，为项目总目标的实现打好基础。

五、项目计划的原则

要使项目目标得以顺利实现，必须明确项目目标，综合分析与考虑各医素，权衡利弊，扬长避短。在项目计划制订过程中一般应遵循以下五个原则：

（一）目的性

任何项目都有一个或几个确定的目标，以实现特定的功能、作用和任务，而任何项目计划的制定正是围绕项目目标的实现而展开的。

（二）系统性

项目计划本身是一个系统，由一系列子计划组成，各个子计划不是孤立存在的，彼此之间相对独立，又紧密相关，从而制定出的项目计划具有系统的目的性、相关性、层次性、适应性、整体性等基本特征，项目计划也就形成了有机协调的整体。

（三）动态性

这是由项目的寿命周期所决定的。一个项目的寿命周期短则数月，长则数年，在这期间，项目环境常处于变化之中，使计划的实施可能会偏离项目基准计划。因此，项目计划要随着环境和条件的变化而不断调整和修改，以保证完成项目目标，这就要求项目计划要有动态性，以适应不断变化的环境。

（四）相关性

项目计划是一个系统的整体，构成项目计划的任何子计划的变化都会影响到其他子计划的制定和执行，进而最终影响到项目计划的正常实施。制定项目计划要充分考虑各子计划间的相关性。

（五）职能性

项目计划的制定和实施不是以某个组织或部门内的机构设置为依据，也不是以自身的利益及要求为出发点，而是以项目和项目管理的总体及职能为出发点，涉及项目管理的各个部门和机构。

六、项目计划管理的过程

项目计划管理的目的，是有效地利用一切生产手段或资源来实现项目的目标，其目标是通过管理的过程来实现的。

项目计划管理的过程就是 P、D、C、A 四个环节不断循环的过程，如图 7-4 所示。"P" 代表编制计划 (Plan)，指通过编制计划，确定项目的目标，并确定达到目标的方法。

"D" 代表计划的实施 (Do)，指根据制定的计划，具体地组织实施。

"C" 代表计划检查 (Check)，也称计划控制 (Control)，指在计划实施中，不断检查和核对实施的结果。

"A" 代表采取措施 (Action)，指计划检查后，针对发现的偏差和缺隙，采取措施加以补救，并调整计划。

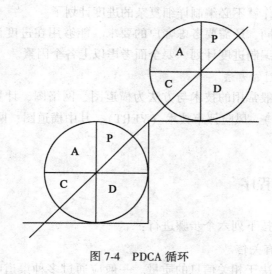

图 7-4 PDCA 循环

第二节 项目计划的编制方法

一、制定计划的依据

(一) 制约的因素

采用编制计划的方法，主要应考虑的因素有：项目的规模大小、项目的复杂程度、项目的紧急性、对项目细节掌握的程度、总进度是否由一两项关键事项所决定、有无相应的技术力量和设备等。

1. 项目的规模大小

一般小项目应采用简单的进度计划方法，大项目为了保证按期按质达到项目目标，就需考虑采用先进的进度计划方法。

2. 项目的复杂程度

项目的规模并不一定总是与项目的复杂程度成正比。要很复杂的步骤和很多专业知识的项目，可能就需要较复杂的进度计划方法。

3. 项目的紧急性

在项目急需进行阶段，应根据项目的需要，尽快落实计划，以保证项目的顺利进行。

4. 对项目细节掌握的程度

如果在开始阶段的细节无法掌握，网络技术关键线路法（CPM）和计划评审技术（PERT）就无法应用。

5. 总进度是否由一两项关系事项所决定

如果项目进行过程中有一两项活动需要花费很长时间，而这期间可把其他准备工作都安排好，那么对其他工作就不必编制详细复杂的进度计划了。

此外，根据情况不同，还需要考虑客户的要求、能够用在进度计划上的预算等因素。到底采用哪一种方法来编制进度计划，要全面考虑以上各个因素。

（二）制定进度计划的方法

制定进度计划，一般常用的技术与方法为横道图、网络图、计划评审技术（PERT）、图示评审技术（GERT）、风险评审技术（VERT）。其中横道图、网络图、计划评审技术在后面几节具体介绍。

二、计划编制的程序

项目计划编制一般按下列六个步骤进行：

（一）收集和整理有关信息

有效的项目计划取决于相关信息的质量。一般应通过多种渠道收集有关的历史资料、上级文件，调查有关的政治、经济、技术、法律的信息，召开必要专家会，对与编制计划有关的问题进行分析预测。

对信息的收集和整理应尽可能做到：及时、全面、准确。

（二）确认项目目标及项目环境分析

根据获得的信息，首先明确项目的具体目标，并在识别项目目标时，明确目标与目标之间的关系。在确认了项目各目标之间的关系后，需要对目标进行排序，分清主次。对项目的目标，最好将其量化。对难以量化的目标，应找出可量化的相关指标或标准，同时对目标的实现程度给出"满意度"要求，如确定一个可接受的置信水平（规定一个适度偏差$\pm\Delta$），则目标实现程度在$E\pm\Delta$范围内时，就认为目标实现是满意的。最后，还应从政策、法律、自然条件、社会条件等方面对实现项目目标的环境进行分析与评价。

（三）工作说明

工作说明是对实现项目目标所进行的工作或活动的描述。

一般来说，在项目目标确定之后，需列举实现这些目标的工作，说明这些工作或任务的内容、要求和工作的程序，并按一定的格式写出，称为工作说明。

（四）工作分解结构

就是将项目的各项内容按其相关关系逐层进行工作分解，直到工作内容单一、便于组织管理的工作单元为止，并把各单项工作在整个项目中的地位、相互关系直观地表示出来，以便更有效地计划、组织、控制项目整体的实施。它是项目计划和控制的基础，其目的是为了使项目各方从整体上了解自己承担的工作与全局的关系。

工作分解结构的具体过程是首先根据工作说明，列出项目的任务清单和有关规定的说明，然后将项目的各项活动按其工作内容进行逐级分解到工作单元，明确各工作单元需要输入的资源和完成时间，分析并明确各工作单元实施的先后顺序和它们之间的逻辑关系，确定各工作单元的费用及项目的总概算，最后经项目经理对此工作分解结构作出综合评价，达到最优后，形成项目计划，上报审批。

（五）绘制逻辑关系图

在将一项目的总体任务分解为许多工作单元的基础上，按各项活动的先后顺序和衔接关系画出各项活动的关系图即逻辑关系图。

在项目实施过程中，各项作业的逻辑关系分为：平行、顺序和搭接三种：

1. 平行关系指相邻两种活动同时开始工作。

2. 顺序关系指相邻两种活动按顺序进行，如前一活动结束，后一活动马上开始，称为紧连顺序关系；若后一活动在前一活动结束后隔一定的时间才开始，称间隔顺序关系。

3. 若两活动只有一段时间平行进行，则称为搭接关系。搭接关系是最一般的关系，平行和顺序关系只是搭接关系的特例。

有些活动之间只存在先后顺序关系，中间并没有实质性的活动（不占时间，不消耗资源），仅表示两种活动之间的逻辑关系，则称为虚活动（或虚工作）。

三、项目计划的内容

（一）工作计划

工作计划也称实施计划，是为保证项目顺利开展、围绕项目目标的最终实现而制定的实施方案。

工作计划主要说明采取什么方法组织实施项目，研究如何最佳地利用资源，用尽可能少的资源获取最佳效益。具体包括工作细则、工作检查及相应措施等。工作计划也需要时间、物资、技术资源，须反映到项目总计划中去。

（二）人员组织计划

人员组织计划主要是表明工作分解结构图中的各项工作任务负责人或部门以及各项工作间的关系如何。其表达形式主要有框图式、职责分工说明式和混合式三种。

1. 框图式。框图式是用框图及框图间的关系连线来表示人员组织结构。这种形式直观易懂，关系表达比较清楚，但并非所有的职责及相互关系全都能用框图加线条表示清楚。因此，这种表示形式适用于项目组成员做过许多类似项目，且经验均比较多，不必再详细说明就清楚自己的职责范围和互相之间的关系的情况。

2. 职责分工说明——规章制度式。通过公布项目组成员的职务、职责范围及规章制度来说明各个工作间的关系。此种形式，仅用文字说明，不如框图式直观，但容易把项目组成员的职责及关系表达得清楚、完整，所以，它适用于过去很少做过的新项目。

3. 混合式。这种方式吸取了以上两种形式的优点，有的部分用框图形式表示，有的部分用说明，既解决了仅用框图不能表达完整清楚的问题，又解决了仅有说明不直观、规定条件太细琐的缺点。此种形式在实践中被用得较多，特别适合于过去没有先例的大型特殊项目。

人员组织计划的编制通常是先自上而下地进行，然后再自下而上进行修改确定，这是项目经理与项目组成员共同商讨确定的结果。

（三）设备采购供应计划

在项目管理过程中，多数的项目都会涉及到仪器设备的采购、订货等供应问题。有的非标准设备还包括试制和验收等环节。如果是进口设备，还存在选货、订货和运货等环节。设备采购问题会直接影响到项目的质量及成本。

（四）其他资源供应计划

如果是一个大型的项目，不仅需要设备的及时供应，还有许多项目建设所需的材料、半成品、物件等资源的供应问题。因此，预先安排一个切实可行性的物资、技术资源供应计划，将会直接关系到项目的工期。

（五）变更控制计划

由于项目的一次性特点，在项目实施过程中，计划与实际不符的情况是经常发生的。有效处理项目变更可使项目获得成功，否则可能会导致项目失败。变更控制计划主要是规定处理变更的步骤、程序，确定变更行动的准则。

（六）进度报告计划

进度报告计划可以分为进度控制计划与状态报告计划。

1. 进度控制计划。进度计划是根据实际条件和合同要求，以拟建项目的竣工投产或交付使用时间为目标，按照合理的顺序所安排的实施日程。其实质是把各活动的时间估计值反映在逻辑关系图上，通过调整，使得整个项目能在工期和预算允许的范围内最好地安排任务。

进度计划也是物资、技术资源供应计划编制的依据，如果进度计划不合理，将导致人力、物力使用的不均衡，影响经济效益。

项目实施前所编制的进度计划是期望完成各活动的工作量和时间值。但项目实施工作一开展，问题就逐渐暴露出来，实际进度与计划进度会有出入。因此，要定期检查实际进度与计划进度的差距，并且，要预测有关活动的发展速度。为了完成所定工期、成本和质量目标，需要修改原来的计划和调整有关活动的速度，此即为进度控制计划。

在进度控制计划中，要确定应该监督哪些工作，何时监督，谁去监督，用什么样的方法收集和处理信息，怎样按时检查工作进展和采取何种调整措施，并把这些控制工作所需的时间和物资、技术资源等列入项目总计划中去。

2. 状态报告计划。项目经理在项目实施过程中需要及时了解项目的进展情况和存在的问题，以便预测今后发展的趋势，解决存在的问题。而且，项目委托人也要根据项目的进展情况，及时作好使用前的准备。

状态报告计划要求简明扼要，表达清楚。必须明确谁负责编写报告、向谁报告、报告的内容和报告所需的信息涉及面的大小程度。

状态报告计划也应反映到总计划中去，总计划中要为这项工作提供资源和安排必要的时间。

进度报告计划可起到提示通知、报告文件、处理落后者的作用。

（七）财务计划

财务计划主要说明需要何种预算细则、核算哪些成本、进行哪些对比、用何种技术方法收集和处理信息以及如何及时检查和采取解救措施等。

（八）文件控制计划

文件控制计划是由一些能保证项目顺利完成的文件管理方案构成的，需要阐明文件控制方式、细则，负责建立并维护好项目文件，以供项目组成员在项目实施期间使用。文件控制的人力组织和控制所需的人员及物资资源数量也包括在内。

（九）应急计划

项目经理在制定计划时就要保持一定的弹性，在工期和预算方面留有余地，以备应急需要。这种难以预料的需要称为"意外需要"，这是预先无法确定的需要。这种需要并不包括那些预先能估计到的困难。

（十）支持计划

项目管理有众多的支持手段，主要有软件支持、培训支持和行政支持，还有项目考评、文件、批准或签署、系统测试、安装等支持方式。

第三节 工程项目的横道图

横道图是在第一次世界大战期间——1915 年，美国的 Fran Ford 兵工厂顾问 H. L. Gantt 发明的。也叫 Gantt（甘特图）。

在时间坐标内，以横道表示一系列工作从开始到结束的持续过程。横道图左边表格部分，除可以列出工作的编号、名称和持续时间外，还可视需要列出工作的工程量、资源等信息，可用不同图案的横道表示工作的实际进度。如表 7-2 所示。还可用各种颜色来标注不同类型的工作，如把木工从事的工作涂成蓝色，把塔吊工作涂成红色，使图变得更为清晰易懂。

表7-2　　　　　　　　　　　　　工程项目的横道图进度计划表

工作计划	工作名称	工作时间（天）	1	2	3	4	5	6	7	8	9	10	11	12	13	14	15	16	17
1	挖土方	6	▬	▬	▬	▬	▬	▬											
2	支模板	6																	
3	绑扎钢筋	9				▬	▬	▬	▬	▬	▬	▬	▬	▬	▬				
4	浇混凝土	6							▬	▬	▬	▬	▬	▬					
5	回填土	6									▬	▬	▬	▬	▬	▬			

横道图的缺点为:

1. 手工制作,规模受限制（30~100项工作）,难以更新或调整计划,很快失去时效,成为摆设和形式。

2. 不能全面反映出各项工作之间相互制约、相互依赖、相互影响的关系,不能反映工作的主次部分、关键工作与非关键工作。

第四节　工程项目的网络计划技术

网络计划技术是20世纪50年代发展起来的一种科学的计划管理方法。由于它符合统筹兼顾、适当安排的思想,因此,1965年华罗庚教授将此方法介绍到我国时,将其概括为统筹法,现在我们称之为"网络计划技术"。采用网络图表达各项工作的先后顺序和相互关系,逻辑严密,主要矛盾突出,有利于计划优化、计划调整和电子计算机的应用。

一、网络图的有关知识及进度计划的表示方法

（一）网络图及网络计划

网络图有单代号网络图和双代号网络图。本书仅介绍双代号网络图,以下所说的网络图皆指这个概念。

1. 网络图

网络图是由箭线和节点组成,用来表示工作流程的有向、有序网状图形。双代号网络

图（如图 7-5 所示）又称箭线式网络图，它以箭线表示工作，以节点表示工作的开始或结束，并以工作两端节点的编号代表一项工作，也可以将工作的名称标在箭线的上方。

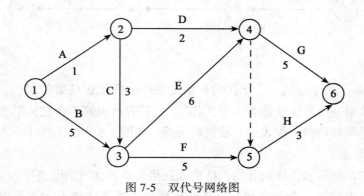

图 7-5 双代号网络图

2. 网络计划

网络计划是在网络图上加注各项工作的时间参数而形成的工作进度计划。网络计划有以下作用：

（1）网络计划能明确表达各项工作之间的逻辑关系。

（2）网络计划通过计算和分析，可以找出关键工作和关键路线。

（3）网络计划通过计算和分析，能确定可以利用的机动时间。

（4）网络计划通过计算和分析，可以得到许多用于计划控制的时间信息。

（5）网络计划可以利用计算机进行计算、调整和优化。

（二）网络图的"三要素"

网络图的"三要素"即指网络的工作、事件和线路。

1. 工作

工作是网络计划的基本组成部分，根据计划编制的粗细程度不同，工作既可以是一项简单的工序操作，也可以是一个复杂的施工过程或一个工程项目。

工作用矢箭表示，箭头的方向表示工作的进展方向（一般从左向右）；箭尾表示工作的开始，箭头表示工作的完成；矢箭的长短与时间无关；工作的名称或内容写在矢箭的上面，工作的持续时间写在矢箭的下面。见图 7-6。

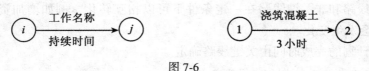

图 7-6

（1）一般工作，既需要消耗时间，也需要消耗资源。例如一个单位工程、砌筑墙体等，如图 7-7 所示。

（2）由于技术间歇引起的等待也是一项工作，只消耗时间，不消耗资源。例如混凝土养护等。如图7-7所示。

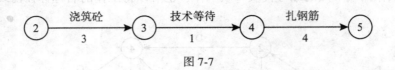

图 7-7

（3）虚工作。为了说明一个工作的开始受另外一些工作结束的制约，通常使用虚箭线来表示这种关系，这种箭线称为"虚工作"。它只表示相邻工作之间的先后关系，既不消耗时间，也不消耗资源，仅表示一种逻辑关系。如图7-5中的工作④—⑤。

2. 事件（节点）

网络图中的圆圈表示工作的开始、结束或连接关系，在网络图上称为节点。在时间上它表示指向某节点的工作全部完成后，该节点后面的工作才能开始，所以节点也称为事件，它反映前后工作交接过程的出现。对事件有如下规定：

（1）事件用○表示，圆圈中编上正整数，称为事件编号；在同一个网络图中不得有相同的事件编号。

（2）每个工作都有两个事件，从箭杆出发的事件叫做起点事件，箭头指向的事件称为终点事件，如图7-7中的工作④—⑤。一个网络计划中（除多目标计划外）只有一个原始事件（意味着一项计划的开始）、一个结束事件（意味着一项计划的结束），其余事件都称为中间事件，中间事件反映项目的形象进度。

（3）事件的编号应箭尾号码小于箭头号码。

3. 线路

线路是指网络图中从原始事件，沿箭杆的方向连续通过一系列箭线和事件，最后到达结束事件所经过的通路。从图7-5中可以看出，该网络图有6条线路。

（1）线路时间：完成某条线路的全部工作所必需的总持续时间。

（2）关键线路：线路时间最长的线路，也称临界线路、主要矛盾线路，用黑粗线或双箭线表示。如图7-5所示线路①—③—④—⑥。在关键线路上的工作为关键工作。

非关键线路：线路时间不是最长的线路，一般在网络计划中，这种线路很多，如图7-5所示线路①—②—④—⑤。在非关键线路上的工作为非关键工作。

（3）在一张网络图上关键线路至少有一条，如图7-5所示。

（4）关键线路和非关键线路在一定条件下可以相互转化，例如增加资源投入后，工作的持续时间会发生变化。

（5）项目计划的完成时间由关键线路确定。

（三）逻辑关系、工艺关系、组织关系

工作之间的先后顺序关系叫逻辑关系。逻辑关系包括工艺关系和组织关系。

1. 工艺关系。生产性工作之间由工艺过程决定的先后顺序关系，叫工艺关系。

2. 组织关系。工作之间由于组织安排需要或资源调配的需要而规定的先后顺序关系叫组织关系。

（四）紧前工作、紧后工作、平行工作

1. 紧前工作。以一个工作起点事件为终点事件的工作，称为该工作的紧前工作。如图7-7所示，工作E的紧前工作有工作B、C。

2. 紧后工作。以一个工作的终点事件为起点事件的工作，称为该工作的紧后工作。如图10-7所示，工作B的紧后工作有工序E、F。

3. 平行工作。以同一个事件为起点事件的工作，称为平行工作。如图7-5所示，工作E、F为平行工作。

（五）先行工作、后续工作

1. 先行工作。自起点节点至本工作之前各条线路上的所有工作都称为本工作的先行工作。紧前工作是先行工作，但先行工作不一定是紧前工作。

2. 后续工作。本工作之后至终点节点各条线路上的所有工作都称为本工作的后续工作。紧后工作是后续工作，但后续工作不一定是紧后工作。

（六）进度计划的表示方法

进度计划可以用横道图表示，也可以用网络图表示，用网络图表示的进度计划也称为网络计划。

二、网络图的绘制方法

（一）绘图规则

1. 正确反映各工作的先后顺序和相互关系，即工作的逻辑关系。

（1）A、B、C三项工作依次完成，如图7-8（a）。

（2）B、C工作在A工作完成后开始，如图7-8（b）。

（3）C、D工作在A、B工作后开始，如图7-8（c）。

（4）D工作在A、B工作完成后开始，C工作在B工作完成后开始，如图7-8（d）。

（5）D工作在A、B工作完成后开始，C、E工作分别在A，B工作完成后开始，如图7-8（e）。

2. 对于需要平行搭接进行的工作，应采用分段的方法表达。

例如：A、B两个工作，B工作在A工作全部完成之前开始，则可将A、B工作划分成若干段，假定把A、B工作划分成三段，如图7-9。

3. 网络图中的所有事件都必须编号，所编的数码称为代号，代号必须标注在事件内。不允许出现同样的编号事件，应使箭尾号码小于箭头号码。如图7-5所示。

4. 网络图必须按照已定的逻辑关系绘制。例如，根据表7-3所示的逻辑关系绘制成7-10所示的网络图。

表7-3   **逻辑关系表**

工作	A	B	C	D
紧前工作	—	—	A、B	B

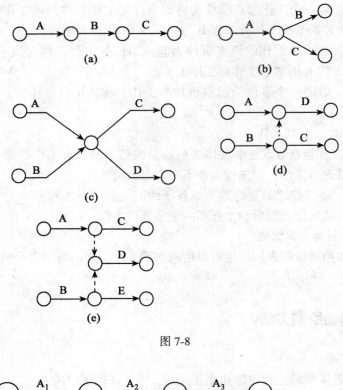

图 7-8

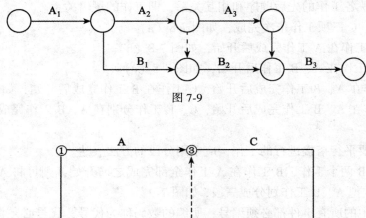

图 7-9

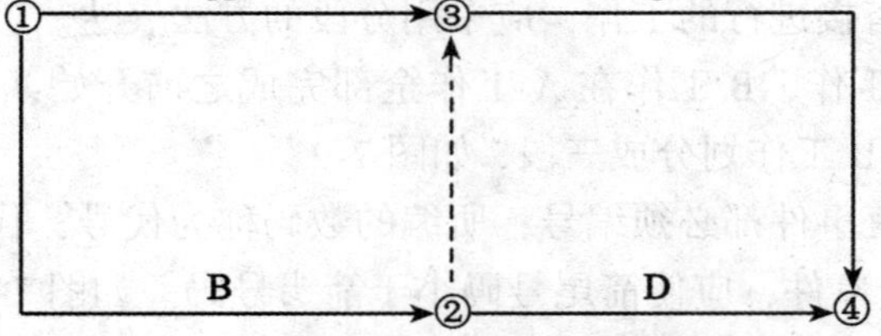

图 7-10 根据表 7-3 的逻辑关系绘制的网络图

5. 网络图中严禁出现从一个节点出发，沿箭线方向又回到原出发点的循环回路。如图 7-11 所示。

6. 网络图中的箭线（包括虚线）应保持自左向右的方向，不应出现箭头自右向左的水平箭线或左向的斜箭线，以避免出现循环回路现象。

7. 网络图中严禁出现双向箭头和无箭头的连线，如图 7-12 所示。

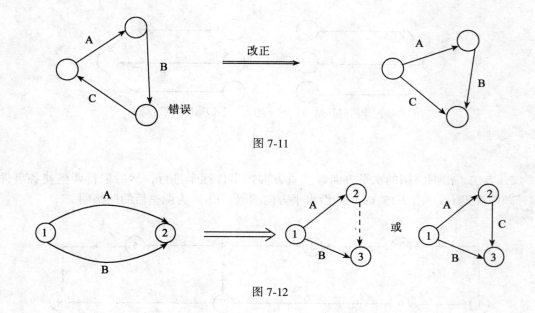

图 7-11

图 7-12

8. 严禁在箭线上引入或引出箭线。

9. 绘制网络图时，宜避免箭线交叉，当交叉不可避免时，可用过桥法或指向法表示，如图 7-13 所示。

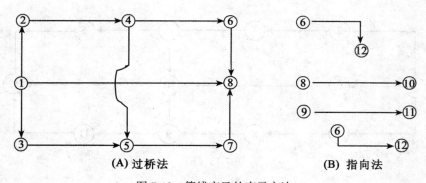

(A) 过桥法　　　　　**(B) 指向法**

图 7-13　箭线交叉的表示方法

10. 一个网络图应只有一个原始事件和一个结束事件（多目标网络计划除外）。除原始事件和结束事件以外，不允许出现没有内向箭线的节点和没有外向箭线的节点。如图 7-14 所示。

没有后续工作的尾部事件和没有前导工作的尽头事件都是错误的。

（二）事件编号

1. 编号原则。只要不重复，可以任意编号，可以连续编号，也可以不连续编号，例如，1，3，5，8，10，…以避免以后增加工作时而改动整个网络的事件编号，但必须是从小到大依次进行，并且满足箭尾事件的编号小于箭头事件的编号，即 $i < j$。

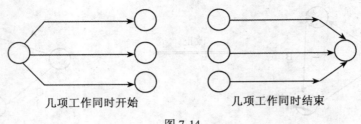

几项工作同时开始　　　　　几项工作同时结束

图 7-14

2. 方法。沿网络图的水平方向或垂直方向按事件逐个进行，然后进行调整使各事件编号顺序满足 $i < j$。图 7-15（a）为沿水平方向编号，（b）为调整后的网络图。

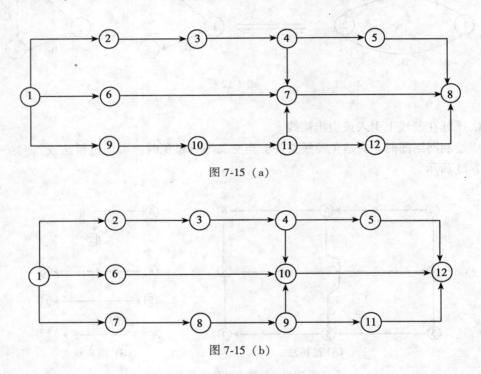

图 7-15（a）

图 7-15（b）

（三）网络图的绘制步骤

当进行项目结构分析后，确定了工作单元，明确了工作之间的逻辑关系，即已知每一项工作的紧前工作时，可按下述步骤绘制网络图：

1. 绘制没有紧前工作的工作，使它们具有相同的开始事件，以保证网络只有一个原始事件。

2. 依次绘制其他各项工作。这些工作的绘制条件是其所有紧前工作都已经绘制出来。在绘制这些工作时，应注意：

（1）当所要绘制的工作只有一个紧前工作时，则将该工作箭线直接画在其紧前工作箭线之后。

（2）当所要绘制的工作有多个紧前工作时，应采取相应画法，所有紧前工作完成之后，该工作才能开始。

（3）正确表达各工作之间的逻辑关系。

3. 当各项工作箭线都绘制出来之后，应合并那些没有紧后工作的工作箭线的箭头事件，作为结束事件，以保证网络图只有一个结束事件（多目标网络计划例外）。

4. 当确认所绘制的网络图正确后（包括没有多余的虚工作），即可进行节点编号。

以上所述是已知每一项工作的紧前工作时的绘图方法，当已知每一项工作的紧后工作时，也可按类似的方法进行网络图的绘制。

三、网络计划时间参数计算

网络图时间参数的计算即确定各项工作的最早可能开始和最早可能结束的时间；最迟必须开始和最迟必须结束的时间，以及各项工作的各种时差，确定整个计划的完成日期、关键工作和关键线路，为网络计划的执行、调整和优化提供依据。

网络图计算的方法有图上计算法、表上计算法、矩阵法和电算法。本书只介绍图上计算法，这种方法适用于工作数目不多时的网络计划工作时间参数的计算。

（一）各个事件最早可能开始的时间

1. 方法

假定项目计划开始的相对时间为"0"，因此网络图上第一个事件的最早可能开始的时间即为"0"。

计算各个事件的最早可能开始的时间的方法，是从左向右沿着到达每个事件的所有线路，把完成工作的时间进行累加。任意一个事件的最早可能开始的时间等于到达该事件的所有线路中的累加时间最大值。

公式：$\begin{cases} TE_{-1} = 0 \\ TE_j = \max\{(TE_{-i} + D_{i-j}) \quad (0 \leq i < j \leq n) \end{cases}$

其中：TE_{-1}：计划开始事件①的最早可能开始时间

TE_j：任意事件 j 的最早可能开始时间

TE_{-i}：事件 j 的紧前事件 I 的最早开始时间

D_{i-j}：工作 i 至 j 的持续时间

[例1] 计算图7-5中，各事件的最早可能开始的时间，并将其标注在该事件旁"⊥"的左边。见图7-16。

事　件	事件的最早可能开始的时间
① 0	0
② 0+1 = 1	1
③ 0+5 = 5	5
1+3 = 4	
④ 1+2 = 3	11
5+6 = 11	

⑤ 5+5＝10   11
   11+0＝0

⑥ 11+5＝16   16
   11+3＝14

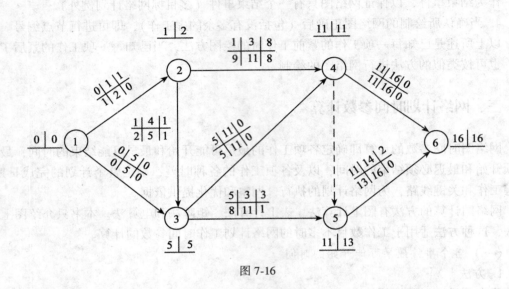

图 7-16

2. 含义

事件的最早可能开始的时间标志着该事件的紧前工作全部完成，事件的紧后工作可能开始。

（二）各个事件最迟必须开始的时间

1. 方法

首先必须确定网络计划中结束事件最迟必须开始的时间。当有规定期限时，结束事件的最迟必须开始的时间为规定期限；当没有规定期限时，结束事件的最迟必须开始的时间即为该事件的最早可能开始的时间。

计算各个事件最迟必须开始的时间的方法是从右向左逆着各条线路，将工作的持续时间进行累减。任意事件的最迟必须开始的时间，等于到达该事件的所有线路中累减时间最小值。

公式：
$$\begin{cases} TL_{-n}=TE_{-n} \\ TL_{-i}=\min\left\{(TL_{-j}-D_{i,j})\ \middle|\ 0\leqslant i<j\leqslant n\right\} \end{cases}$$

其中：TL_{-n}：结束事件的最迟必须开始的时间

    TL_{-i}：任意事件 i 的最迟必须开始的时间

    TL_{-j}：事件 i 的紧后事件 j 的最迟必须开始的时间

同样，计算图 7-5 中，各事件的最迟必须开始的时间，并将其标注在该事件旁"⊥"的右边（以没有规定期限为例）。

事　件   事件的最迟必须开始的时间

⑥ 16   16

⑤ $16-3=13$ 13

④ $16-5=11$ 11

    $13-0=13$

③ $13-5=8$ 5

    $11-6=5$

② $11-2=9$ 2

    $5-3=2$

① $2-1=1$ 0

    $5-5=0$

2. 含义

在不影响计划完成时间的条件下,事件的最迟必须开始的时间标志着该事件的紧前工作必须完成的最迟时间。

(三) 各工作最早可能开始时间和最早可能结束时间

各工作的最早可能开始的时间等于该工作起点事件的最早可能开始的时间,工作最早可能开始时间是从起点节点开始逐项从左到右进行计算的,必须先计算紧前工作,然后才能计算本项工作。工作的最早可能完成时间为工作最早可能开始时间加上该工作的持续时间。

公式:
$$\begin{cases} ES_{i-j} = TE_{-i} \\ EF_{i-j} = ES_{i-j} + D_{i-j} = TE_{-i} + D_{i-j} \end{cases} \tag{7.1}$$

其中:ES_{i-j},工作 $i\sim j$ 的最早可能开始的时间

       EF_{i-j},工作 $i\sim j$ 的最早可能结束的时间

工作最早可能开始时间的计算有三种情况:

1. 凡与起点相连的工作,即由网络计划起点节点出发的工作,其最早可能开始时间都为零。

$$ES_{i-j} = 0, i = 1 \tag{7.2}$$

图中与起点节点相连的工作有两项,①—②、①—③

$ES_{1-2} = ES_{1-3} = 0$

$EF_{1-2} = ES_{1-2} + D_{1-2} = 0 + 1 = 1$

$EF_{1-3} = ES_{1-3} + D_{1-3} = 0 + 5 = 5$

2. 如果工作之前只有一项紧前工作,其工作的最早可能开始时间等于紧前工作的最早可能完成时间,即前项工作完成之后,后项工作才能开始。

$$ES_{i-j} = EF_{i-j}, h—i—j \tag{7.3}$$

图中②—③、②—④紧前工作只有一项①—②。

$ES_{2-3} = ES_{2-4} = EF_{1-2} = 1$

$EF_{2-3} = ES_{2-3} + D_{2-3} = 1 + 3 = 4$

$EF_{2-4} = ES_{2-4} + D_{2-4} = 1 + 2 = 3$

3. 如果工作之前有多项平行作业的紧前工作,则工作的最早可能开始时间等于各项

紧前工作的最早可能完成时间中的最大值。

这个道理是很清楚的，因为顺序关系，前面任何一项工作做不完，对此项工作的进行都有影响，自然取最大值。

我们如果从整个网络图来考虑，从起点到某项工作，可能有许多条线路，每条线路都有个时间和，这些时间和之中，必有一个最大值，这个最大值就是工作的最早可能开始时间。

$$ES_{i-j} = \max\{EF_{h-i}\} \qquad h—i—j \tag{7.4}$$

图中③—④工作有二项紧前工作①—③、②—③。

$$ES_{3-4} = \max\{EF_{1-3}, EF_{2-3}\} = \max\{5,4\} = 5$$

$$EF_{3-4} = ES_{3-4} + D_{3-4} = 5+6 = 11$$

图中③—⑤工作有二项紧前工作①—③、②—③。

$$ES_{3-5} = \max\{EF_{1-3}, EF_{2-3}\} = \max\{5,4\} = 5$$

$$EF_{3-4} = ES_{3-4} + D_{3-4} = 5+5 = 10$$

图中④—⑥工作有二项紧前工作②—④、③—④。

$$ES_{4-6} = \max\{EF_{2-4}, EF_{3-4}\} = \max\{3,11\} = 11$$

$$EF_{4-6} = ES_{4-6} + D_{4-6} = 11+5 = 16$$

图中⑤—⑥工作有二项紧前工作②—④、④—⑥和③—⑤。

$$ES_{5-6} = \max\{EF_{2-4}, EF_{4-6}, EF_{3-4}\} = \max\{3,11,10\} = 11$$

$$EF_{5-6} = ES_{5-6} + D_{5-6} = 11+2 = 14$$

所有工作最早可能开始时间的计算都不外乎这三种情况。

同样，计算图 7-5 各工作的最早可能开始和结束的时间，并标注在 $"\dfrac{ES}{LS}\Big|\dfrac{EF}{LF}\Big|\dfrac{TF}{FF}"$ 的上边的第一、二个格子中，计算过程见表 7-4。

表 7-4

工作名称	TE_{-i}	ES_{i-j}	D_{i-j}	EF_{i-j}
A	0	0	1	1
B	0	0	5	5
C	1	1	3	4
D	1	1	2	3
E	5	5	6	11
F	5	5	5	10
G	11	11	5	16
H	11	11	3	14

（四）确定总工期

与终点节点相连的各项工作中，它们最早可能完成时间的最大值，就是整个工程的完成时间即总工期。

与终点节点⑥相连的各项工作有④—⑥、⑤—⑥。

$$T = \max\{EF_{4-6}, EF_{5-6}\} = \max\{16, 14\} = 16$$

（五）各工作的最迟必须开始时间和最迟必须结束时间

各工作的最迟必须结束时间等于该工作终点事件的最迟必须开始时间，各工作的最迟必须完成时间必须在其紧后工作之前完成，它与终点节点及紧后工作有关。因此，工作的最迟必须完成时间应从终点节点逆箭线方向向起点节点逐项进行计算，必须先计算紧后工作，再计算本项工作。

各工作最迟必须开始时间为工作最迟必须完成时间与工作持续时间之差。

公式
$$\begin{cases} LF_{i-j} = TL_{-j} \\ LS_{i-j} = LF_{i-j} - D_{i-j} = TL_{-j} - D_{i-j} \end{cases} \tag{7.5}$$

其中：LF_{i-j}：工作 $i\sim j$ 最迟必须结束的时间

$\quad\quad LS_{i-j}$：工作 $i\sim j$ 最迟必须开始的时间

工作最迟必须完成时间的计算有三种情况：

1. 网络计划中，进入终点节点的工作，其最迟必须完成时间等于工程的完工时间，一般就按计算总工期来算，即取所有进入终点节点工作的最早可能完成时间的最大值。

$$LF_{j-m} = \max EF_{j-m} \quad (m\text{ 是终点节点}) \tag{7.6}$$

如果进入网络图终点节点的工作不止一项，那么几项工作的最迟完成时间 LF_{j-m} 都等于总工期。

进入最后一个节点的工作有二项：④—⑥、⑤—⑥。

$LF_{4-6} = LF_{5-6} = 16$

$LS_{4-6} = LF_{4-6} - D_{4-6} = 16 - 5 = 11$

$LS_{5-6} = LF_{5-6} - D_{5-6} = 16 - 3 = 13$

2. 如果工作之后只有一项紧后工作，其工作的最迟必须完成时间等于紧后工作的最迟必须开始时间。

$$LF_{i-j} = LS_{j-k} \quad\quad i\text{—}j\text{—}k \tag{7.7}$$

图中③—⑤只有一项紧后工作⑤—⑥

$LF_{3-5} = LS_{5-6} = 13$

3. 如果工作之后有多项紧后工作，则其工作的最迟必须完成时间等于各项紧后工作的最迟必须开始时间的最小值。

$$LF_{i-j} = \min LS_{j-k} \quad\quad i\text{—}j\text{—}k \tag{7.8}$$

图中，工作②—④、③—④之后有二项紧后工作④—⑥、⑤—⑥。

$LF_{2-4} = \min\{LS_{4-6}, LS_{5-6}\} = \min\{11, 13\} = 11$

$LS_{2-4} = LF_{2-4} - D_{2-4} = 11 - 2 = 9$

$LF_{3-4} = \min\{LS_{4-6}, LS_{5-6}\} = \min\{11, 13\} = 11$

$LS_{3-4} = LF_{3-4} - D_{3-4} = 11 - 5 = 6$

同样，计算图 7-5 中各工作的最迟必须开始和结束时间，并标注在箭线上方 "$\dfrac{ES}{LS}\bigg|\dfrac{EF}{LF}\bigg|$

$\dfrac{TF}{FF}$" 的下边的第一、二个格子中，计算过程见表 7-5。

表 7-5

工作名称	TL_{-j}	LF_{i-j}	D_{i-j}	LS_{l-j}
A	2	2	1	1
B	5	5	3	2
C	5	5	5	0
D	11	11	2	9
E	11	11	6	5
F	13	13	5	8
G	16	16	5	11
H	16	16	3	13

（六）各工作的时差

在一个网络计划中，除关键线路和关键工作外，其他线路和工作都有大小不同的时差。时差反映工作在完成任务的条件下的机动或富余时间，它为计划进度安排提供了选择的可能性。利用时差挖掘潜力，可以找到进度安排和资源分配的合理方案。

时差可以分为总时差和局部时差。

1. 总时差

所谓时差就是指工作的机动时间。一项工作的活动范围是受其紧前工作与紧后工作约束的，也就是说一项工作的极限活动范围是从最早开始时间至最迟完成时间。工作实际需要的是工作持续时间，因此，从这一段时间中扣除工作本身所占用的持续时间 D_{i-j} 之后，所余时间便是此项工作可以利用的部分，称做工作的总时差。如图 7-17 所示。

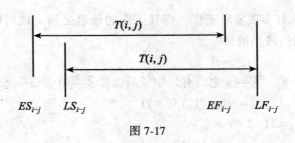

图 7-17

不难看出工作总时差的计算公式：

$$TF_{i-j} = LF_{i-j} - EF_{i-j} = LS_{i-j} - ES_{i-j} \quad\quad (7.9)$$

其中 TF_{i-j} 表示工作 $i-j$ 的总时差。

同样，计算表 7-5 中各工作的总时差，并标注在箭线上方 "$\dfrac{ES}{LS}\Big|\dfrac{EF}{LF}\Big|\dfrac{TF}{FF}$" 的上边第三个格子中。

工作名称		总时差
A	2−1＝1	1
B	5−4＝1	1
C	5−5＝0	0
D	11−3＝8	8
E	11−11＝0	0
F	13−10＝3	3
G	16−16＝0	0
H	16−16＝2	0

总时差一般用于控制网络计划的完成时间。

2. 局部时差

各工作在不影响计划子目标或后续工作最早可能开始的情况下所具有的机动时间即为局部时差。

工作的局部时差是工作总时差的一部分，是指一项工作在不影响其紧后工作最早可能开始时间的条件下，可以灵活使用的时间，即各工作最早可能结束的时间到其后续工作最早可能开始的时间间隔。如图 7-18 所示。

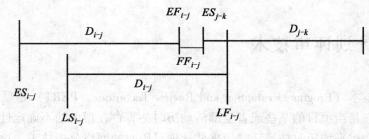

图 7-18

公式：$FF_{i-j} = ES_{j-k} - EF_{i-j} = ES_{j-k} - ES_{i-j} - D_{i-j} \quad\quad i\text{—}j\text{—}k \quad\quad (7.10)$

其中 FF_{i-j} 表示工作 $i-j$ 的局部时差。

同样，计算表 7-5 中各工作的局部时间，并标注在箭线上方 "$\dfrac{ES}{LS}\Big|\dfrac{EF}{LF}\Big|\dfrac{TF}{FF}$" 的下边的第三个格子中。

工作名称	总时差

A	1−1＝0	0
B	5−5＝0	1
C	5−4＝1	8
D	11−3＝8	0
E	11−11＝0	1
F	16−16＝0	0
G	16−16＝0	0

局部时差一般用于控制项目计划实施过程中的中间进度或形象进度。

3. 总时差与局部时差的关系

（1）总时差为"0"的工作为关键工作，或当工期有规定时，总时差最小的工作为关键工作。

（2）总时差等于或大于局部时差，总时差为"0"，局部时差必为"0"（工期没有限制时）。

（3）总时差（因不影响计划的完成时间）不但属于本工作，而且与前后工作都有关系，是一种线路时差，为该段线路上各工作所共有。

使用局部时差对后续工作没有影响，后续工作仍可按最早可能开始的时间开始，具有局限性。

4. 关键工作

凡是总时差为最小的工作均为关键工作。由关键工作组成的线路称为关键线路。

5. 网络图时间参数的表示方法

网络图时间参数的表示方法有很多，最常采用且表示比较全面的是：事件的时间参数的表示为 $\underline{TE\,|\,TL}$，工作的时间参数表示为"$\dfrac{ES}{LS}\Big|\dfrac{EF}{LI}\Big|\dfrac{TF}{IF}$"，如图7-16所示。

第五节　计划评审技术

计划评审技术（Program Evaluation and Review Technique，PERT）是项目进度管理的另一项技术。它是当项目的某些或者全部活动历时估算存在很大的不确定性时，综合运用关键路径法和加权平均历时估算法，用来估计项目历时的网络分析技术。这种网络分析技术适用于不可预知因素较多，从未做过的新项目和复杂项目。计划评审技术是20世纪50年代末美国海军部开发北极星潜艇系统时为协调3 000多个承包商和研究机构而开发的，其理论基础是假设项目持续时间以及整个项目完成时间是随机的，且服从某种概率分布。PERT可以估计整个项目在某个时间内完成的概率。PERT和CPM在项目的进度规划中应用非常广。

PERT的思路是，对每项活动都采用三个时间估计值，使用β分布进行分析，它强调用灵活的成本来达到进度要求。

一、活动时间估计

计划评审技术网络图的画法与前面介绍的网络图画法是相同的，区别主要在于活动的时间估计和分析。计划评审技术的活动工期的估计与项目活动时间估计方法——三点法非常相似。它假设活动的时间是一个连续的随机变量，并且服从 β 概率分布。PERT 对各个项目活动的完成时间按三种不同情况估计：

1. 乐观时间（Optimistic Time）：在顺利情况下完成活动所需要的最少时间，用符号 a 表示；

2. 最可能时间（Most likely Time）：在正常情况下完成活动所需要的时间，用符号 b 表示；

3. 悲观时间（Pessimistic Time）：在不顺利情况下完成活动所需要的最多时间，用符号 c 表示。

假定三个估计服从 β 分布，由此可算出每个活动的期望 t_i：

$$t_i = \frac{a_i + 4m_i + b_i}{6}$$

其中：a_i——表示第 i 项活动的乐观时间

m_i——表示第 i 项活动的最可能时间

b_i——表示第 i 项活动的悲观时间

根据 β 分布的方差计算方法，第 i 项活动的持续时间方差为：

$$\sigma_i^2 = \frac{(b_i - a_i)^2}{36}$$

例如，某企业 OA 管理信息系统的建设可分解为需求分析、设计编码、测试、安装部署等四个活动，各个活动顺次进行，没有时间上的重叠，活动的完成时间估计如图 7-19 所示。

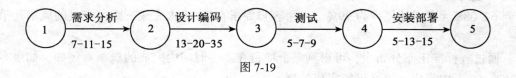

图 7-19

则各活动的期望工期和方差为：

$$t_{需求分析} = \frac{7 + 4 \times 11 + 15}{6} = 11 \qquad \sigma_{需求分析}^2 = \frac{(15-7)^2}{36} = 1.778$$

$$t_{设计编码} = \frac{14 + 4 \times 20 + 32}{6} = 21 \qquad \sigma_{设计编码}^2 = \frac{(32-14)^2}{36} = 9$$

$$t_{测试} = \frac{5 + 4 \times 7 + 9}{6} = 7 \qquad \sigma_{测试}^2 = \frac{(9-5)^2}{36} = 0.101$$

$$t_{安装部署} = \frac{5 + 4 \times 13 + 15}{6} = 12 \qquad \sigma^2_{安装部署} = \left(\frac{15-5}{6}\right)^2 = 2.778$$

二、项目周期估算

PERT 认为整个项目的完成时间是各个活动完成时间之和，且服从正态分布。整个项目完成的时间 t 的数学期望 T 和方差 σ^2 分别等于：

$$\sigma^2 = \sum \sigma_i^2 = 1.778 + 9 + 0.101 + 2.778 = 13.657$$

$$T = \sum t_i = 11 + 21 + 7 + 12 = 51$$

标准差为：

$$\sigma = \sqrt{\sigma^2} = \sqrt{13.657} = 3.696 \text{（天）}$$

据此，可以得出正态分布曲线，见图 7-20。

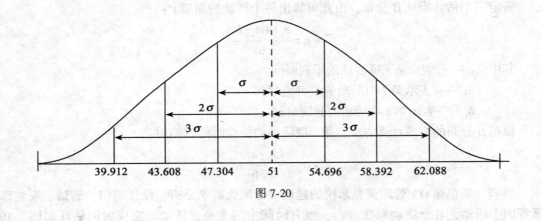

图 7-20

根据正态分布规律，在 $\pm\sigma$ 范围内即在 47.304 天与 54.696 天之间完成的概率为 68%；在 $\pm 2\sigma$ 范围内即在 43.608 天到 58.393 天完成的概率为 95%；在 $\pm 3\sigma$ 范围内即在 39.912 天到 62.088 天完成的概率为 99%。如果客户要求在 39 天内完成，则可完成的概率几乎为 0。

通过查标准正态分布表，可得到整个项目在某一时间内完成的概率。例如，如果客户要求在 60 天内完成，那么可能完成的概率为：

$$P(t \leq 60) = \Phi\left(\frac{60-T}{\sigma}\right) = \Phi\left(\frac{60-51}{3.696}\right) = 0.99286$$

第六节 网络计划的优化

网络计划的优化就是利用时差不断改善网络计划的最初方案，在满足既定目标的条件下，按某一衡量指标来寻求最优方案。

例如：当人力、材料、设备和资金等资源有限时，寻求工期最短；在工期规定的条件下，寻求投入的人力、材料、设备和资金等资源的数量最小；在最短期限完成计划的条件下，寻求成本最低等。

对网络计划的调整优化，应综合考虑进度、成本和质量，以实现项目的目标。网络计划的优化一般有工期的优化、资源配置优化和工期—成本优化方法。以下仅介绍工期优化。

采用工期优化主要是为了满足项目计划按规定的时间或提前完成而进行的调整，其工期为主要的优化目标，这时的约束条件又分为两种。

一、资源不受限制的工期优化

由于资源不受限制，可采取的补救方法就有很多，例如增加人工，选用新技术和更多的设备等资源，以实现工期缩短满足要求为目的，但这样会增加资源的消耗即增加成本，同时在采用更多的资源时，还应考虑该项目是否能提供足够的工作面来加快工作的进展。

二、资源有限的工期优化

由于资源受到限制，一般要求在合理使用和安排有限资源的条件下，满足规定的工期或使延长的工期时间最短，通常是调整工作的顺序解决资源供给与需求的矛盾。

（一）基本原理

假定 I、J、K 为某个项目的三个工作，网络的时间参数和资源需要量如表 7-6 所示，其资源为起重机，且为这三个工作只能提供两台起重机。

表 7-6

工作名称	D_{i-j}	ES_{i-j}	EF_{i-j}	LS_{i-j}	LF_{i-j}	起重机台数
I	5	8	13	8	13	1
J	4	7	11	9	13	1
K	5	9	14	10	15	1

按网络图的时间参数绘制横道图，如图 7-21 所示。

从图 7-21 中我们可以看出，如果以网络时间参数的最早可能时间作参考，在工作第 9 天到第 11 天，三个工作需同时进行，那么则同时需要起重机共 3 台，而这三项工作的资源只有两台，这时需停下一项工作延长一定的工期，才能满足条件，那么停下哪一个工作的延长时间最短呢？

按各工作的网络时间参数计算如下：

K 放在 J 后面，$\Delta t_{jk} = EF_j - LS_k = 11 - 10 = 1$ 天

J 放在 K 后面，$\Delta t_{kj} = EF_k - LS_j = 14 - 9 = 5$ 天

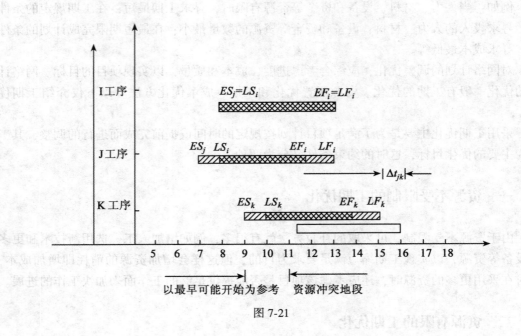

图 7-21

I 放在 J 后面，$\Delta t_{ji} = EF_j - LS_i = 11 - 8 = 3$ 天

J 放在 I 后面，$\Delta t_{ij} = EF_i - LS_j = 13 - 9 = 4$ 天

I 放在 K 后面，$\Delta t_{ki} = EF_k - LS_i = 14 - 8 = 5$ 天

K 放在 I 后面，$\Delta t_{ik} = EF_i - LS_k = 13 - 10 = 3$ 天

通过计算可知将工作 K 排在工作 J 后面可使工期延长最短时间 $\Delta t = 1$ 天，即找出一个最迟开始的工作排在最早完成工作之后，能够使得工期拖延最短。

（二）优化步骤

1. 将一般网络计划绘制成带有时间坐标的网络图及资源动态曲线。

带有时间坐标的网络图即时标网络图，指在带有工作日或日历天的进度计划中，按照各工作的先后顺序和相互关系及按照最早可能开始和最早可能结束时间绘制各工作的箭杆和事件，工作箭杆长度与时间坐标一致。

在该时标网络图中可以找出关键线路和非关键线路，可以确定每个时间是否能满足资源条件的限制。

2. 按从左向右的顺序，确定发生资源冲突的时段内工作安排的顺序，即确定 $\min\Delta t$。

3. 按调整后的网络计算时间参数，重新绘制资源动态曲线。

4. 将延长工期和增加资源损失进行比较，选用最优方案。

（三）计算实例

[例 2] 某项目网络计划如图 7-22，时间参数见表 7-7。已知资源限量为：每日工人数最多为 40 人，要求调整计划使在资源限制条件下，工期最短。

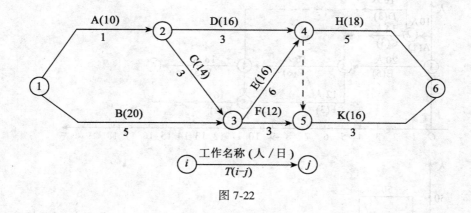

图 7-22

表 7-7　　　　　　　　　　　　　网络图时间参数计算结果

工作名称	工作代号	$D_{i,j}$	ES	EF	LS	LF	TF	FF	资源用量
A	1—2	1	0	1	1	2	1	0	10
B	1—3	5	0	5	0	5	0	0	20
C	2—3	3	1	4	2	5	1	1	14
D	2—4	3	1	4	8	11	7	7	16
E	3—4	6	5	11	5	11	0	0	16
F	3—5	3	5	8	10	13	5	3	18
H	4—6	5	11	16	11	16	0	0	12
K	5—6	3	11	14	13	16	2	0	16

解:（1）画出时标网络图及相应的资源动态曲线,见图 7-23。

（2）从左向右检查资源动态曲线,我们发现发生资源冲突的工作有 B、C、D 三项,从网络时间参数计算结果我们可以看出,最小的最早可能结束的工作是工作 C、D、EF＝4,最大的最迟必须开始时间为工作 D,$LS＝8$ 天,所以将工作 D 放在工作 C 之后。

调整网络计划及资源动态曲线,如图 7-24 所示。

（3）再检查图 7-24 的时标网络图和资源动态曲线图时,发现工作 D、E、F 在时段 5~7 天内资源发生冲突。第一次调整后的网络时间参数如表 7-8 所示。

表 7-8

工作名称	工作代号	ES	EF	LS	LF
D	2—4	4	7	8	11
E	3—4	5	11	5	11
F	3—5	5	8	10	13

179

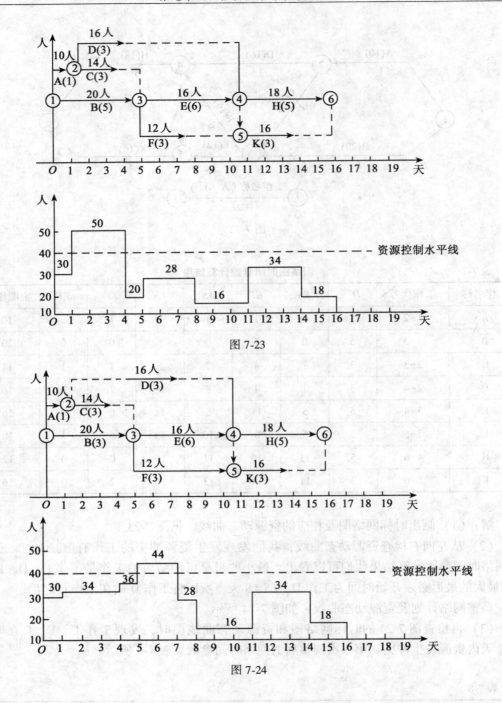

图 7-23

图 7-24

从网络时间参数计算结果可知，EF 最小的工作为工作 D，$EF = 7$ 天，LS 最大的工作为工作 F，$LS = 10$，将工作 F 放在工作 D 之后。

调整网络计划及资源动态曲线，如图 7-25 所示。

（4）经过调整后的网络计划，各段资源需要量均不超过资源最大限量。

最高使用人数为 36 人/天，总工期仍为 16 天。

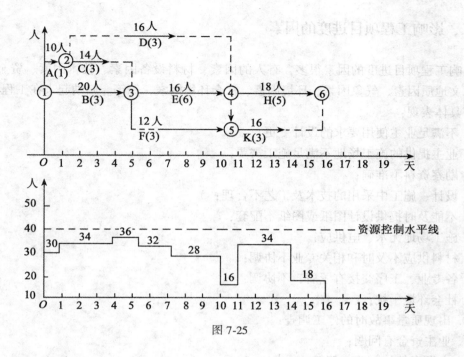

图 7-25

第七节　工程项目进度控制

一、工程项目进度控制概念

工程项目进度控制是指对工程项目各建设阶段的工作内容、工作程序、持续时间和衔接关系编制计划，在实际进度与计划进度出现偏差时进行纠正，并控制整个计划的实施。进度控制在工程项目建设中与质量控制、投资控制之间有着相互影响、相互依赖、相互制约的关系。从经济角度看，并非所有工程项目的工期越短越好。如果盲目地缩短工期，会造成工程项目财政上的极大浪费。工程项目的工期确定下来后，就要根据具体的工程项目及其影响因素对工程项目的施工进度进行控制，以保证工程项目在预定工期内完成工程项目的建设任务。

工程项目的建设进度，受许多因素的影响，应事先对影响进度的各种因素进行调查研究，预测这些因素对工程项目建设进度的影响，并编制可行的进度计划。工程项目按进度计划执行过程中，不可避免地会出现其他影响进度计划的因素，使工程项目难以按预定计划执行，这就需要协调和控制这些影响因素，使工程项目按原进度计划进行或按调整后的进度计划进行。

二、影响工程项目进度的因素

影响工程项目进度的因素很多，有人的因素、材料设备因素、技术因素、资金因素、工程水文地质因素、气象因素、环境因素、社会环境因素，等等。归纳起来在工程项目上有如下具体表现：

1. 不满足业主使用要求的设计变更；

2. 业主提供的施工场地不满足施工需要；

3. 勘察资料不准确；

4. 设计、施工中采用的技术及工艺不合理；

5. 不能及时提供设计图纸或图纸不配套；

6. 施工场地无水、电供应；

7. 材料供应不及时和相关专业不协调；

8. 各专业、工序交接有矛盾，不协调；

9. 社会环境干扰；

10. 出现质量事故时的停工调查；

11. 业主资金有问题；

12. 突发事件的影响，等等。

按照责任的归属，上述影响因素可分为两大类：

第一类，由承包商自身的原因造成工期的延长，称为工程延误。其一切损失由承包商自己承担，包括承包商在监理工程师同意下所采取加快工程进度的任何措施所增加的各种费用。同时，由于工程延误所造成的工期延误，承包商还要向业主支付误期损失赔偿金。

第二类，由承包商以外的原因造成工期的延长，称为工程延期。经监理工程师批准的工程延期，所延长的时间属于合同工期的一部分，即工程竣工的时间，等于标书规定的时间加上监理工程师批准的工程延期的时间。

三、工程项目进度控制的内容

（一）设计阶段的进度控制

1. 设计进度控制总目标

（1）设计进度控制总目标

设计进度控制的总目标就是按质、按量、按时间要求提供施工图设计文件。在这个总目标之下，设计进度控制还有各设计阶段目标和专业（水、电、消防、空调等）设计目标。

（2）设计阶段进度控制目标

① 设计准备目标。它对设计能否顺利进行和缩短设计时间的关系重大，包括：规划设计条件确定的时间目标和设计基础资料提供目标；

② 时间目标。即方案设计、初步设计、技术设计、施工图设计交付时间。

③ 各有关阶段设计审批目标。它与设计质量、审批部门工作效率以及送审人员工作态度等有关，特别是设计单位的配合要积极主动。审批手续完成，才是设计各阶段的目标实现。

（3）设计进度控制分目标

即将各设计阶段目标进行具体化，分解为各分目标。例如，施工图设计阶段划分为基础设计、结构设计、装饰设计、安装设计等。使设计进度目标构成一个从分目标到总目标的完整目标体系。

2. 设计进度控制计划体系

根据设计工作进度目标，应协助设计单位编制各阶段的设计工作进度计划，其内容如下：

（1）设计总进度计划

设计总进度计划是控制自设计准备工作起至施工图设计完成的总设计时间。设计总进度计划包括：设计准备工作；方案设计；初步设计；技术设计及施工图设计各阶段的进度计划。考虑到各阶段审批设计的时间在内，精度以月或半月计。

（2）阶段性设计进度计划

阶段性设计进度计划包括：工程设计准备工作计划；单项工程初步设计（技术设计）工作进度计划；施工图设计工作进度控制计划。这些计划的任务是具体控制各阶段的设计进度，实现各设计阶段进度目标，保证设计总进度计划的实现。

（3）设计进度作业计划

编制设计进度作业计划的目的是为了实现具体的设计时间目标，指导设计人员实行设计任务承包和控制设计作业进度。其编制依据主要有：施工图设计工作进度控制计划；单项工程建筑设计工日定额；参加本工程设计人员数。

设计进度作业计划可编制成水平进度计划形式或可应用网络计划技术形式。

3. 设计进度控制措施

（1）设计单位要有计划部门，健全设计技术经济定额，实行设计工作经济责任制。设计单位的计划部门负责编制设计年度计划和建设项目设计的进度计划，并负责计划的实施领导和监督，确保计划完成；设计单位应健全设计技术经济定额，按技术经济定额来编制设计计划和考核设计人员的设计质量、完成的工作量以及设计进度；要实行设计工作责任制，调动和激励设计人员的积极性，把设计人员的经济利益与完成任务的数量和质量挂钩。

（2）编制切实可行的设计进度计划并认真执行。在编制计划时，加强各方面的配合，搞好协作，使计划的完成得到保证。认真实施设计进度计划，使设计工作有节奏、有秩序、合理地进行。在执行计划时，加强协调，及时对设计进度进行调整，使设计工作始终处于可控制状态。

（3）尽量减少施工过程中的设计变更。施工过程中，设计变更直接影响施工进度和损失。应协助设计人员将工程的技术问题在设计过程中周密考虑，予以解决。设计单位尽量避免"三边"设计，要严格遵循基本建设程序办事。

（4）设计单位要接受监理单位的进度控制。监理单位应严格按设计合同控制设计工作的进度，加强对设计图纸及说明的审核。

（二）施工阶段的进度控制

施工阶段是工程实体的形成阶段，对其进行进度控制是整个工程项目进度控制的重点。

1. 确定施工阶段进度控制的原则

（1）为更好地满足进度目标的要求，大型工程项目可根据尽早提供可动用单元的原则，集中力量分期分批建设，从进度上缩短工期，尽快地发挥投资效益。这时应保证每一动用单元要包括交付使用所必需的全部配套项目，以形成完整的生产能力。因此，要处理好前期动用和后期建设的关系、每期工程中主体工程与辅助、附属工程之间的关系、地下工程与地上工程之间的关系、场外工程与场内工程之间的关系等。

（2）合理安排土建与设备的综合施工。按它们各自的特点，合理安排土建施工与设备基础、设备安装的先后顺序及搭接、交叉或平行施工方法，明确设备工程对土建的要求和土建为设备提供施工条件。

（3）结合本工程项目的特点，参考同类工程项目的经验来确定进度目标。防止只按主观愿望定进度目标的盲目性，保持速度适当，既不拖延，也不抢工。

（4）做好资金供应、施工力量配备、材料物资到货与进度需要的平衡，尽力保证进度目标的要求而不使其落空。

（5）考虑外部协作条件的配合情况，包括施工中及工程项目竣工动用所需的水、电、汽、通讯、道路及其他社会服务项目的满足程度和满足时间，必须与有关项目的进度目标协调。

（6）现场所在地区地形、地质、水文、气象等方面的限制，或克服限制可能采取的措施。

（7）要全面而细致地分析与工程进度有关的主、客观有利与不利因素，使进度目标定得恰当合理，有助于提高计划的预见性和进度控制的主动性。

2. 施工阶段进度控制目标的分解

根据工程项目进度总目标，从以下不同角度进行层层分解。

（1）按项目组成分解

将进度总目标细化，作进一步分解的基础。单项工程的进度目标在工程项目总进度计划和工程建设年度计划中都有体现。它也是确定设计进度、进行施工招标的依据，并列入设计、施工承包合同条款。

（2）按承包单位分解

对每个单项工程进度目标按承包单位分解为总包和各分包单位的进度目标，列入分包合同，以便落实分包责任，并根据各专业工程交叉施工方案和前后衔接条件明确不同施工单位工作面交接的条件和时间。

（3）按任务性质分解

劳动力、材料、构配件、机具和设备供应的品种、规格、数量和日期都要按施工进度的需要落实，其他外部协作条件，如上下水、电、道路等市政管线工程施工及其与现场的衔接，现场拆迁、清障、文物、绿化、平整工程和临时占地审批等的进度，都要紧密配合施工进度目标，按保证工程需要的原则确定各项工作的进度分项目。

（4）按施工阶段分解

土建工程可根据工程特点分为基础、结构、内外装修等阶段或分部工程。大型工程还可先划分为工程区段。专业工程的管线配置、设置安装、调试等阶段的划分等，都要突出各阶段之间的衔接时间。特别是不同单位承包的不同阶段工程之间，更要明确划定时间分界点，以它作为形象进度的控制标志，使单项工程动用目标具体化。

（5）按计划期分解

按年度、季度和月（旬）度分解的进度目标，必要时进一步细分为周的进度目标，用计划期内应完成的实物工程量、货币工作量及形象进度表示，以更有利于明确对各承包商的进度要求。同时，还可以据此监督其实施，检查其完成情况。计划期愈短，进度目标愈细，进度跟踪就愈及时，发生进度偏差时也就更能有效地采取措施予以纠正。这样，就能形成一个有计划有步骤协调施工、长期目标对短期目标自上而下逐级控制、短期目标自下而上逐级保证逐步趋近进度总目标的局面，最终达到工程项目按期竣工交付使用的目的。

3. 施工阶段进度控制的内容

施工阶段进度控制的主要内容包括事前、事中、事后进度控制。

事前进度控制是指项目正式施工前进行的进度控制，其具体内容有：

（1）编制施工阶段进度控制工作细则。控制工作细则是针对具体的施工项目来编制的，它是实施进度控制的一个指导性文件，其主要内容应包括：

① 施工阶段进度目标分解图；

② 施工阶段进度控制的主要工作内容和深度；

③ 人员的具体分工；

④ 与进度控制有关的各项工作的时间安排，总的工作流程；

⑤ 进度控制所采取的具体措施（包括进度检查日期、收集数据方式、进度报表形式、统计分析方法等）；

⑥ 进度控制的方法（包括进度检查日期、收集数据方式、进度报表形式、统计分析方法等）；

⑦ 进度目标实现的风险分析；

⑧ 尚待解决的有关问题。

（2）编制或审核施工总进度计划。总进度计划的开竣工日期必须与项目总进度计划的时间要求一致。要审核承包商编制的总进度计划，审核的内容包括：

① 项目的划分是否合理，有无重项和漏项；

② 进度在总的时间安排上是否符合合同中的规定的工期，或是否与项目总进度计划中施工进度分目标的要求一致；

③ 施工顺序的安排是否符合逻辑，是否满足分期投产的要求，以及通讯是否符合施工程序的要求；

④ 全工地材料物资供应的均衡性是否满足要求；

⑤ 劳动力、材料、机具设备供应计划是否能确保施工总进度计划的实现；

⑥ 施工组织总设计的合理性、全面性和可行性如何；

⑦ 进度安排与建设单位提供资金的能力是否一致。

若在审查过程中发现问题，则需要及时向施工总承包商提出，并协助其修改施工总进度计划。

（3）审核单位工程施工进度计划。通常，施工单位在编制单位工程施工进度计划时，除满足关键控制日期的要求外，大多数施工过程的安排具有相当大的灵活性，以协调其本身内部各方面的关系。只要不影响合同规定和关键控制工作的进度目标的实现，业主、监理工程师可不予干涉。业主、监理工程师对施工单位提交的单位工程施工进度计划的审核内容主要包括以下方面：

① 进度安排是否满足合同规定的开竣工日期；

② 施工顺序的安排是否符合逻辑，是否符合施工程序的要求；

③ 施工单位的劳动力、材料、机具设备供应计划能否保证进度计划的实现；

④ 进度安排是否合理，以防止施工单位利用进度计划的安排造成建设单位违约，并以此向建设单位提出索赔；

⑤ 该进度计划是否与其他施工进度计划协调；

⑥ 该进度计划的安排是否满足连续性、均衡性的要求。

（4）进度计划系统的综合。业主、监理工程师在对施工单位提交的施工进度计划进行审核以后，往往要把若干个相互联系的处于同一层次或不同层次的施工进度计划综合成一个多阶群体的施工总进度计划，以利于进度总体控制。特别是在项目的实施过程中，当工程的规模较大时，若不将进度计划进行综合，而只是形成若干个独立部分，那么，要想迅速而准确地了解某一局部对另一局部的影响，或其对总体的影响是非常困难的。

（5）编制年度、季度、月度工程进度计划。进度控制人员应以施工总进度计划为基础编制年度进度计划，安排年度工程投资额，单项工程的项目、形象进度和所需各种资源（包括资金、设备、材料和施工力量），做好综合平衡，相互衔接。年度计划可作为建设单位拨付工程款和备用金的依据。此外，还需编制季度和月度进度计划，作为施工单位近期执行的指令性计划，以保证施工总进度计划的实施。最后适时发布开工令。

事中进度控制是指项目施工过程中进行的进度控制，这是施工进度计划能否付诸实现的关键过程。进度控制人员一旦实现实际进度与目标偏离，必须及时采取措施以纠正这种偏差。事中进度控制的具体内容包括：

（1）建立现场办公室，以保证施工进度的顺利实施；

（2）协助施工单位实施进度计划，随时注意施工进度计划的关键控制点，了解进度实施的动态；

（3）及时检查和审核施工单位提交的进度统计分析资料和进度控制报表；

（4）严格进行检查，为了了解施工进度实际状况，避免承包单位谎报工作量的情况，监理工程师需进行必要的现场跟踪检查，以检查现场工作量的实际完成情况，为进度分析提供可靠的数据资料；

（5）做好工程施工进度记录；

（6）对收集的进度数据进行整理和统计，并将计划与实际进行比较，从中发现是否有进度偏差；

（7）分析进度偏差将带来的影响并进行工程进度预测，从而提出可行的修改措施；

（8）重新调整进度计划并付诸实施；

（9）定期向建设单位汇报工程实际进展状况，按期提供必要的进度报告；

（10）组织定期和不定期的现场会议，及时分析、通报工程施工进度状况，并协调施工单位之间的生产活动；

（11）核实已完工程量，签发应付工程进度款。

事后进度控制是指完成整个施工任务后进行的进度控制工作，具体内容有：

（1）及时组织验收工作。

（2）处理工程索赔。

（3）整理工程进度资料。施工过程中的工程进度资料一方面为业主提供有用信息，另一方面也是处理工程索赔必不可少的资料，必须认真整理，妥善保存。

（4）工程进度资料的归类、编目和建档。施工任务完成后，这些工程进度资料将作为监理人员在今后类似工程项目施工阶段进度控制的有用参考资料，应将其编目和建档。

（5）根据实际施工进度，及时修改和调整验收阶段进度计划及监理工作计划，以保证下一阶段工作的顺利开展。

四、工程项目进度对比与控制的方法

（一）施工项目进度计划的对比检查

施工项目进度计划的检查是指依据计划进度跟踪、对比、检查实际进度的过程，这一过程包括收集进度资料，对资料进行统计整理，记录实际进度并与计划进度进行对比分析，最后根据检查报告制度，将检查结果提交给项目经理及各级业务职能负责人。

记录实际进度并与计划进度进行对比检查的方法有很多，以下叙述几种常用的对比检查方法，包括：横道图对比检查法、S曲线对比检查法、香蕉曲线对比检查法、网络图实际进度前锋线对比检查法。

1. 横道图对比检查法

当进度计划采用横道图表达时，实际进度与计划进度的对比记录方法有多种形式，最简单的办法是：将检查日期内项目施工进度的实际完成情况用与计划进度横线条有区别的横线条表示实际进度，标在计划进度的下方。这种方法比较清楚、明晰，很容易看出实际进度提前或拖后的天数。如图 7-26 所示的横道图对比检查法，双线条表示计划进度，粗黑线条表示实际进度，三角形内的数字表示检查日期。这样，我们很容易看出，第 14 天检查时，A 工序已按计划进度全部完成，B 工序提前了两天完成，而 D 工序拖后了两天才完成。据此，可以分析原因及其对工期的影响，进而采取措施调整计划。

2. S 曲线对比检查法

（1）S 曲线的概念

对于多数施工项目来说，在项目施工准备阶段和竣工收尾阶段，通常施工项目的进展速度都比中期慢。这就意味着单位时间内完成的任务量从初期到中期呈现递增趋势，而由

工作编号	工作时间/天	施工进度/天										
		4	8	12	16	20	24	28	32	36	40	44
A	8											
B	8											
C	8											
D	4											
E	12											
F	8											
G	4											
H	8											

图 7-26 横道图对比检查

中期到后期则呈现递减趋势, 开工和完工时为零, 如图 7-27 (a) 所示。如以横坐标表示进度时间, 纵坐标表示单位时间内累计完成的任务量 (可用工程量或工作量表示), 由此绘制的曲线图形状如 "S", 如图 7-27 (b) 所示, 称之为 S 曲线。

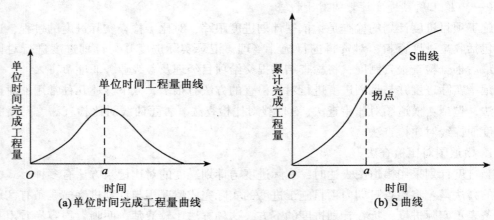

(a) 单位时间完成工程量曲线 **(b) S 曲线**

图 7-27 时间与完成工程量关系图

(2) S 曲线的绘制方法

S 曲线可按下述步骤确定:

①确定单位时间内完成的工程量 (或工作量)。

②累计单位时间完成的工程量 (或工作量), 可按下式确定

$$Q = \sum_{i=1}^{n} Q_i$$

式中：Q——单位时间内完成的工程量（天或周等）

Q_i——累计单位时间完成的工程量（或工作量）

n——单位时间数量。

③绘制单位时间完成工程量曲线和 S 曲线。

下面举例说明 S 曲线的绘制方法。设某施工项目土方开挖量为 8 000m³，工期为 10 天，每天土方开挖量和由此确定的每天累计完成的工程量如表 7-9 所示。以每天累计完成工程量为纵坐标，开挖进度时间为横坐标，绘制的 S 曲线如图 7-28 所示。

表 7-9 <center>每天完成的开挖量和每天累计开挖量</center>

时间/天	1	2	3	4	5	6	7	8	9	10
每天完成量/m³	160	480	800	1 120	1 440	1 440	1 120	800	480	160
累计完成量/m³	160	640	1 440	2 560	4 000	5 440	6 560	7 360	7 840	8 000

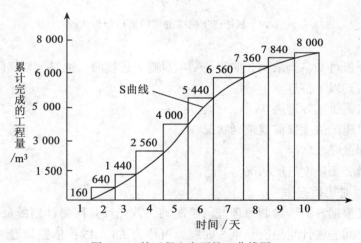

图 7-28 某工程土方开挖 S 曲线图

（3）S 曲线对施工进度的分析比较

利用 S 曲线分析项目施工进度时，应首先绘制计划进度 S 曲线和实际进度 S 曲线，然后根据施工进度曲线与曲线切线的关系加以分析，可确定出项目进度提前或拖延的界限。如图 7-29 所示，实线表示项目施工进度计划曲线，虚线表示实际施工进度曲线，分析方法如下：

a 点的切线为 ab，表明以 a 点的速度施工，工程将在 b 点完成，可正好赶上工期；a_1 的切线为 a_1b_1，表明以 a_1 点的速度施工，工程将在 b_1 点完成，工期将拖延。同理，a_4 点的切线为 a_4b_4，表明以 a_4 点的速度施工，工程将在 b_4 点完成，工期将拖延；a_3 点的切线为 a_3b_3，表明以 a_3 点的速度施工，工程将在 b_3 点完成，工期将提前。同理，a_2 点的切线为 a_2b_2，表明以 a_2 点的速度施工，工程将在 b_2 点完成，工期将提前。由此可知，设 b 点为计划工期的完工点，若进度曲线上某点的切线与完工线的交点落在 b 点的左侧，表明以该点的速度施工，工期将提前。若落在 b 点右侧，表明以该点的速度施工，工期将拖延，必须采取赶工措施，加快施工进度才能按期完成。图 7-29 所示的实际进度曲线在后期呈向上凹的形状，表示为了按期完工，其赶工作业的时间将持续到最后。

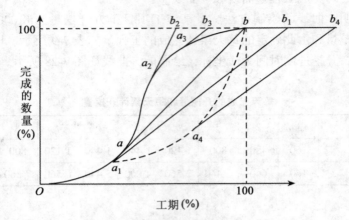

图 7-29　利用进度曲线的切线进行分析比较

由上面的分析可知，当采用 S 曲线控制项目施工进度时，通过工期实际进度与计划进度比较，可以得到以下信息：

①反映项目施工实际进展状况。

②确定项目施工进度提前或拖延状况。

③确定工程量完成状况。

④预测项目施工后期进度状况。

3. 香蕉曲线对比检查法

香蕉曲线是根据 S 曲线绘制原理进行绘制的。首先计算网络计划的最早、最迟时间，然后依据最早时间进度计划绘制一条 S 曲线，可称为 ES 曲线；依据最迟时间进度计划绘制一条 S 曲线，可称为 LS 曲线。两条曲线同时开始，同时结束，在中间阶段，ES 曲线上的点在 LS 曲线的左侧，因此，形成封闭的状如香蕉的曲线形态，称之为香蕉曲线，如图 7-30 所示。

一般说来，实际施工中既不宜按最早时间计算，也不宜按最迟时间计算，因为这都将造成资源运用上的不均衡。而且，按最早时间施工将使工程过早地把资金积压在未完工程上而负担过多的利息支出；而按照最迟时间施工则会使工程承包人缺乏回旋的余地，可能延误工期。所以，比较理想的施工进度曲线应是在图 7-30 所示的两条 S 曲线之间的某一条曲线（见图 7-30 中的虚曲线），而且，这条曲线的中段应尽可能呈直线形，这可以通过对各工序施工时间的调整来达到。当然通过资源优化来实现将更有根据，香蕉曲线就构成了理想施工进度的范围和上下限。在任何时间，施工的费用或进度超过了香蕉曲线的范围，都要引起注意和警惕，及早采取措施加以控制。

4. 网络图实际进度前锋线对比检查法

项目施工进度计划用时标网络图来表达时，可用实际进度前锋线记录施工的实际进

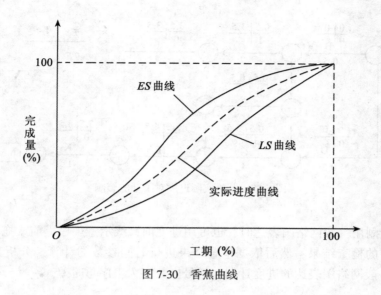

图 7-30 香蕉曲线

度。实际进度前锋线是指在时标网络计划图上，将计划检查时刻各项工作的实际进度所达到的前锋点连接而成的折线。如图 7-31 所示的折线 *abdt*。实际进度前锋线与计划进度对比检查，可发现工序提前或拖后的情况，并可通过时间参数的计算，分析实际进度对工期的影响，进而采取相应的措施。

当进度计划用时标网络图表达时，用实际进度前锋线记录施工的实际进度，可以很直观地看出检查日期内工序提前或拖后的情况。如图 7-31 所示，要表示第 4 周末检查的情况，*abdt* 表示第 4 周末实际进度前锋线，我们可以很清楚地看出，B 工序提前半周，D 工序拖后半周。

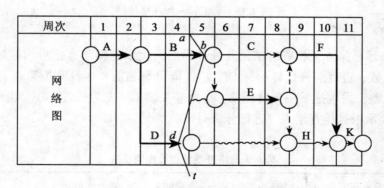

图 7-31 用进度前锋线记录实际进度

根据检查结果，进行时间参数计算，可以分析实际进度对工期的影响。具体方法是：截取第 4 周末的时标网络图，此时计划工期尚余 7 周。根据检查结果，重新计算网络图，发现实际工期只需 6.5 周，因此得知，此时工期将提前半周实现，如图 7-32 所示。

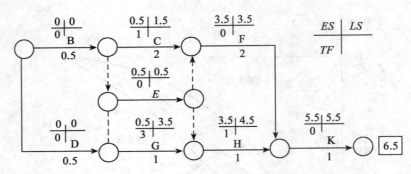

图 7-32　分析实际进度对工期的影响

当进度计划用一般网络图表达时，也可用进度前锋线示意工序提前或拖后的情况。在图中标明必要的检查结果，然后依据检查结果进行时间参数的计算，分析其影响。如图 7-33 所示为一般网络图表达的进度计划，括号内数字为工序总时差。

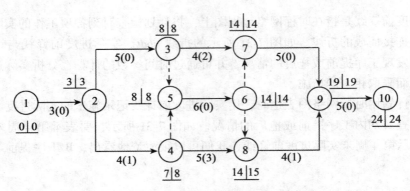

图 7-33　某工程一般网络计划

图 7-34 所示是第 6 天检查的结果及计算后的进度示意图，方括号内的数字为该工序尚需作业的天数。进度前锋线显示，工序 2~3 既没有超前，也没有拖后；工序 2~4 用完了一天的总时差，发生拖后一天的现象，已由非关键工序变为关键工序，应引起足够的重视。表 7-10 表示根据检查结果，进行分析对比的情况。

表 7-10　　　　　　　　　　　　　**第 6 天网络进度计划检查情况表**　　　　　　　　　　　　单位：天

工作编号	在第 6 天时尚需作业的天数	按计划最迟完成尚有的天数	原有总时差天数	尚有总时差天数	检查结果分析
2~3	2	2	0	2−2＝0	正常
2~4	2	2	1	2−2＝0	要重视

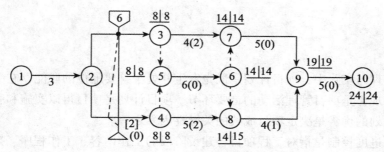

图 7-34　第 6 天施工进度示意图

（二）施工项目进度计划的调整

施工项目进度计划的调整是根据检查结果，分析实际进度与计划进度之间产生的偏差及原因，采取积极措施予以补救，对计划进度进行适时修正，最终确保计划进度指标得以实现的过程。

由以上的检查对比方法可知，横道图、S 曲线、香蕉曲线以及网络图实际进度前锋线，都能方便地记录和对比工程进度，提供进度提前或拖后等信息，但用网络图法进行检查对比，能更方便、准确地分析检查结果对工期的影响，从而为准确调整进度计划提供便利。因此，检查与调整进度计划一般采用网络计划法。

在施工项目实施过程中，项目进度控制人员每天均应在项目网络进度计划图上标画出实际施工进度前锋线，检查网络进度计划执行情况。一般每周做一次检查结果分析，并向主管部门提出相应的施工进度控制报告。

主管部门应根据具体情况，及时调整网络进度计划。调整内容主要包括：从网络进度计划中删除多余的工序，在网络图上增加新的工序，调整某些工序的持续时间，以及重新计算未完工序的各项时间参数。

项目网络进度计划调整周期的长短，应视项目规模和施工阶段的不同而异。通常工期为 6 个月至 1 年的施工项目，其调整周期以两周为宜；工期为 1 年以上的施工项目，其调整周期以 1 个月为宜；对于施工高峰阶段，其调整周期应缩短至正常周期的一半；对于施工淡季，其调整周期可以增至正常周期的一倍。

施工项目网络进度计划的调整，应与有关施工协调会议结合起来。在会前一两天项目进度控制部门应提出网络进度计划调整方案，并拟定相应的调整报告，然后由施工协调会议讨论并做出相应的决策。

网络进度计划的调整方法，应根据调整范围的大小确定。当调整范围不大时，可在原网络进度计划基础上修订，重新计算未完工序各项时间参数，并进行相应的优化；当调整范围很大时，应重新安排施工顺序，调整施工力量，编制新的项目网络进度计划，计算各项时间参数，进行网络进度计划优化，并确定出最优方案去付诸实施。

小　结

在项目管理与实践中，项目计划是最先发生并处于首要地位的职能，它引导项目各种管理职能的实现，是项目管理活动的首要环节。项目计划是项目得以实施和完成的基础与依据，项目计划的优劣是决定项目成败的关键性因素之一。

工程项目进度控制是指对工程项目各建设阶段的工作内容、工作程序、持续时间和衔接关系编制计划，在实际进度与计划进度出现偏差时进行纠正，并控制整个计划的实施。由于进度计划实施过程中目标明确，而资源有限，不确定因素多，干扰因素多，这些因素有客观的、主观的。主客观条件的不断变化，计划也随着改变，因此，在项目施工过程中必须不断掌握计划的实施状况，并将实际情况与计划进行对比分析，必要时采取有效措施，使项目进度按预定的目标进行，确保目标的实现。

思考题

1. 项目计划及其目的是什么？
2. 简述项目计划的原则和项目计划管理的过程。
3. 什么是工作分解结构？
4. 掌握网络图的绘制方法，正确绘制网络图。熟练掌握时间参数的计算方法。
5. 何谓进度控制？其控制重点是哪个阶段？如何确定这个阶段进度控制的原则？

第八章 工程项目投资与成本控制

工程项目投资与成本控制是项目管理中的一个非常重要的方面，其目的是按照经济规律的要求，利用科学的管理方法和手段，通过对影响工程项目建设目标的因素识别和建设环境分析，达到对工程项目投资与成本目标的控制。本章重点介绍工程项目建设投资与成本的控制原理、原则、方法、对策及措施。

第一节 工程项目投资控制概述

一、工程项目投资控制的概念

工程项目投资的有效控制是工程项目管理的重要组成部分。工程项目投资控制是指为了实现投资目标，将投资尽可能的控制在既定范围内而进行的一系列工作，具体来说就是在项目决策阶段、设计阶段、承发包阶段和建设实施阶段，把投资的发生控制在批准的投资限额以内，随时纠正发生的偏差，以保证项目投资管理目标的实现，有效使用人力、物力和财力，取得较好的投资效益和社会效益。

二、工程项目投资的构成

工程项目投资是指投资主体为获得预期收益或者为满足业主的功能和使用要求，从而在选定的建设项目上投入所需全部资金的经济行为，是工程项目建设阶段所需全部费用的总和，包括固定资产投资和流动资产投资。

（一）世界银行关于项目费用构成的规定

1978 年，世界银行、国际咨询工程师联合会对项目费用的构成做了统一规定，见图 8-1。

1. 项目直接成本（Direct Cost）

项目直接成本包括：土地征购费、特殊的场外设施费用、场地费用、工艺设备费、设备安装费、管道系统费、电气设备费、电气安装费、仪器仪表费、机械的绝缘和油漆费、工艺建筑费、服务性建筑费用、工厂普通公共设施费、车辆费以及其他当地费用。

2. 项目间接成本（Indirect Cost）

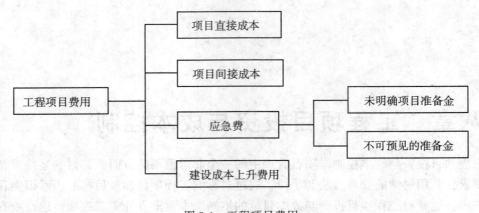

图 8-1　工程项目费用

项目间接成本包括：项目管理费、开工试车费、业主的行政性费用、生产前费用（包括前期研究、勘测等）、运费和保险费、地方税。

3. 应急费（Contingency Cost）

应急费包括：未明确项目的准备金和不可预见准备金。

未明确项目的准备金用于在估算时不可能明确的潜在项目，包括那些在做费用估算时因为缺乏完整、准确和详细的资料而不能完全预见和不能注明的项目。

不可预见准备金作为预计社会、经济变化时会增加的费用估算。由于变化的发生具有不确定性，因此不可预见准备金不一定动用，它是一种储备。

4. 建设成本上升费

通常，估算中使用的构成工资率、材料和设备价格基础的截止日期就是"估算日期"，因而必须对该日期或已知成本基础进行调整，以补偿直至工程结束时的未知价格增长。工程的各个主要组成部分的细目划分确定以后，就可确定每一个主要组成部分的增长率。这个增长率是根据已发布的国内和国际成本指数、公司记录为依据，并与实际供应商核对后判断确定。最后，根据确定的增长率和工程进度表中获得的每项活动的中点值，计算出每项主要组成部分的成本上升值。

（二）国内关于项目投资构成的规定

我国现行项目投资的构成见图 8-2。

1. 建筑安装工程费

建筑安装工程费是指用于建筑工程和安装工程的费用。建筑工程包括一般土建工程、采暖通风工程、电气照明工程、工业管道工程、特殊构筑物工程。安装工程包括机械设备安装工程、电气设备安装工程、热力设备安装工程、化学工业设备安装工程等。建筑工程安装费用包括：直接工程费、间接费、计划利润和税金。

2. 设备工器具购置费

设备工器具购置费是指为项目购置或自制达到固定资产标准的设备和新、扩建项目配置的首批工器具及生产家具所需的费用，包括生产设备、辅助设备、"三废"治理设备、

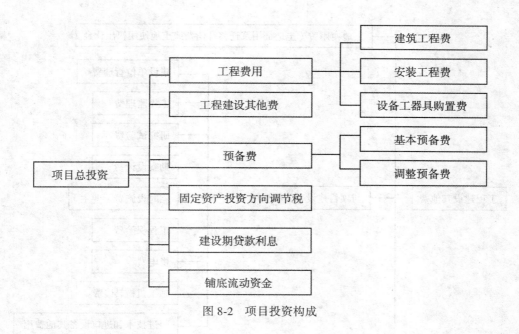

图 8-2　项目投资构成

服务性设备等设备费用。

3. 工程建设其他费

工程建设其他费是指从工程筹建起到工程竣工验收交付生产或使用止的整个建设过程中除建筑安装工程费用和设备及工器具购置费以外的，为保证工程建设顺利完成和交付使用后能够正常发挥效益或效能而发生的各项费用。工程建设其他费内容较多，具体见图 8-3。

4. 预备费

按我国现行规定，预备费包括基本预备费和调整预备费。

（1）基本预备费，是指针对项目实施过程中可能发生、难以预料的支出而事先预留的费用，主要是指设计变更以及施工过程中可能增加工程量的费用，具体包括：

①在批准的初步设计范围内，技术设计、施工图设计及施工过程中所增加的工程费用；设计变更、工程变更、材料代用、局部地基处理等增加的费用。

②一般自然灾害造成的损失和预防自然灾害所采取的措施费用。实行工程保险的工程项目费用应适当降低。

③竣工验收时为鉴定工程质量对隐蔽工程进行必要的挖掘和修复费用。

（2）调整预备费，指项目在建设期内由于物价上涨、汇率变化等因素影响而需要增加的费用，其费用内容包括人工、设备、材料、施工机械的价差费，建筑安装工程费及工程建设其他费用调整，利率、汇率调整等增加的费用。

5. 固定资产投资方向调节税

投资方向调节税是为了贯彻国家产业政策，控制投资规模，调整投资结构，加强重点建设，引导投资在地区和行业间的有效配置而开征的税收。需要说明的是，为扩大内需，

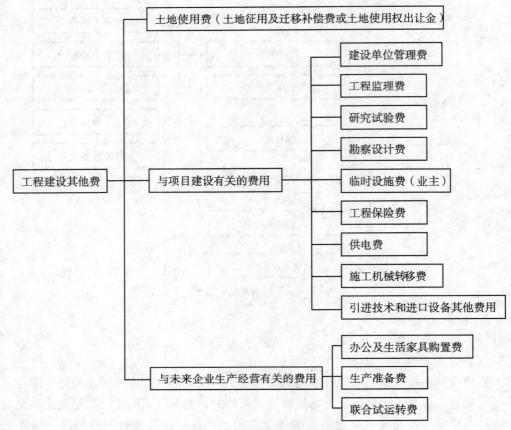

图 8-3　工程建设其他费的构成

鼓励投资,《中华人民共和国固定资产投资方向调节税暂行条例》规定,自 2000 年 1 月 1 日起暂停征收固定资产投资方向调节税,但该税种目前并未取消。

6. 建设期贷款利息

建设期贷款利息是指投资项目在建设期间固定资产投资借款的应计利息。建设期利息应按借款要求和条件计算。国内银行借款按现行贷款利率计算,国外贷款利息按协议书或贷款意向书确定的利率按复利计算。

7. 铺底流动资金

铺底流动资金是指用以购买企业生产所需的原材料、燃料、动力等劳动对象和支付职工劳动报酬的周转资金。流动资金可分为储备资金、生产资料、成品资金与结算及货币资金。

三、工程项目投资控制的原则

(一) 必须分阶段设置明确的投资控制目标

控制是为确保目标的实现,没有目标,控制也就失去意义了。目标的设置是很严肃的，并要有科学的依据。

工程项目建设过程是一个周期长、数量大的生产消费过程，建设者在一定时间内所拥有的知识经验是有限的，不但常常受科学条件和技术条件的限制，而且也受客观过程的发展及其表现程度的限制，因而在工程项目开始就设置一个科学的、一成不变的投资估算是很困难的。随着工程建设的实践、认识、再实践、再认识，投资控制目标一步步清晰、准确，从而形成设计概算、施工图预算、承包合同价等。也就是说，工程项目投资控制目标应是随着工程项目建设实践的不断深入而分阶段设置的。具体地讲，投资估算应是设计方案选择和进行初步设计的投资控制目标；设计概算应是进行技术设计和施工图设计的投资控制目标；设计预算或建设安装工程承包合同价则应是施工阶段控制建设安装工程投资的目标。有机联系的阶段目标相互制约，相互补充，前者控制后者，后者补充前者，共同组成项目投资控制的目标系统。

分阶段设置的投资控制目标要既有先进性又有实现的可能性，目标水平要能激发执行者的进取心和充分发挥他们的工作能力。

（二）投资控制贯穿于以设计阶段为重点的建设全过程

项目投资控制贯穿于项目建设全过程，这一点是没有疑义的，但是必须重点突出。图8-4 是不同建设阶段影响项目投资程度的坐标图。从该图可看出，对项目投资影响最大的阶段，是约占工程项目建设周期 1/4 的技术设计结束前的工作阶段。在初步设计阶段，影响项目投资的可能性为 75% ~ 95%；在技术设计阶段，影响项目投资的可能性为 35% ~ 75%；在施工图设计阶段，影响项目投资的可能性则为 5% ~ 35%。很显然，项目投资控制的关键在于施工以前的投资决策和设计阶段，而在项目做出投资决策后，控制项目投资的关键就在于设计。要想有效控制工程项目投资，就要坚决地把工作重点放在建设前期，尤其是抓住设计这个关键阶段。

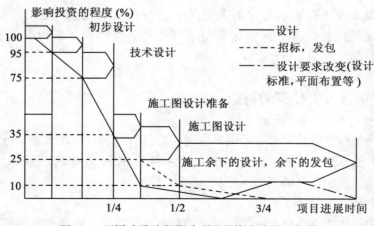

图 8-4　不同建设阶段影响项目投资程度的坐标图

（三）采取主动控制，积极地影响投资决策

工程项目投资控制应立足于事先主动采取措施，尽可能地减少目标值与实际值的偏离，这是主动的、积极的控制方法。如果仅仅是机械的比较目标值与实际值，当实际值偏离目标值时，分析其产生偏差的原因，并确定下一步的对策，这种按部就班的被动控制虽然在工程建设中也有其存在的实际意义，但它不能使已产生的偏差消失，不能预防可能发生的偏差。所以，我们的项目投资控制应采取主动、积极的控制方法。要能动地去影响投资决策，影响设计、发包和施工。

（四）技术与经济相结合是控制项目投资的有效手段

技术与经济的脱节，工程技术人员与财会、概算人员单纯从各自角度出发，对工程进展中各种关系处理不当，是难以有效地控制项目投资的原因。因此，在工程项目建设过程中要把技术与经济有机结合，通过技术比较、经济分析和效果评价等方法，正确处理技术先进与经济合理两者之间的对立统一关系，力求在技术先进条件下的经济合理，在经济合理基础上的技术先进，以提高项目投资效益为目的，把控制项目投资观念渗透到各项设计和施工技术措施之中。

（五）遵循"最适合"原则控制项目投资

传统的决策理论是建立在绝对逻辑基础上的一种封闭式决策模型，它把人看作具有"绝对理性的人"或"经济人"，在决策时，会本能地遵循最优化原则（即影响目标的各种因素的最有利的值）来选择方案。而由美国经济学家西蒙首创的现代决策理论的核心则是"最适合"准则。他认为，由于人的头脑能够思考和解答问题的容量同问题本身规模相比较是非常渺小的，所以在现实世界里，要采取客观的合理举动，哪怕接近客观合理性，也是很困难的。因此，对决策人来说，最优化决策几乎是不可能的。应该用"最适合"这个词来代替"最优化"。由工程项目的三大目标（工期、质量、投资）组成的目标系统，是一个相互制约、相互影响的统一体，其中任何一个目标的变化，势必会引起另外两个目标的变化，并受它们的影响和制约。在项目建设时，一般不可能同时最优，即不能同时做到投资最省、工期最短、质量最高。为此，在工程项目建设中，应根据业主要求、建设的客观条件进行综合研究，确定一套切合实际的衡量准则，只要投资控制的方案符合这套衡量准则，取得令人满意的结果，投资控制就算达到了预期目标。

四、工程项目投资控制的特点

工程项目的投资控制是针对工程项目全过程的投资控制，是在满足项目质量、进度要求基础上进行的投资控制，同时也是在满足业主对项目使用功能要求基础上，使所需费用最省而进行的投资控制，其特点如下：

（一）系统性

工程项目按总体进行设计和施工，建成后有完整的系统，整体进行生产并具有使用价值。所以，工程项目作为一个完整的整体，包含一个复杂的系统，包括项目主体工程、附属配套工程、设备安装工程、水暖安装工程、供水供电工程、环境保护工程等。因此，在配置生产要素，分配人力、财力、物力时要追求最佳的投资效益，做到面面俱到、面面控制、整体优化。

（二）动态性

工程项目的生产周期长、投资量大，生产过程总是处于不断变化的环境中，存在各种各样的干扰，例如：天气影响、设计不及时、工程量变更、设计变更、原材料价格上涨、工程中的突发事件等都会影响到工程投资的控制。所以不可能一开始就设置一个精确的、科学的、一成不变的控制目标，而必须在项目开始时设置项目计划投资额，其后在项目进行的过程中随着现实情况的变化进行动态的投资控制。

（三）约束性

工程项目是在一个特定的环境中批准立项、建设实施、交付使用，要受到周围环境方方面面的影响，例如：原材料供应是否及时，建设用地的地址状况、天气因素、设计因素等都会影响到工程项目的投资控制。并且工程项目有众多的利益相关者，例如：与承包商、分包商、材料供应商、勘察设计单位等有千丝万缕的关系，所以投资控制具有一定的约束性。

（四）科学性

工程项目要有一个制定好的投资控制目标，同时随时监测对投资目标实现影响要素的实时数据，例如：工程规模、工期、质量、投资额、实际生产能力、效益指标、产品质量、数量等。因此必须采用科学的投资控制方法，才能完成控制目标。

（五）全面性

工程项目的投资包括建安工程费、设备及工器具购置费、工程建设其他费、预备费、建设期贷款利息、流动资金等涉及的内容非常多。因此，在进行投资控制时不能只控制建安工程费，或者只控制设备及工器具购置费，而是要着眼于全局，全方位，全面地来控制工程中的各项费用。除此之外，对项目的投资控制不能只控制设计或者施工这一个阶段，因为建设项目的寿命指的是它的全寿命周期，包括建设项目从决策、勘察、设计、施工到竣工验收、运营投产、拆除报废的整个过程。因此，要着眼于项目的整个建设过程来进行投资控制，在控制时不仅要控制价还要控制量及费用发生的时间，从而满足资金使用计划的要求。

（六）微观性

工程项目投资控制的微观性体现在建设项目组成部分的微观性和工程项目形成过程的微观性上。它与着眼于宏观的资产管理不同，不是控制项目在宏观层面上的投资方向、融资方式、投资结构等，而是对具体工程项目的投资额进行控制。首先，一个建设项目可划分至分项工程，因此对整个工程项目的投资控制实际上就体现在对每一个分项工程的投资控制之上。其次，一个工程项目的成型，经历了可行性研究、设计、施工等阶段，而每个阶段又包含了许多更为细小的过程，因此，建设项目的投资控制应贯穿于其每一个形成过程的始终。基于此，一般将工程项目投资分解为若干个部分，若干个环节去进行控制，其后从每个部分、每个环节等细微部分着手，从而实现全方位、全过程的投资控制。

第二节 工程项目投资控制的具体内容及方法

一、工程项目投资控制的内容

（一）决策阶段的投资控制

决策阶段是指项目建议书阶段、可行性研究阶段和设计任务书阶段。

在项目建议书阶段要进行投资估算和资金筹措设想。对打算利用外资的项目，应分析利用外资的可能性，初步测算偿还贷款的能力。还要对项目的经济效益和社会效益作初步估计。

在可行性研究阶段要在完成市场需求预测、厂址选择、工艺技术方案选择等可行性研究的基础上，对拟建项目的各种经济因素进行调查、研究、预测、计算及论证，运用定量分析及定性分析相结合、动态分析与静态分析相结合的方法，计算内部收益率、净现值率、投资利润等指标，完成财务评价；大、中型项目还要利用影子价格、影子汇率、社会折现率等国家参数，进行国民经济评价，从而考察投资行为的宏观经济合理性。

在设计任务书中，决定一个工程是否建设和怎么建设，提出编制设计文件的依据。设计任务书阶段要估算出较准确的投资控制数额，作为建设期投资控制的最高限额。

（二）设计阶段的投资控制

在投资和工程质量之间，工程质量为核心，投资的大小和质量要求的高低直接相联系。因此，应在满足现行技术规范标准和业主要求的条件下，确定投资目标和工程质量的标准。

在初步设计阶段要提出设计要求，进行设计招标，选择设计单位并签订合同，审查初步设计和初步设计概算，以此进行投资控制，应不突破决策阶段确定的投资估算。

在技术设计阶段，对重大技术问题进一步深化设计作为施工图设计的依据，编制修正预算，修正投资控制额，控制目标应不突破初步设计阶段确定的概算。

在施工图设计阶段，要控制设计标准及主要参数，通过施工图预算审查，确定项目的造价，控制目标应不突破技术设计阶段确定的设计概算。

设计阶段投资控制的主要方法：（1）完善设计阶段投资控制的手段；（2）应用价值工程原理和方法协调设计的目标关系；（3）通过技术经济分析确定工程造价的影响因素，提出降低造价的措施。（4）采用优秀设计标准和推广标准设计；（5）采用技术手段和方法进行优化设计等。

（三）招投标阶段的投资控制

施工招标阶段主要是编制与审查标底，编制与审核招标文件，与总承包单位签订发包合同等，以此进行投资控制。

（四）施工阶段的投资控制

施工阶段是投资活动的物化过程，是真正的大量投资支出阶段。这个阶段投资控制的任务是按设计要求实施，使实际支出控制在施工图预算之内。施工图预算要控制在初步设计概算之内。因此，要减少设计变更，努力降低造价，竣工后做好结算和决算。当然，根据具体情况，允许对控制目标进行必要的调整，调整的目的是使控制目标始终处于最佳状态，切合实际。

施工阶段投资控制的任务主要包括：编制施工阶段投资控制详细的工作流程图和投资计划；建立、健全施工阶段投资控制的措施；监督施工过程中各方合同的履行情况；处理好施工过程中的索赔工作等。

二、工程项目投资控制的程序

项目投资控制的程序是：将计划投资额（如设计任务书规定的限额，设计总概算）作为项目投资控制的目标值，再与工程项目实施过程中的实际支出额进行比较，找出偏差值，并采取有效的调整措施加以控制（见图 8-5）。在控制过程中，应注意及时、全面、准确地收集汇总支出额的实际值，并应定期将实际支出额与投资的阶段目标值相比较，并根据比较分析的结果采取相应的控制措施。

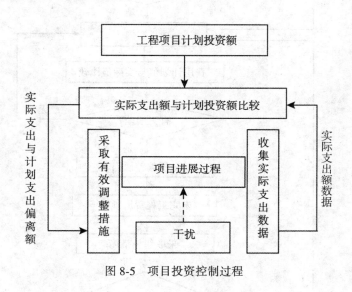

图 8-5　项目投资控制过程

工程项目投资管理的一般程序如图 8-6 所示。

由图 8-6 可知，工程项目的费用管理过程包括资源计划、费用估算、费用计划和费用控制。

1. 资源计划（Resource Planning）：确定完成项目的活动需要何种资料（人、设备、材料）及各种资源的数量；

2. 费用估算（Cost Estimating）：估算完成项目各活动所需资源的费用；

3. 费用计划（Cost Planning）：将总费用估算根据工作分解结构分配到各工作单元上去；

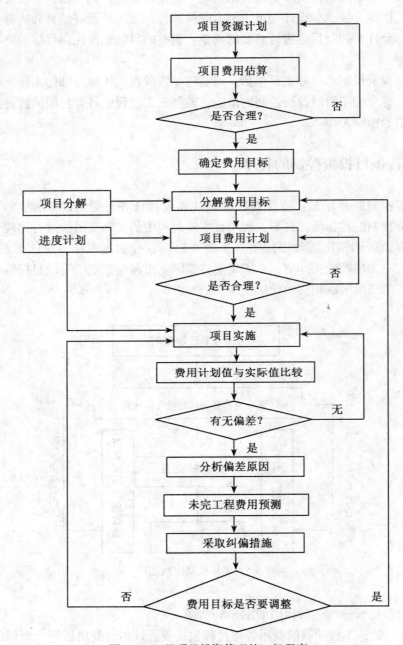

图 8-6　工程项目投资管理的一般程序

4. 费用控制（Cost Control）：在项目进展过程中，不断进行计划值与实际值的比较，发现偏差，分析偏差产生的原因，及时采取纠偏措施。

尽管在这里将这 4 个部分作为彼此间有明确界限的单独部分来说明，但实践中它们可能会交叉重叠并互相影响。

三、工程项目投资的估算

费用估算就是编制一个为完成工程项目活动所必需的资源费用的近似估算。费用估算一般是以货币单位来表示，以便进行项目内和项目间的比较。

（一）工程项目投资估算的类型

工程项目的投资估算，因业主不同、目的不同以及与估算有关资料的详细程度不同，估算的精确程度也各不相同。按照投资估算的精确程度的不同，一般将投资估算细分为下述几种类型：

1. 数量级估算（Order of Magnitude Estimate）

这种估算又称为比例估算（Ratio Estimate）、猜测估算（Guess Estimate）。此阶段的投资估算是根据过去掌握的投资数据、费用资料和涨价因素等采用综合比例法求得。这种估算一般用于工程项目的机会研究阶段，通常用为判断一个项目是否还需做进一步的工作。它是应用于工程项目规划阶段的投资估算。它的可能误差≥30%。

2. 研究性估算（Study Estimate）

这种估算又称为评价估算（Evaluation Estimate）、设计前估算（Pre-design Estimate），它是在初步流程图、主要设备和初步厂址确定之后进行的投资估算。这种估算所依据的资料较多，能比较准确地估算费用数。通常用来表明一个项目是否可行，应用于预可行性研究阶段的投资估算。它的可能误差为±30%。

3. 预算性估算（Budger Estimate）

这种估算又称为初步估算（Preliminary Estimate）、拨款估算（Funding Estimate）、意图估算（Scope Estimate）。它是在已有设备材料规格表、设备生产力、工厂总平面图、建筑物的大致尺寸等较充足的基础上进行的估算。通常用来确定一个项目是否可行，它应用于可行性研究阶段的投资估算，可能误差为±20%。

4. 确定性估算（Definitive Estimate）

这种估算又称为项目控制估算（Project Control Estimate）。它是根据实际图纸资料和已经掌握的比较完整的数据编制的估算，可用于工程项目的筹款、拨款以及控制费用。根据这类估算，可做出设计和施工的决定。它应用于初步设计阶段的概算，可能误差为±10%。

5. 详细估算（Detailed Estimate）

这种估算又称为投标估算（Tender Estimate）、最终估算（Final Estimate）。它是根据完整的施工图纸、技术说明文件和设备材料清单等资料编制的估算。另外，这种估算还要考虑各种可能的工程变更以其他不可预见事件对项目费用的影响。它主要用于工程项目招标、投标、签订合同和施工阶段费用控制。这种估算应用于施工图预算，可能误差为±5%。

以上几种估算是由估算师从单纯依据知识和经验按比率和比较的方法来确定项目的主要费用，进而根据拟建项目的部分或全部设计，计算工程量，并确定价格，最终计算出工程所需的总投资。因此，随着设计的深入和工程进展，可能引起工程量计算误差的原因不断减少，意外费用也随之减少，因而估算的可靠性不断增加。同时，几种估算之间相互衔接，前者制约后者，后者补充前者，构成了投资估算由粗到细、由浅到深的过程。

（二）工程项目投资估算的依据

1. 资源计划（Resource Plan）

项目的资源计划明确了项目需要的资源情况，确定了项目各个部分需要的资源数量。

2. 资源单价（（Resource Rates）

为了计算项目各种费用，估算人员必须知道每种资源的单价。在市场竞争激烈、价格瞬息万变的情况下，估算人员必须通过认真、周密的询价，确定和计算资源的合理单价。

3. 项目数据库

项目费用估算大都是根据已建成的、性质类似的工程项目的数据来推算，或者套一定的指标和定额来计算。但拟建项目在内容、规模、标准、技术等方面都难免与已有的同类项目存在一定的差异，而且由于工程项目所处的时间、地点的不同，技术条件、市场条件等都会发生很大的变化，所以项目数据库应对各自开发或承担的工程项目的主要数据进行系统分类存贮，调整建立数据库。

项目数据库的建立应注意：对已完工的具体项目情况应有足够的说明，而且对已完工程的费用数据库应按统一的要求和标准定义存储，从而使各个项目可以通过统一的编码与项目数据库保持良好接口。这样当利用项目数据库进行投资估算时，首先通过对拟建项目技术特征的描述，从项目数据库中选择尽可能相似的项目（可能不止一个）作为费用估算的参考对象。

4. 时间估计（Duration Estimates）

时间估计就是估计为完成每一活动可能需要的工作时间。它将对项目投资估算中有关资料的附加费（即利息）的估算产生较大的影响。

（三）工程项目投资估算的编制方法

投资估算的编制方法有许多，它们各有自己适用的条件和范围，而且计算精度也各不相同。在实践中应根据工程项目的性质、占有的资料和数据的具体情况以及估算精度要求，选择适宜的估算方法。

1. 数量级、研究性、预算性估算的编制方法

（1）扩大指标估算法。该方法适用于工程项目投资估算中对估算精度要求不太高的阶段。采用的指标是对大量积累的投资数据经科学系统分析后取得。这种方法具体包括两种类型：单位生产能力估算法和生产规模指数估算法。

①单位生产能力估算法。该法是根据其他已建项目或其设备装置的投资额和生产能力，求出单位生产能力的投资额后，推导出拟建项目或其设备装置的投资。当拟建项目与已建项目的生产能力接近时，可认为生产能力与投资额成线性关系，其计算公式为：

$$C_2 = C_1 \times (Q_2/Q_1) \times f \tag{8-1}$$

式中：C_1——已建项目或设备装置的投资额；

C_2——拟建项目或设备装置的投资额；

Q_1——已建项目或设备装置的生产能力；

Q_2——拟建项目或设备装置的生产能力；

f——综合调整系数。

这种方法的运用基于对项目之间生产能力和其他条件的分析比较。估算时通常将工程项目分解为单项工程,分别套用类似单项工程的单位生产能力投资指标进行计算,汇总后便得到项目总投资。

②生产规模指数估算法。该法是利用已建项目的投资额或其设备装置的投资额,估算同类但生产规模不同的项目投资或其设备装置投资的方法。其计算公式为:

$$C_2 = C_1 \times (Q_2/Q_1)^n \times f \tag{8-2}$$

式中: C_1——已建类似项目或设备装置的投资额;

C_2——拟建项目或设备装置的投资额;

Q_1——已建类似项目或设备装置的生产能力;

Q_2——拟建项目或设备装置的生产能力;

n——生产规模指数;

f——综合调整系数。

这种方法中生产规模指数 n 的选取是一个关键。尽管这种方法有时亦称为 0.6 因子法,但实际上此指数的变化范围一般为 0.5~1。n 的取值根据行业性质、工艺流程、建设水平、生产率的差异而不同。一般来说,靠增大设备或装置的尺寸扩大生产规模时,n 取 0.6~0.7;靠增加相同的设备或装置的数量扩大生产规模时,n 取 0.8~0.9;若已建类似项目或设备装置的规模相关不大,生产规模比值在 0.5~2,则 n 的取值近似于 1。另外,拟建项目与已建类似项目生产能力相差不宜大于 50 倍,一般以 10 倍以内最佳。

(2)分项比例估算法。设备购置费用在工程项目投资中占有相当大的比重。根据统计分析,辅助生产设备、服务设施的装备水平与主体设备购置费用之间存在一定的比例关系。因此在项目的前期研究中,在对主体设备或类似工程情况已有所了解的情况下,有经验的项目费用估算人员就可以采用比例估算的方法来估算总投资,而不必分项去详细计算。较常用的方法有以下两种。

①按设备费用的百分比估算法。其计算方式有两种:

1)以拟建项目或装置设备的购置费为基数,根据已建同类项目或装置的建筑安装工程费和其他费用等占设备价值的百分比,求出相应的建筑安装及其他有关费用,汇总即为项目或装置的投资。其计算公式为:

$$C = E (1 + f_1 P_1 + f_2 P_2 + f_3 P_3) + I \tag{8-3}$$

式中: C——拟建项目或装置的投资额;

E——根据拟建项目或装置的设备清单估算的设备费(包括运杂费)的总和;

P_1、P_2、P_3——分别为已建项目中建筑、安装及其他工程费用占设备费用的百分比;

f_1、f_2、f_3——分别为由于时间因素引起的劳动生产率、价格、费用标准等变化的综合调整系数;

I——拟建项目的一些其他费用。

2)与前者类似,以拟建项目中最主要、投资比重较大并与生产能力直接相关的工艺设备的投资(包括运杂费及安装费)为基数,根据同类型已建项目的有关统计资料,计算出拟建项目的各专业工程(包括运杂费及安装费)为基数,根据同类型已建项目的有关统计资料，计算出拟建项目的各专业工程（土建、采通、给排水、管道、电气及电信、自控及其他费用等）占工艺设备投资的百分比，据以求出各专业的投资费用，然后相加汇总即得项目的总投资。其计算公式为：

$$C = E\left(1 + f_1 P_1 + f_2 P_2 + f_3 P_3 + \cdots\right) + I \tag{8-4}$$

式中：P_i——各专业工程投资占工艺设备投资的百分比（$i = 1, 2, 3, \cdots$）；

其余符号同式（8-3）。

②朗格系数法。朗格系数法是指以拟建项目设备费为基础，乘以适当系数来推算项目总投资。其中朗格系数是指项目总投资与设备费用之比。其计算公式为：

$$D = (1 + \Sigma k_i) \times K_C \times C \tag{8-5}$$

式中：D——项目建设总投资；

C——主要设备费用；

K_i——管线、仪表、建筑物等各项费用的估算系数；

K_C——包括工程费、不可预见费等间接费在内的总估算系数。

2. 确定性估算和详细估算

这两个阶段的估算相当于概算、预算和投标报价，其编制过程如图8-7所示。

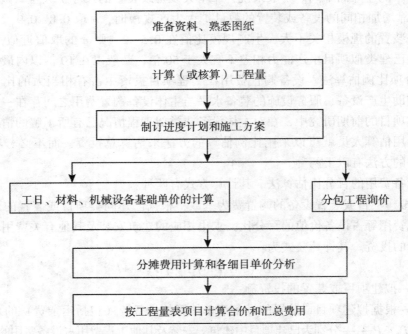

图8-7　确定性估算和详细估算的编制程序

四、工程项目投资失控的主要原因

项目投资失控的主要原因有：

1. 投资计算时，项目规划、设计不够全面，有漏项；
2. 项目投资计算方法不正确，与实际情况不符；
3. 计算项目投资的原始数据不准确、失真，造成计算错误；
4. 项目实施期间原材料、人工费价格上涨幅度较大；
5. 实施中修改设计，增加投资；
6. 实施中发生不可预见因素，增加费用开支；
7. 施工管理不善，损失浪费严重。

在实际工作中，要随时注意调查分析可能造成投资失控的原因，并采取相应的措施。

五、工程项目投资控制的措施

（一）组织措施

建立投资控制组织保证体系，有明确的项目组织机构，使投资控制有专门机构和人员管理，任务职责明确，工作流程规范化。

（二）技术措施

把价值工程的概念应用于设计、施工阶段，进行多方案选择。严格审查初步设计、施工图设计、施工组织设计和施工方案，严格控制设计变更，研究采取相应的有效措施来达到节约投资的目的。

（三）经济措施

推行经济承包责任制，将计划目标进行分解，动态地分析和比较工程投资的计划值与实际支出值，对各项费用的审批和支付严格把关，对节约投资的方法采取奖励措施。

（四）合同措施

通过合同条款的制定，明确在设计、施工阶段的工程投资控制目标，使其不突破计划目标值。

（五）信息管理

加强投资信息管理，定期进行投资对比分析。采用计算机辅助工程项目的投资控制管理。

六、工程项目投资控制的方法

建设单位为实现投资控制目标，应从项目筹划开始直到竣工决算，实行全过程控制，但应以设计阶段和施工阶段为重点。设计阶段应以设计任务书规定的投资限额为准，控制工程设计的标准、质量；施工阶段应以预算为基础，以合同价作为控制标准。

建设单位为了对投资进行控制和均衡配置资金，应编制投资使用计划，投资使用计划常用两种方式表达：一是文字说明法，用文件形式描述投资总控制额和分阶段分项工程的投资控制额；二是图形法，其中之一是"时间—投资分配图"（见图 8-8），另一种是"时间—投资累积曲线"（见图 8-9），根据图形进行比较分析控制。

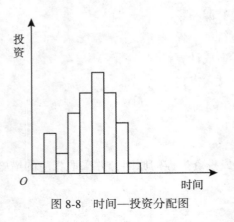

图 8-8　时间—投资分配图

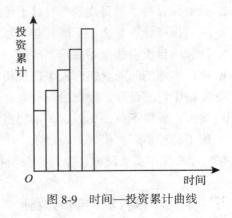

图 8-9　时间—投资累计曲线

第三节　工程项目成本控制概述

一、工程项目成本控制的概念

工程成本是以经营为目的完成一项工程项目时，以货币表示的花费。施工成本是施工过程中所发生的全部生产费用的总和。具体包括人工费、材料费、机械使用费、其他直接费和施工企业管理费等间接费用。施工成本是项目总成本的主要组成部分，一般占总成本的 90% 以上。因此，从某种意义上讲，项目成本控制实际上是施工成本控制。施工成本控制就是在保证工程质量、工期等方面满足合同要求的前提下，对项目实际发生的费用支出采取一系列监督措施，及时纠正发生的偏差，把各项费用支出控制在计划成本规定的范围内，以保证成本计划的实现。从建设单位来讲，所关心的是投资控制；从施工企业讲，为获得最大利润，所关心的是施工成本控制。

在工程项目施工中，成本控制不仅仅是财会人员的职责，所有有关人员都应各负其责，项目经理更应重视这方面的工作，要确定严格的成本责任系统，将成本责任制度融合于经济责任中，即将可控成本指标分解、落实到各个责任部门和责任个人，并据此考核、评价其业绩及应承担的经济责任。通过成本责任中心和制定各项成本责任节超奖惩办法，行政手段和经济手段双管齐下，以保证目标成本的实现，使项目获得最佳的经济效益。

二、工程项目的成本构成

（一）分项工程成本构成

1. 分项工程的直接费，其要素有：直接在该分项工程上消耗的实际人工、材料、机械台班数量以及外包费用支付额；人工费、材料费、机械台班费单价。

2. 工地管理费和总部管理费分摊，通常按直接费成本比例计算。

（二）整个工程项目的成本构成

1. 工程项目的直接费，即各分项人工工资、材料费、机械费及外包费用之和。

2. 工程项目的工地管理费。它由工地管理费开支范围内的各种账单、工资单、设备清单、费用凭证等构成。

3. 企业（总部）分摊的经营管理费用（总部管理费）。是企业总部的各项开支，通常与具体工程无关。一般将计划期（1 年）开支总额按企业所有工程的工地总成本，或总人工费、总人工工时比例分摊给各个工程。而整个工程的实际利润是已完成的工程合同价（即收款）与实际总成本之差。

（三）企业成本构成

企业成本构成首先从宏观上汇集各个工程的人工费、材料费、机械费及外包费用、工地管理费用之和，即工程工地总成本。再核算企业经营费用（即总部管理费），它由企业会计核算的资料，如费用凭证、会计报表、账目等得到，再将它分摊给各个工程，同样可以核算本期企业实现的利润总额。

分项工程、整个工程和企业成本构成之间的关系如图 8-10 所示。

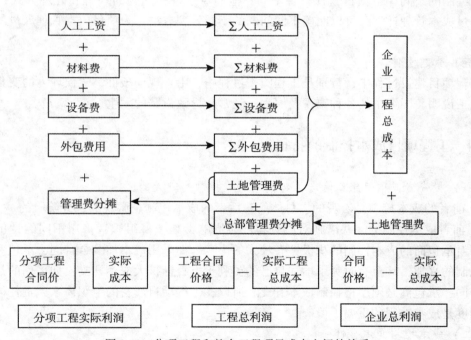

图 8-10　分项工程和整个工程项目成本之间的关系

三、工程项目成本控制的依据

（一）工程项目的费用计划

工程项目成本控制的目的就是为了实现成本控制目标，费用计划是成本控制的基础。

（二）进度报告

进度报告提供了每一时刻工程实际完成量、工程费用实际支付情况等重要信息。成本控制工作正是通过实际情况与费用计划相比较，找出二者之间的差别，分析偏差产生的原因，从而采取措施改进以后的工作。此外，进度报告还能使管理者及时发现工程实施过程中存在的隐患，并在事态还未造成重大损失之前采取有效措施，尽量避免损失。

（三）工程变更

在项目实施过程中，由于各方面的原因，工程变更是难免的。工程变更一般包括设计变更、进度计划变更、施工条件变更、技术规范和标准变更、施工次序变更、工程数量变更等。一旦出现变更，工程量、工期、费用支付都必将发生变化，从而使得成本控制工作变得更加复杂和困难。因此，项目成本管理人员就应当通过对变更要求当中各类数据的计算、分析，随时掌握变更情况，包括已发生工程量、将发生工程量、工期是否拖延、支付情况等重要信息，判断变更以及变更引起的索赔是否合理等。

（四）成本管理计划

成本管理计划不同于费用计划，它主要是为明确如何处理工程实施过程中可能发生的偏差而编制的。同一个项目，管理者不同，他们对于各种问题的理解和处理方式也会不同。通过成本管理计划，可以明确不同问题的不同处理方法，为项目成本管理人员的决策提供参考。

（五）索赔文件

工程项目建设过程中，特别是工程施工过程中，由于现场条件、气候环境的变化，标书、施工说明、图纸中的各种错误及原因，经常会导致索赔的发生。

四、工程项目成本控制的特征

（一）投资者或项目组织者与承包商的成本控制有较大的区别

1. 前者的成本控制是宏观的、总体的；后者的成本控制是微观的、分阶段的。

2. 前者成本控制的一些措施对后者将产生影响，如项目组织者采用不同的计价方式的合同对承包商的成本控制的积极性有较大的影响。如采用成本加酬金合同，承包商没有成本控制的兴趣，甚至有时为了增加自己的盈利千方百计扩大成本开支；如采用的是固定总价合同，承包商必须严格控制成本开支。所以，工程项目严密的组织体系、责任体系和责任制度是成本控制的重要手段。

（二）成本控制的综合性

成本控制与质量目标、进度目标、效率、工作量、工作消耗等密切相关，必须综合起来进行控制才有意义，以反映工程项目管理的集成控制。

1. 成本目标必须与技术要求、质量要求、进度要求、工作范围、工作量等相结合，建立综合的控制体系，将目标落实到责任人，作为业绩评价的尺度之一。

2. 将成本分析与进度、效率、质量状况分析相结合，综合反映工程实际的信息。单一的成本分析，虽然有时实际成本与计划成本相吻合，却可能没有全面反映工程的实际状况和当前的工程特征。

3. 成本控制必须与质量控制、进度控制、合同控制相协调。如工程成本的超支并非成本控制本身的问题，而是由于许多其他原因引起的（如质量标准的提高、进度的调整、工程量的增加，业主由于工程管理失误造成的索赔以及不可抗力因素等），这些问题对成本超支必须通过合同措施、技术措施、管理措施来综合解决。

（三）成本的控制与工程项目计划与实施密切相关

工程项目成本计划与工程项目进度计划密切相关。如果实际进度与计划进度偏差较大，则必然会引起实际成本与计划成本的偏离。计划的紊乱，或实际工程执行不力而导致的混乱，将会导致成本的大量增加。

（四）工程项目的信息统计工作与成本控制密切相关

工程项目的信息统计工作不准确，预测有偏差，将会引起工程项目的所有计划基准、消耗标准的失真，从而导致成本控制工作混乱。

（五）成本控制的周期不可太长

周期通常按月进行核算、对比、分析，而实施中的控制以近期成本为主。

第四节　工程项目成本控制的具体内容及方法

一、工程项目成本控制的主要工作

（一）成本计划

这主要是成本预算工作，按设计和计划方案预算成本，提出报告。将成本目标或成本计划分解，提出设计、采购、施工方案等各种费用的限额。提出项目资金使用和控制计划。

（二）成本监督

1. 各项费用的审核，确定是否进行工程款的支付，监督已支付的项目是否已完成，有无漏洞，并保证每月按实际工程状况定时定量支付（或收款）；

2. 根据工程项目各项费用分析与审核，对工程项目的实际成本作出阶段性报告或最终报告；

3. 对各项工作进行成本控制，如对设计、采购、委托（签订合同）进行控制；

4. 进行审计活动。

（三）成本跟踪

对工程项目的实际成本报告进行详细的分析，并向各个方面提供不同要求和不同详细程度的报告。

（四）成本诊断

这包括：分析工程项目实施过程中出现的超支量及原因分析；对工程未来的成本进行分析和工程成本趋势分析。

（五）成本预警

1. 与相关部门密切配合，协调项目、作业及其他关系；

2. 用技术与经济的方法分析超支原因，从总目标的优化出发，进行技术、质量、工期、进度的综合优化；

3. 加强工程项目变更和合同变更管理；

4. 对工程项目形象化，如环境的变化、目标的变化等所造成的成本影响进行测算分析，并调整计划；

5. 通过成本比较和趋势分析工程成本状况，对后期工程项目中可能出现的成本超支提出预警。

二、工程项目成本控制的对象

（一）工程项目成本控制的对象

成本控制要以工程合同为依据，除了业主要求，规定时间、质量、结算方式和履（违）约奖罚等条款外，还必须强调将合同的工程量、单价、金额控制在预算收入以内。工程项目成本控制应在项目组织者所编制的工程项目结构分解 WBS 的基础上，根据合同任务所对应的项目单元，继续进行施工项目结构分解 CWBS（Contract Work Breakdown Structure）和相应的项目工作任务分解，形成项目进度计划、成本计划、资源计划、资金计划。通过计划工作，将项目的工期、质量、成本、人工、各种资源、工作标准等方面的目标分解到各个项目单元及工作包。以工程项目结构分解 CWBS 项目单元、工作包为成本控制对象，将成本与工期、质量等综合起来进行控制，将成本控制与工程项目进度计划相融合，将成本核算和分析与工作包的成本相结合，明确工程项目成本超支的原因和责任。

（二）工程项目成本控制的责任

工程项目的工作包或项目单元中的成本责任应与其责任人挂钩，成本控制落实到职能部门、施工队和生产班组，明确部门、施工队或班组与项目工作包或项目单元的成本责任人，各职能部门、施工队和班组还应对自己承担的成本责任进行自我控制，接受项目经理的指导、监督、检查和考评。

三、工程项目成本控制的内容

（一）施工前期的成本控制

1. 施工准备阶段，对施工方法、施工顺序、作业组织形式、机械设备的选型、技术组织措施等进行研究和分析，制定出科学先进、经济合理的施工方案。

2. 根据企业的成本目标，以工作包或项目单元所包含的实际工程量或工作包为基础，根据消耗标准和技术措施等，在优化的施工方案的指导下，编制成本计划，将各项单元或工作包的成本责任落实到各职能部门、施工队和班组。

3. 根据工程项目的特征和要求，以施工项目结构分解的项目单元或工作包为对象进行成本计划，编制成本预算，进行明确分解，落实到有关部门和责任人，为成本控制和绩效考评提供依据。

（二）施工期间的成本控制

1. 加强施工任务单和限额领料单的管理。施工任务单应与工作包表结合起来，做好每一个工作包及其工序的验收，审核实耗人工、实耗材料的数量，保证施工任务单与限额领料单的一致性，以及任务单和限额领料单的真实、可靠性。

2. 根据施工任务单进行实际与计划的对比，计算工作包的成本差异，分析差异产生的原因，采取有效措施调整成本计划。

3. 做好检查周期内成本信息的收集、整理和工作包实际成本的统计工作，分析该检查期内实际成本与计划成本的差异。

4. 实行责任成本核算。通过工作编码对责任部门或责任人的责任成本进行对比，分析责任部门或责任人的成本差异和产生差异的原因，采取有效措施，纠正差异。

5. 加强合同管理工作和索赔工作。对承包商自身以外原因造成的损失，力求及时进行索赔。

（三）竣工验收阶段的成本控制

1. 及时办理工程项目的竣工验收，使工程尽早顺利交付使用。

2. 及时办理结算，注意结算资料的完整，避免漏算。

3. 在工程修期间，明确保修责任者，做好保修期间的费用控制。

四、工程项目成本控制的步骤

在确定了项目成本控制目标之后，必须定期地进行费用计划值与实际值的比较，当实际值偏离计划值时，分析产生偏差的原因，采取适当的纠偏措施，以确保成本目标的实现。

1. 比较。按照某种确定的方法将费用计划值与实际值逐项进行比较，以发现费用是否超支。

2. 分析。在比较的基础上，对比较结果进行分析，以确定偏差的严重性及偏差产生的原因。这一步是成本控制的核心，其主要目的在于找出产生偏差的原因，从而采取有针对性的措施，减少或避免相同原因的再次发生或减少发生后的损失。

3. 预测。根据项目实施情况估算整个项目完成时的费用。预测的目的在于为决策提供依据。

4. 纠偏。当工程项目的实际费用出现了偏差，应当根据工程的具体情况、偏差分析和预测的结果，采取适当的措施，以期达到使费用偏差尽可能小的目的。纠偏是成本控制中最具实质性的一步。只有通过纠偏才能最终达到有效控制成本的目的。

5. 检查。对工程的进展进行跟踪和检查，及时了解工程进展状况以及纠偏措施的执行情况及效果，为今后工作积累经验。

上述五个步骤是一个完整有机的整体，在实践中它们构成一个周期性的循环过程。

五、工程项目成本控制的组织体系

（一）建立以项目经理为核心的项目成本控制体系

项目经理负责制，是项目管理的特征之一。项目经理必须对工程项目的进度、质量、成本、安全和现象管理标准化等全面负责，特别要把成本控制放在首位。项目成本控制体系的模式如图 8-11 所示。

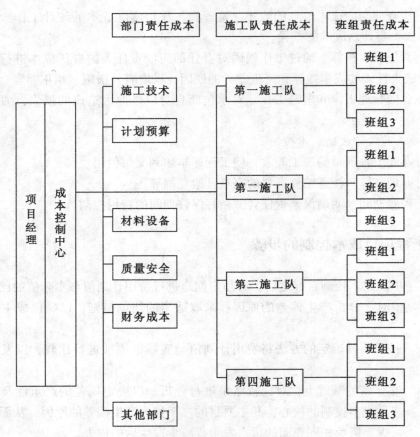

图 8-11　项目成本控制体系图

（二）建立成本管理责任制

项目管理人员的成本责任，不同于其工作责任。应明确合同预算人员、工程技术人员、材料管理人员、机械管理人员、行政管理人员、财务成本人员的成本管理责任。每一个项目管理人员的工作责任必须明确，努力降低成本，节约开支。

（三）工程项目的成本责任与项目的工作包和项目单元相一致

项目经理部落实到项目的成本责任，应以实物工程量和劳动定额或消耗标准为依据。必须坚持奖罚分明的原则。应以奖励为主，从而激励施工队的生产积极性，但对不按合同责任完成任务的，也应照章罚款并赔偿损失。

成本责任人可以采用施工任务单和限额领料单的形式，根据责任成本的实际完成情况，结合进度、质量、安全和文明施工要求进行综合考评，将成本责任进一步分解和落实到生产班组。

坚持工程项目结构分解 WBS、各个施工项目结构分解 CWBS 的一致性原则，将项目分解 CWBS 中的项目单元、工作包的进度计划、成本计划、资源计划以及进度、成本、质量三大控制与施工任务单、限额领料单相协调，使项目管理工作与业主、项目组织者和其他参加者之间紧密配合，使工程项目的成本控制构成一个整体。

六、工程项目成本控制的方法

施工成本控制方法很多，这里介绍四种方法：偏差控制法、成本分析法、进度—成本同步控制法和施工图预算控制法。

（一）偏差控制法

施工成本控制中的偏差控制是在制定出计划成本的基础上，通过采用成本分析方法找出计划成本与实际成本间的偏差，并分析产生偏差的原因与变化发展趋势，进而采取措施以减少或消除偏差，实现目标成本的一种科学管理方法。

施工过程中进行成本控制的偏差有三种：一是实际偏差，即项目的预算成本与实际成本之间的差异；二是计划偏差，即项目的计划成本（目标成本）与预算成本之间的差异；三是目标偏差，即项目的实际成本与计划成本之间的差异。它们的计算公式如下：

实际偏差＝实际成本−预算成本

计划偏差＝预算成本−计划成本

目标偏差＝实际成本−计划成本

施工成本控制的目的是尽量减少目标偏差。目标偏差越小，说明控制效果越好。由于目标偏差＝实际偏差+计划偏差，所以要减少项目的目标偏差，只有采取措施减少施工中发生的实际成本偏差，因为计划偏差一经计划制定，一般在执行过程中不再改变。

运用偏差控制法的程序如下：

1. 找出偏差

在项目实施过程中定期地（每日或每周）、不断地寻找和计算三种偏差，并以目标偏差为对象进行控制。通过在施工过程中不断记录实际发生的成本费用，然后将记录的实际成本与计划成本进行对比，从而发现目标偏差。还可将实际成本、计划成本二者的发展变化用图表示出来，通过对图 8-12 中二者之间的关系分析，可以看出成本偏差（图 8-12 中的阴影部分）的变化趋势以及出现的问题。

从图 8-12 可看出实际成本始终围绕着计划成本波动，当超出计划成本时，就表明发生了成本偏差。低于计划成本时，偏差值为负数，这对项目是有利的。

2. 分析偏差产生的原因

通常有两种方法：

①因素分析法。因素分析法是将成本偏差的原因归纳为几个相互联系的因素，然后用

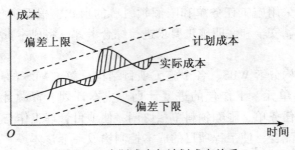

图 8-12 实际成本与计划成本关系

一定的计算方法从数值上测定各种因素对成本产生偏差程度的影响，据以找出偏差的产生是由哪种成本费用增加引起的。可归纳如图 8-13 所示。

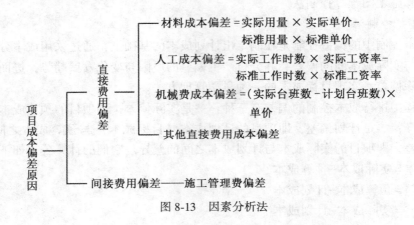

图 8-13 因素分析法

②图像分析法。这种方法是通过绘制线条图和成本曲线的形式，通过总成本和分项成本的比较，发现在总成本出现偏差时是由哪些分项成本超支造成的，以便采取措施及时纠正，见图 8-14。

图的上半部分是表示分项成本的线条图，斜线部分表示实际成本支出情况；下半部分表示总成本曲线（包括实际成本曲线和计划成本曲线），斜线部分表示费用超支发生偏差的情况。图 8-13 的点画线位置为成本偏差追踪时间。由图中追踪直线所在位置可以看出，此时总成本费用发生了偏差，并且这种偏差是因分项成本 B 超支而造成的。

3. 纠正偏差

在明确成本控制目标，发生成本偏差，并经过成本分析找出产生偏差的原因后，必须针对偏差产生的原因及时采取措施，把成本控制在理想的开支范围之内，以保证目标成本的实现。

纠偏首先要确定纠偏的主要对象。在确定了纠偏的主要对象之后，就需要采取有针对性的纠偏措施。纠偏可采用组织措施、经济措施、技术措施和合同措施等。

组织措施是从费用控制的组织管理方面采取的措施。在实践中它往往是最容易被忽视

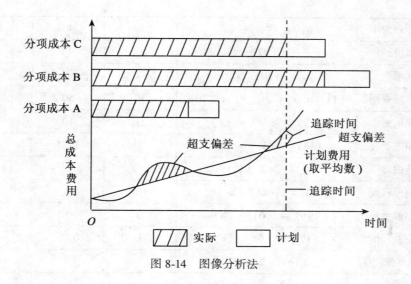

图 8-14　图像分析法

的。其实，组织措施是其他各类措施的前提和保障，而且花费少，运用得法可以收到良好的效果。

经济措施是最易被人接受和运用的措施。但千万不能把经济措施仅仅理解为财会人员的事。

技术措施不仅用于解决项目实施过程中的技术问题，而且对于纠正费用偏差亦有相当重要的作用。技术措施完全可以因为出现了经济问题而加以运用，其关键在于要提出多个不同的技术方案，而且要对各方案进行技术经济分析。

合同措施在纠偏方面重点是加强索赔管理。从主动控制的角度出发，应加强日常的合同管理，研究合同的有关内容而采取预防措施。

（二）成本分析表法

施工成本控制的成本分析表法，包括成本日报、周报、月报表、分析表和成本预测报表等。这是利用表格的形式调查、分析、研究施工成本的一种方法。成本分析表要简明、迅速、正确。

表 8-1　　　　　　　　　　　　　　　　　费用偏差分析

项目编码	（1）	041	042	043
项目名称	（2）	木门窗安装	钢门窗安装	铝合金门窗安装
单位	（3）			
计划单价	（4）			
拟完工程量	（5）			
拟完工程计划费用	（6）＝（4）＊（5）	30	30	40
已完成工程量	（7）			

续表

已完工程计划费用	(8) = (4) * (7)	30	40	40
实际单价	(9)			
其他款项	(10)			
已完工程实际费用	(11) = (7) * (9) + (10)	30	50	50
费用局部偏差	(12) = (11) - (8)	0	10	10
费用局部偏差程度	(13) = (11) / (8)	1	1.25	1.25
费用累计偏差	(14) = Σ (12)			
费用累计偏差程度	(15) = Σ (11) /Σ (8)			
进度局部偏差	(16) = (6) - (8)	0	−10	0
进度局部偏差程度	(17) = (6) / (8)	1	0.75	1
进度累计偏差	(18) = Σ (16)			
进度累计偏差程度	(19) = Σ (6) /Σ (8)			

（三）进度—成本同步控制法

可运用成本与进度同步跟踪的方法控制分部分项工程的施工成本。

长期以来，许多人认为计划是为安排施工进度和组织流水作业服务的，与成本控制关系不大。其实，成本控制与计划管理、进度之间有着必然的同步关系。即施工到什么阶段，就应该发生相应的成本费用。如果成本与进度不对应，就要作为"不正常"现象进行分析，找出原因，并加以纠正。

为了便于在分部分项工程的施工中同时进行进度与费用的控制，掌握进度与费用的变化过程，可以运用横道图和网络图来进行分析和处理。

在横道图计划中，表示作业进度的横线有两条，一条为计划线，一条为实际线。在计划线上，表示与计划进度相对应的计划成本（目标成本）；在实际线上，表示与实际进度相对应的实际成本。

从横道图上可以掌握以下信息：

1. 每道工序（即分项工程）的进度与成本的同步关系，即施工到什么阶段，就将发生多少成本；

2. 每道工序的计划施工时间与实际施工时间（从开始到结束）之比（提前或拖期），以及对后道工序的影响；

3. 每道工序的计划成本与实际成本之比（节约或超支），以及对完成某一时期责任成本的影响；

4. 每道工序施工进度的提前或拖期对成本的影响程度；

5. 整个施工阶段的进度和成本情况。

通过进度与成本同步跟踪的横道图，要求实现：

（1）以计划进度控制实际进度；

（2）以计划成本控制实际成本；

（3）随着每道工序进度的提前或拖期，对每个分项工程的成本实行动态控制，以保证项目成本目标的实现。

网络图计划的进度与成本的同步控制，与横道图计划有异曲同工之处。所不同的是，网络计划在施工进度的安排上更具逻辑性，而且可随时进行优化和调整，因而对每道工序的成本控制也更为有效。

（四）施工图预算控制法

在施工项目的成本控制中，可按施工图预算，实行"以收定支"或者叫"量入为出"，这是最有效的方法之一。

具体的处理方法如下：

1. 人工费的控制

假定预算定额规定的人工单价为 13.80 元，合同规定人工费补贴为 20 元/工日，两者相加，人工费的预算收入为 33.8 元/工日。在这种情况下，签订劳务合同时应该将人工费单价定在 30 元以下（辅工还可再低一些），其余部分考虑用于定额外的人工费和关键工序的奖励费。如此安排，人工费就不会超支，而且还留有余地，以备关键工序的不时之需。

2. 材料费的控制

在实行按"量价分离"方法计算工程造价的条件下，水泥、钢材、木材等"三材"的价格随行就市，实行高进高出；地方材料的预算价格＝基准价×（1+材差系数）。在对材料成本进行控制的过程中，首先要以上述预算价格来控制地方材料的采购成本；至于材料消耗数量的控制，则应通过"限额领料单"等办法控制。

由于材料市场价格变动频繁，往往会发生预算价格与市场价格严重背离，而使采购成本失去控制的情况。因此，项目材料管理人员有必要经常关注材料市场价格的变动，并积累系统详实的市场信息。如遇材料价格大幅度上涨，可向甲方争取按实补贴。

3. 施工机械使用费的控制

施工图预算中的机械使用费＝机械台班用量×定额台班单价

由于项目施工的特殊性，实际的机械利用率不可能达到预算定额的取定水平；再加上预算定额所设定的施工机械原值和折旧率又有较大的滞后性，因而使施工图预算的机械使用费往往小于实际发生的机械使用费，形成超支。若出现这种情况，承包商应积极争取业主的谅解，于工程项目合同中明确规定一定数额的机械费补贴。这样就可以用施工图预算的机械使用费和增加的机械费补贴来控制机械费支出。

七、影响工程项目成本的因素

影响施工成本的因素很多，主要有工程施工质量、工期、材料人工价格和管理水平。

（一）工程施工质量对施工成本的影响

这一部分成本属于质量保证成本，即为保证和提高工程质量而采取相关措施而耗费的开支，如购置监测设备、增加检测工序、提高监测水平等保证施工质量所耗费的开支。质量保证成本随质量要求的变化而变化。

（二）工期对施工成本的影响

工期越长，越增加承包商的人工费、设备折旧费和财务费用。但缩短工期，就要加大资源投入，也会增加成本。

（三）材料、人工费价格变化对施工成本的影响

建筑材料价格和人工费用变动频繁，总的趋势是上升，虽然在做施工图预算和合同计算时对价格做了预测，但很难预测准确，这一部分成本的变化较难掌握，合同条款中应做出必要规定。

（四）管理水平对施工成本的影响

这里既包括施工企业的管理水平，也包括建设单位的管理水平。由于管理不善造成预算成本估计不准，或由于资金原材料供应不及时造成拖延工期，或由于施工组织混乱造成材料、人工和设备利用浪费等，都会影响施工成本。

八、工程项目降低成本的措施

通常要压缩已经超支的成本，而不损害其他目标是十分困难的，一般只有当给出的措施比原计划已选定的措施更为有利，或使工程范围减少，或生产效率提高，成本才能降低，例如：

1. 寻找新的更好、更省的、效率更高的技术方案；

2. 购买部分产品，而不是采用完全由自己生产的产品；

3. 重新选择供应商，但会产生供应风险，选择需要时间；

4. 改变实施过程；

5. 删去工作包，这会提高风险，降低质量；

6. 变更工程范围；

7. 索赔，例如向业主、承（分）包商、供应商索赔以弥补费用超支费。

采取降低成本的措施尚有如下问题应注意：

1. 一旦成本失控，要在计划成本范围内完成项目是非常困难的。因此在项目一开始，就必须牢固树立这个观念，不放过导致成本超支的任何迹象，而不能等超支发生了再想办法。

在任何费用支出之前，应确定成本控制系统所遵循的程序，形成文件并通知负责授权工作或经费支出的人。

2. 当发现成本超支时，人们常常通过其他手段，在其他工作包上节约开支，这常常是十分困难的，这会损害工作，包括工程质量和工期的目标，甚至有时贸然采取措施，主观上企图降低成本，而最终却导致更大的成本超支。

3. 在设计阶段采取降低成本的措施是最有效的，而且不会引起工期问题，对质量的影响可能小一些。

4. 成本的监控和采取的措施重点应放在：负值最大的工作包或成本项目；近期就要进行的活动；具有较大的估计成本的活动。

5. 成本计划（或预算）的修订和措施的选择应与项目的其他方面（如进度、实施方案、设计、采购）、项目其他参加者和投资者协调。

小　结

工程项目投资控制是指为了实现投资目标，将投资目标尽可能的控制在既定范围内而进行的一系列工作，具体来说就是在项目决策阶段、设计阶段、承发包阶段和建设实施阶段，把投资的发生控制在批准的投资限额以内，随时纠正发生的偏差，以保证项目投资管理目标的实现，有效的使用人力、物力、财力，取得较好的投资效益和社会效益。

工程项目成本控制就是在保证工程质量、工期等方面满足合同要求的前提下，对项目实际发生的费用支出采取一系列监督措施，及时纠正发生的偏差，把各项费用支出控制在计划成本规定的范围内，以保证成本计划的实现。

思考题

1. 何谓工程项目投资控制？投资控制的原则是什么？为什么说投资控制要贯穿于以设计阶段为重点的建设全过程？

2. 工程项目投资控制的措施是什么？

3. 何谓施工成本控制？影响施工成本的主要因素有哪些？

4. 工程项目成本控制的方法有哪些？如何降低工程项目成本？

第九章　工程项目质量控制

工程质量的好坏，直接关系到工程项目各参与方的经济效益和社会效益，抓好工程质量控制措施是保证工程质量的关键所在，在工程项目建设过程中必须对工程项目的全过程进行工程质量控制。本章主要介绍了工程项目质量控制的基本概念、控制内容、质量体系及质量事故原因及处理方法。

第一节　工程项目质量控制概述

一、工程项目质量的相关知识

（一）工程项目质量的概念

工程项目质量是国家现行的有关法律、法规、规范、规程、技术标准、设计文件及工程合同对工程项目的安全、适用、经济、美观等性能在规定期限内的综合要求。工程项目质量有普遍性和特殊性两个方面，普遍性有国家的相关法律、法规对它们给予规定；特殊性则根据具体的工程项目和业主对它们的要求而定，它们分别体现在工程项目的适用性、经济性、可靠性、外观及环境协调等方面。因此，工程项目质量的目标必须由业主用合同的形式约定。

任何工程项目的建设，都是通过一道道工序来完成的，所以，工程项目质量由工序质量、分项工程质量、分部工程质量和单位工程质量等构成。从另一个角度看，工程项目质量包括工程建设各个阶段的质量及其相应的工作质量，即项目论证决策阶段、项目设计阶段、项目施工阶段和项目使用保修阶段的质量。

（二）工程项目质量的特点

工程项目质量的特点是由其自身的特点所决定的，这就决定了工程项目的质量有如下特点：

1. 涉及面广，影响因素多

工程项目建设周期长，项目投资大，因此有很多人为因素与自然因素影响工程项目的质量。诸如论证决策阶段的不缜密，造成工程项目与地质条件不符；设计阶段的粗心大意，导致结构受力不合理；施工阶段盲目追求经济利益、偷工减料以及施工工艺、施工方案、施工环境、施工人员素质、管理制度、技术措施、操作方法、工艺流程等都会影响项目的质量。

2. 质量离散、变异性大

由于工程项目的建设具有不可重复性，某一处或某一部位质量好，如果不注意，另一处就可能质量不好。如果某一关键部位质量不好，就可能造成整个单项工程质量不好，或引起整个工程项目的质量变异。

3. 质量隐蔽性强

工程项目建设过程中，大部分工序是隐蔽过程，完工后很难看出质量问题，而其内部可能有质量问题。另外，工序之间的交接也容易造成隐蔽性质量事故。

4. 质量终检局限性大

工程项目完全建成后，再全面检查工程质量，此时的检查结论有很大的局限性。所以在施工过程中，必须实施现场监督管理，以及时发现隐蔽工程的质量问题。因此，工程质量的控制应重视事前控制，事中监理，消灭工程质量事故。

（三）工程项目质量的形成过程

工程项目质量的形成是伴随着工程建设过程而形成的。

在工程项目决策阶段，需要确定与投资目标相协调的工程项目质量目标。可以说，项目的可行性研究直接关系到项目的决策质量和工程项目的质量，并确定工程项目应达到的质量目标和水平，因此，工程项目决策阶段是影响工程项目质量的关键阶段，在此阶段要能充分反映业主对质量的要求和意愿。

工程项目勘察设计阶段，是根据项目决策阶段确定的工程项目质量目标和水平，通过初步设计使工程项目具体化。然后，再通过技术设计阶段和施工图设计阶段，确定该项目技术是否可行、工艺是否先进、经济是否合理、设备是否配套、结构是否安全可靠等。因此，设计阶段决定着工程项目建成后的使用功能和价值，也是影响工程项目质量的决定性环节。

工程项目施工阶段是根据设计和施工图纸的要求，通过一道道工序施工形成工程实体。这一阶段将直接影响工程的最终质量。因此，施工阶段是工程质量控制的关键环节。

工程项目竣工验收阶段是对施工阶段的质量通过试运车、检查、评定、考核，检查质量目标是否达到。这一阶段是工程项目从建设阶段向生产阶段过渡的必要环节，体现了工程质量的最终结果。因此，工程竣工验收阶段是工程项目质量控制的最后一个重要环节。

二、工程项目质量控制的概念

工程项目质量控制是为了满足工程项目的质量需求而采取的作业技术和活动，主要表现为工程项目合同、设计文件、规范规定等，是为了保证达到工程合同规定的质量标准而采取的一系列措施、手段与方法。针对质量控制的不同对象，有以下几个方面的控制工作：

（一）业主方面的质量控制

这通常反映为工程建设监理的质量控制，其特点是外部、横向的控制，是监理单位受业主委托，为保证工程项目按照合同规定的质量要求，进行合同文件、设计图纸、现场监督等一系列活动，实现业主的建设意图，取得良好的投资效益。

（二）政府方面的质量控制

这反映为政府监督机构的质量控制，是外部、纵向控制，是根据有关法规和技术标准，对本地区（或本部门）的工程项目质量进行监督检查，维护社会公共利益，保证技术性法规的标准贯彻执行。

（三）承包商方面的质量控制

这是项目内部、自身的控制，是根据合同文件、设计图纸对项目生产过程及各个环节的实施质量进行监督与检查，反映在施工过程中的工序、工艺及生产流程等方面，是最终形成工程产品质量和使用价值的环节。

三、工程项目质量控制的原则

在工程项目建设过程中，对其质量控制应遵循以下几项原则：

（一）质量第一原则

"百年大计，质量第一"，工程建设与国民经济的发展和人民生活的改善息息相关。质量的好坏，直接关系到国家繁荣富强，关系到人民生命财产的安全，关系到子孙幸福，所以必须树立强烈的"质量第一"的思想。

要确立质量第一的原则，必须弄清并且摆正质量和数量、质量和进度之间的关系。不符合质量要求的工程、数量和进度都失去了意义，也没能任何使用价值。而且，数量越多，进度越快，国家和人民遭受的损失也将越大。因此，好中求多，好中求快，好中求省，才是符合质量管理所要求的质量水平。

（二）预防为主原则

对于工程项目的质量，我们长期以来采取事后检验的方法，认为严格检查，就能保证质量，实际上这是远远不够的，应该从消极防守的事后检验变为积极预防的事先管理。因为好的建筑产品是好的设计、好的施工所产生的，不是检查出来的。必须在项目管理的全过程中，事先采取各种措施，消灭种种不合质量要求的因素，以保证建筑产品质量。如果各质量因素（人、机、料、法、环）预先得到保证，工程项目的质量就有了可靠的前提条件。

（三）为用户服务原则

建设工程项目，是为了满足用户的要求，尤其要满足用户对质量的要求。真正好的质量是用户完全满意的质量。进行质量控制，就是要把为用户服务的原则，作为工程项目管理的出发点，贯穿到各项工作中去。同时，要在项目内部树立"下道工序就是用户"的思想。各个部门、各种工作、各种人员都有个前、后的工作顺序，在自己这道工序的工作一定要保证质量，凡达不到质量要求不能交给下道工序，一定要使"下道工序"这个用户感到满意。

（四）用数据说话原则

质量控制必须建立在有效的数据基础上，必须依靠能够确切反映客观实际的数字和资料，否则就谈不上科学的管理。一切用数据说话，就需要用数理统计方法，对工程实体或工作对象进行科学的分析和整理，从而研究工程质量的波动情况，寻求影响工程质量的主次因素，采取改进质量的有效措施，掌握保证和提高工程质量的客观规律。

在很多情况下，我们评定工程质量，虽然也按规范标准进行检测计量，也有一些数据，但是这些数据往往不完整、不系统，没有按数理统计要求积累数据，抽样选点，所以难以汇总分析，有时只能统计加估计，抓不住质量问题，不能表达工程的内在质量状态，也不能有针对性地进行质量教育，提高企业素质。所以，必须树立起"用数据说话"的意识，从积累的大量数据中，找出控制质量的规律性，以保证工程项目的优质建设。

第二节　工程项目质量体系

一、工程项目质量体系概述

近年来，随着工程项目的国际化，在工程项目中使用的质量管理和质量保证体系也趋于标准化、国际化，许多工程项目建设企业为加强自身素质。提高竞争能力，都在贯彻国际通用的质量标准体系——ISO9000 系列。

（一）ISO9000 系列标准简介

ISO9000 系列包括两大部分：质量体系认证和产品质量认证。质量体系认证包括质量管理、组织结构、职责和程序等内容。我国实行 ISO9000 系列认证的时间还不长，国家规定 ISO9000 系列与 GB/T10300 系列等效采用，与 GB/T19000 系列等同采用。

（二）ISO9000 系列标准结构

其结构如图 9-1 所示。

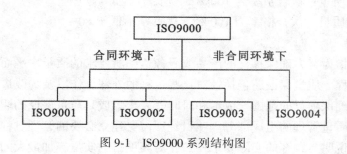

图 9-1　ISO9000 系列结构图

1. ISO9000 是质量管理和质量保证——选择和使用指南，它规定了在该系列内使用和选择质量体系标准的原理、原则、程序和方法，是系列标准中的实施指南。

2. ISO9001 是质量体系——设计/开发、生产、安装和服务的质量保证模式。

3. ISO9002 是质量体系——生产和安装的质量保证模式。

4. ISO9003 是质量体系——最终检验和试验的质量保证模型。

ISO9001、ISO9002、ISO9003 适用于合同环境下的外部质量保证，为供需双方签订含有质量保证要求的合同提供了三种质量保证模式。

5. ISO9004 是质量管理和质量体系要素——指南。该标准从市场经济需求出发，提出并阐述了企业质量体系的原理、原则和一般应包括的质量要素，它是为希望开发和实施质量管理体系的组织提供质量管理指南。

二、工程项目质量体系要素

《质量管理体系基础和术语》GB/T19000-2008/ISO9000：2005 标准，是目前流传广泛的建立质量管理体系的指导性工具。从项目管理的角度看，工程项目质量管理体系要素包括以下内容：

（一）质量方针

质量方针是由质量管理专家制定的为最高管理者完全支持的该组织总的质量宗旨和质量方向。质量方针必须表明质量目标，为组织所承认的质量管理层次，体现了该组织成员的质量意识和质量追求，是组织内部的行动准则，也体现了用户的期望和对用户作出的承诺。

质量方针的履行是最高管理者的责任，最高管理者必须遵守诺言。

（二）质量目标

质量目标是落实质量方针的具体要求，由详细而明确的目标以及实现这些目标的时间框架构成。质量目标又是企业经营目标的组成部分，与其他目标（如利润目标、成本目标等）相协调。应根据质量方针，对实体和工作质量在一定时期内期望达到的水平作出具体规定。

质量目标应先进可行，要分解落实到各职能部门和基层单位，以便质量方针目标的实施、检查、评价与考核。如某水电建设公司的质量目标是：

1. 分项工程质量一次合格率为 100%，优良率不低于 75%。

2. 单项工程质量一次合格率为 100%，优良率不低于 80%。

（三）质量保证

质量保证是指为努力确保移交的产品或服务达到所要求的质量水平而计划并实施的正式活动和管理过程。质量保证还包括针对这些过程的外部工作以及为改进内部过程提供必要的信息，努力确保项目的范围、成本和时间等完全集成是质量保证的职能。

质量保证是质量管理的组成部分。项目经理需要建立必要的管理过程和程序，确保和证明项目范围的说明与顾客的实际要求一致，对其项目的质量施加最大的影响。项目经理必须与项目经理部一道确定他们的管理过程，保证项目收益人对项目质量活动的正确履行充满信心，同时必须符合所有相关的法律、法规。

（四）质量控制

质量控制是在质量管理过程中，为达到质量要求所采取的作业技术和活动。这类活动包括持续的控制过程，识别和消除产生问题的原因，使用统计过程控制减少质量波动，增加管理过程的效率。质量控制的目的是保证组织的质量目标能得到实现。

质量控制贯穿于质量形成的全过程、各环节。要排除这些环节的技术活动偏离有关规范的现象，使其恢复正常，达到控制的目标。

质量控制体系包括选择控制的对象，建立标准作为选择可行性方案的基准，确定控制技术方法，能作实际结果与质量标准的对比，根据所收集的信息对不符合要求的工作过程或材料作出纠正。

（五）质量审计

质量审计就是有资质的管理人员所作的独立的评价，保证项目符合质量要求；遵守既定的质量程序和方针。

质量审计将保证实现项目的质量要求，项目或产品安全适用，遵守相关的法律、法规，数据的收集和发布体系正确、适合，需要时能采取适当的纠偏，能提供改进的机会。

（六）质量计划

质量计划是由项目经理和项目部成员编制的，项目质量计划是通过将项目的目标分解落实到 WBS 中编制的，使用倒置的树形图技术，项目的活动被分解成较低级别的活动，直到这些活动要求能明确并能清楚地识别。这样，项目经理就能保证将这些质量要求用文件记录下来，并在以后的过程中执行，项目就能满足用户的要求和期望。

按照 ISO10006，为了达到项目质量目标，必须制定整个工程项目的质量体系，在工程实施过程中按照质量体系进行全面控制。企业的质量体系与项目的质量体系既有联系又有区别。首先，项目的质量体系从属于企业的质量体系，符合企业的质量体系方针政策、质量目标、质量管理、质量体系、质量策划、质量控制、质量保证等，体现在企业的质量保证手册中。其次，项目的质量体系又与企业的质量体系有所区别，项目是具体的，具有独立的特征，项目质量体系应在企业质量体系的基础上满足业主对项目的质量要求，体现在项目手册的质量执行计划中，项目的质量体系在合同、项目实施计划、项目管理规范、工作计划中有所反映。

第三节　工程项目质量控制的内容及方法

一、工程项目质量控制的任务

工程项目质量控制的任务就是根据国家现行的有关法规、技术标准和工程合同规定的工程建设各阶段质量目标实施全过程监督管理。由于工程建设各阶段的质量目标不同，因此需要分别确定各阶段的质量控制对象和任务。

（一）工程项目决策阶段质量控制的任务

1. 审核可行性研究报告是否符合国民经济发展的长远规划、国家经济建设的方针政策。

2. 审核可行性研究报告是否符合工程项目建议书或业主的要求。

3. 审核可行性研究报告是否具有可靠的基础资料和数据。

4. 审核可行性研究报告是否符合技术经济方面的规范标准和定额等指标。

5. 审核可行性研究报告的内容、深度和计算指标是否达到标准要求。

（二）工程项目设计阶段质量控制的任务

1. 审查设计基础资料的正确性和完整性。

2. 编制设计招标文件，组织设计方案竞赛。

3. 审查设计方案的先进性和合理性，确定最佳设计方案。

4. 督促设计单位完善质量保证体系，建立内部专业交底及专业会签制度。

5. 进行设计质量跟踪检查，控制设计图纸的质量。在初步设计和技术设计阶段，主要检查生产工艺及设备的选型，总平面与运输布置，建筑与设施的布置，采用的设计是否有错误，选用的材料和做法是否合理，标注的各部分设计标高和尺寸是否有错误，各专业设计之间是否有矛盾等。

（三）工程项目施工阶段质量控制的任务

施工阶段质量控制是工程项目全过程质量控制的关键环节。根据工程质量形成的时间，施工阶段的质量控制又可分质量的事前控制、事中控制和事后控制，其中事前控制为重点控制。

1. 事前控制

（1）审查承包商及分包商的技术资质。

（2）协助承包商完善质量体系，包括完善计量及质量检测技术和手段等，同时对承包商的试验室资质进行考核。

（3）督促承包商完善现场质量管理制度，包括现场会议制度、现场质量检验制度、质量统计报表、质量统计报表制度和质量事故报告及处理制度等。

（4）与当地质量监察站联系，争取其配合、支持和帮助。

（5）组织设计交底和图纸会审，对有的工程部位应下达质量要求标准。

（6）审查承包商提交的施工组织设计，保证工程质量具有可靠的技术措施。审核工程中采用的新材料、新结构、新工艺、新技术的技术鉴定书；对工程质量有重大影响的施工机械、设备，应审核其技术性能报告。

（7）对工程所需原材料、构配件的质量进行检查与控制。

（8）对永久性生产设备或装置，应按审批同意的设计图纸组织采购或订货，到场后进行检查验收。

（9）对施工场地进行检查验收。检查施工场地的测量标桩、建筑物的定位放线以及高程水准点，重要工程还应复核，落实现场障碍物的清理、拆除等。

（10）把好开工关。对现场各项准备工作检查合格后，方可发开工令；停工的工程，未发复工令者不得复工。

2. 事中控制

（1）督促承包商完善工序控制。工程质量是在工序中产生的，工序控制对工程质量起着决定性的作用。应把影响工序质量的因素都纳入控制状态中，建立质量管理点，及时检查和审核承包商提交的质量统计分析资料和质量控制图表。

（2）严格工序交接检查。主要工作作业包括隐蔽作业需按有关验收规定经检查验收后，方可进行下一工序的施工。

（3）重要的工程部位或专业工程（如混凝土工程）要做试验或技术复核。

（4）审查质量事故处理方案，并对处理效果进行检查。

（5）对完成的分项分部工程，按相应的质量评定标准和办法进行检查验收。

（6）审核设计变更和图纸修改。

（7）按合同行使质量监督权和质量否决权。

（8）组织定期或不定期的质量现场会议，及时分析、通报工程质量状况。

3. 事后控制

（1）审核承包商提供的质量检验报告及有关技术性文件。

（2）审核承包商提交的竣工图。

（3）组织联动试车。

（4）按规定的质量评定标准和办法，进行检查验收。

（5）组织项目竣工总验收。

（6）整理有关工程项目质量的技术文件，并编目、建档。

（四）工程项目保修阶段质量控制的任务

1. 审核承包商的工程保修书。

2. 检查、鉴定工程质量状况和工程使用情况。

3. 对出现的质量缺陷，确定责任者。

4. 督促承包商修复缺陷。

5. 在保修期结束后，检查工程保修状况，移交保修资料。

二、工程项目质量影响因素的控制

在工程项目建设的各个阶段，对工程项目质量影响的主要因素就是"人、机、料、法、环"五大方面。为此，应对这五个方面的因素进行严格的控制，以确保工程项目建设的质量。

（一）对"人"的因素的控制

人是工程质量的控制者，也是工程质量的"制造者"。工程质量的好与坏，与人的因素是密不可分的。控制人的因素，即调动人的积极性、避免人的失误等，是控制工程质量的关键因素。

1. 领导者的素质

领导者是具有决策权力的人，其整体素质是提高工作质量和工程质量的关键，因此，在对承包商进行资质认证和选择时一定要考核领导者的素质。

2. 人的理论和技术水平

人的理论水平和技术水平是人的综合素质的表现，它直接影响工程项目质量，尤其是技术复杂、操作难度大、要求精度高、工艺新的工程对人员素质要求更高，否则，工程质量很难保证。

3. 人的生理缺陷

根据工程施工的特点和环境，应严格控制人的生理缺陷，如高血压、心脏病的人，不能从事高空作业和水下作业；反应迟钝、应变能力差的人，不能操作快速运行、动作复杂的机械设备等，否则，将影响工程质量，引起安全事故。

4. 人的心理行为

影响人的心理行为因素很多，而人的心理因素如多疑、畏惧、抑郁等很容易使人产生愤怒、怨恨等情绪，使人的注意力转移，由此引发质量、安全事故。所以，在审核企业的资质水平时，要注意企业职工的凝聚力如何，职工的情绪如何，这也是选择企业的一条标准。

5. 人的错误行为

人的错误行为是指人在工作场地或工作中吸烟、打赌、错视、错听、误判断、误动作等，这些都会影响工程质量或造成质量事故。所以，在有危险的工作场所，应严格禁止吸烟、嬉戏等。

6. 人的违纪违章

人的违纪违章是指人的大意、注意力不集中、不履行安全措施等不良行为，会对工程质量造成损害，甚至引起工程质量事故。所以，在使用人的问题上，应从思想素质、业务素质和身体素质等方面严格控制。

（二）对材料、构配件的质量控制

1. 材料质量的标准

材料质量的标准是用以衡量材料标准的尺度，并作为验收、检验材料质量的依据。其具体的材料标准指标可参见相关材料手册。

2. 材料质量的检验、试验

材料质量的检验目的是通过一系列的检测手段，将取得的材料数据与材料的质量标准相比较，用以判断材料质量的可靠性。

（1）材料质量的检验方法

书面检验：书面检验是通过对提供的材料质量保证资料、试验报告等进行审核，取得认可方能使用。

外观检验：外观检验是对材料从品种、规格、标志、外形尺寸等进行直观检查，看其有无质量问题。

理化检验：理化检验是借助试验设备和仪器对材料样品的化学成分、机械性能等进行科学的鉴定。

无损检验：无损检验是在不破坏材料样品的前提下，利用超声波、X 射线、表面探伤仪等进行检测。

（2）材料质量检验程度

材料质量检验程度分为免检、抽检和全部检查三种。

免检：免检就是免去质量检验工序。对有足够质量保证的一般材料，以及实践证明质量长期稳定而且质量保证资料齐全的材料，可予以免检。

抽检：抽检是按随机抽样的方法对材料抽样检验。如对材料的性能不清楚，对质量保证资料有怀疑，或对成批生产的构配件，均应按一定比例进行抽样检验。

全检：对进口的材料、设备和重要工程部位的材料，以及贵重的材料，应进行全部检验，以确保材料和工程质量。

（3）材料质量检验项目

材料质量检验项目一般可分为一般检验项目和其他检验项目。

（4）材料质量检验的取样

材料质量检验的取样必须具有代表性，也就是所取样品的质量应能代表该批材料的质量。在采取试样时，必须按规定的部位、数量及采选的操作要求进行。

（5）材料抽样检验的判断

抽样检验是对一批产品（个数为 N）根据一次抽取 n 个样品进行检验，用其结果来判断该批产品是否合格。

3. 材料的选择和使用要求

材料的选择不当和使用不正确，会严重影响工程质量或造成工程质量事故。因此，在施工过程中，必须针对工程项目的特点和环境要求及材料的性能、质量标准、适用范围等进行多方面的综合考察，慎重选择和使用材料。

（三）对方法的控制

对方法的控制主要是指对施工方案的控制，也包括对整个工程项目建设期内所采用的技术方案、工艺流程、组织措施、检测手段、施工组织设计等的控制。对一个工程项目而言，施工方案恰当与否，直接关系到工程项目质量，关系到工程项目的成败，所以，应重视对方法的控制。这里说的方法控制，在工程施工的不同阶段，其侧重点也不相同，但都是围绕确保工程项目质量这个纲的。

（四）对施工机械设备的控制

施工机械设备是工程建设不可缺少的设施，目前工程建设的施工进度和施工质量都与施工机械关系密切。因此，在施工阶段，必须对施工机械的性能、选型和使用操作等方面进行控制。

1. 机械设备的选型

机械设备的选型，应因地制宜，按照技术先进、经济合理、生产适用、性能可靠、使用安全、操作和维修方便等原则来选择施工机械。

2. 机械设备的主要性能参数

机械设备的性能参数是选择机械设备的主要依据，为满足施工的需要，在参数选择上可适当留有余地，但不能选择超出需要很多的机械设备，否则，容易造成经济上的不合理。机械设备的性能参数很多，要综合各参数，确定合适的施工机械设备。在这方面，要配合承包商，结合机械施工方案，择优选择机械设备，要严格把关，对不符合需要和有安全隐患的机械，不准进场。

3. 机械设备的使用、操作要求

合理使用机械设备，正确地进行操作，是保证工程项目施工质量的重要环节，应贯彻"人机固定"的原则，实行定机、定人、定岗位的制度。操作人员必须认真执行各项规章制度，严格遵守操作规程，防止出现安全质量事故。

（五）对环境因素的控制

影响工程项目质量的环境因素很多，有工程技术环境、工程管理环境、劳动环境等。

环境因素对工程质量的影响复杂而且多变。因此，应根据工程特点和具体条件，对影响工程质量的环境因素严格控制。

三、项目质量控制的数学工具与方法

通过对质量数据的收集、整理和统计分析，找出质量的变化规律和存在的质量问题，提出进一步的改进措施，这种运用数学工具进行质量控制的方法是所有涉及质量管理的人员所必须掌握的，它可以使质量控制工作定量化和规范化。下面介绍几种在质量控制中常用的数学工具及方法。

（一）流程图

流程图通常被用于项目质量控制过程中，其主要目的是确定及分析问题产生的原因。

（二）因果分析图法

因果分析图也叫鱼刺图、树枝图，这是一种通过逐步深入研究产生问题原因和结果的分析，进一步剖析产生质量问题的根源，从而从深层次对项目质量问题进行改进和完善的图示方法。在工程建设过程中，任何一种质量问题的产生，一般都是多种原因造成的，这些原因有大有小，把这些原因按照大小顺序分别用主干、大枝、中枝、小枝来表示，这样，就可一目了然地观察出导致质量问题的原因，并以此为据，制定相应对策。

（三）管理图法

管理图也称控制图，它是反映生产过程随时间变化而变化的质量动态，即反映生产过程中各个阶段质量波动状态的图形，可以用来监控任何形式的输出变量，可用于监控进度和费用的变化、范围变化的量度和频率、项目说明中的错误，以及其他管理结果。管理图利用上下控制界限，将产品质量特性控制在正常波动范围内，一旦有异常反应，通过管理图就可以发现，及时处理。

（四）相关图法

产品质量与影响质量的因素之间，常有一定的相互关系，但不一定是严格的函数关系，这种关系称为相关关系。利用直角坐标系将两个变量之间的关系表达出来。相关图的形式有正相关、负相关、非线性相关和无相关。

（五）PDCA循环

PDCA循环是质量管理与质量控制的基本思路和方法，通过计划、执行、检查和分析不断地对质量问题进行持续改进。

（六）趋势分析

趋势分析是应用数学的技术，根据历史的数据预测项目未来的发展，趋势分析通常被用来监控：

1. 技术参数：多少错误或缺点已被识别和纠正，多少错误仍然未被校正。

2. 费用和进度参数：多少工作在规定的时间内按期完成。

（七）帕累托图

它又叫排列图、主次图，是按照发生频率大小顺序绘制的直方图，表示有多少结果是由已确认类型或范畴的原因所造成。它是分析影响质量主要问题的有效方法，可以将出现

的质量问题和质量改进项目按照重要程度依次排列而形成的一张图表，可以用来分析质量
问题，确定产生质量问题的主要因素，如图9-2所示。

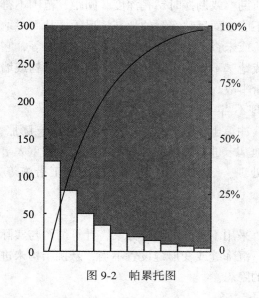

图 9-2　帕累托图

排列图用双直角坐标系表示，左边纵坐标表示频数，右边纵坐标表示频率。分析线表
示累积频率，横坐标表示影响质量的各项因素，按影响程度的大小（即出现频数多少）
从左到右排列，通过对排列图的观察分析可以抓住影响质量的主要因素。

第四节　工程质量事故

一、工程质量事故原因分析

（一）常见的工程事故发生的原因

工程质量事故的表现形式千差万别，类型多种多样，例如结构倒塌、倾斜、错位、不
均匀或超量沉陷、变形、开裂、渗漏、破坏、强度不足、尺寸偏差过大等，究其原因，归
纳起来主要有以下几方面：

1. 违背基本建设法规

（1）违反基本建设程序。基本建设程序是工程施工建设过程及其客观规律的反映，
但有些工程不按基建程序办事，例如未做好调查分析就拍板定案；未搞清地质情况就仓促
开工；边设计、边施工；无图施工，不经竣工验收就交付使用等，这些常是导致重大工程
质量事故的重要原因。

（2）违反有关法规和工程合同的规定。例如无证设计；无证施工；越级设计；越级
施工；工程招、投标中的不公平竞争；超常的低价中标；擅自转包或分包；多次转包；擅

235

自修改设计等。

2. 地质勘察原因

诸如未认真进行地质勘察或勘探时钻孔深度、间距、范围不符合规定要求，地质勘察报告不详细、不准确、不能全面反映实际的地基情况等，从而对地下情况不清楚，或对基岩起伏、土层分布误判，或未查清地下软土层、墓穴、孔洞等，它们均会导致采用不恰当或错误的基础方案，造成地基不均匀沉降、失稳，使上部结构或墙体开裂、破坏，或引发建筑物倾斜、倒塌等质量事故。

3. 对不均匀地基处理不当

对软弱土、杂填土、冲填土、大孔性土或湿陷性黄土、膨胀土、红黏土、熔岩、土洞、岩层出露等不均匀地基未进行处理或处理不当也是导致重大事故的原因。必须根据不同地基的特点，从地基处理、结构措施、防水措施、施工措施等方面综合考虑，加以治理。

4. 设计计算问题

诸如盲目套用图纸，采用不正确的结构方案，计算简图与实际受力情况不符，荷载取值过小，内力分析有误，沉降缝或变形缝设置不当，悬挑结构未进行抗倾覆验算以及计算错误等，都是质量事故的隐患。

5. 建筑材料及制品不合格

例如骨料中活性氧化硅会导致碱骨料反应使混凝土产生裂缝；水泥安定性不良会造成混凝土爆裂；水泥受潮、过期、结块，砂石含泥量及有害物含量、外加剂掺量等不符合要求时，会影响混凝土强度、和易性、密实性、抗渗性，从而导致混凝土结构强度不足、出现裂缝、渗漏等质量事故。

6. 施工与管理问题

（1）未经设计部门同意，擅自修改设计；或不按图纸施工。

（2）图纸未经会审即仓促施工；或不熟悉图纸，盲目施工。

（3）不按有关的施工规范和操作规程施工。

（4）管理紊乱，施工方案考虑不周，施工顺序错误，技术交底不清，违章作业，疏于检查、验收等，均可能导致质量事故。

7. 自然条件影响

空气温度、湿度、暴雨、风、浪、洪水、雷电、日晒等均可能成为质量事故的诱因，施工中应特别注意并采取有效的预防措施。

（二）质量事故原因分析方法

由于影响工程质量的因素众多，引起质量事故的原因也错综复杂，常常一项质量事故是由于多种原因引起的。究竟是由何种原因所引起，则应对事故的特征表现以及其在施工中和使用中所处的实际情况和条件进行具体分析。例如，大体积混凝土产生的裂缝大体有两类：由于基础约束应力引起的贯穿性裂缝和由于混凝土内外温差产生的应力引起的表面裂缝。如果某工程大体积混凝土出现的裂缝是表面性的微细裂缝，呈纵横交错无规律分布，而且根据施工记录，在浇筑后水化热温升较高时，天气骤冷、寒潮袭击而又未能及时防护，这样就可初步推断，这种裂缝是由于内外温差过大，表面收缩受到内部膨胀的混凝土约束产生的应力引起的。

对工程质量事故原因进行分析可概括为如下的方法和步骤：

1. 对事故情况进行细致的现场调查研究，充分了解与掌握质量事故或缺陷的现象和特征。例如上述大体积混凝土裂缝的现象与特征是：表面性裂缝、缝宽细小、呈纵横交错分布广、不规律等。

2. 收集资料（如施工记录等），调查研究，摸清质量事故对象在整个施工过程中所处的环境及面临的各种情况。诸如：

（1）所使用的设计图纸。例如，设计图纸中的结构是否合理；是否设置了必要的沉降缝或伸缩缝；是否完全按图纸施工等。

（2）施工情况。例如，当时采用的施工方法或工艺是否合理。

（3）使用的材料情况，例如使用的材料与设计图纸是否一致，其性能、规格以及质量是否符合标准；在使用前该批材料的质量是否经过检查与确认，有无合格凭证；现场拌和料配合比有无记录，其配合比与设计要求配比是否一致等。

（4）施工期间的环境条件。例如自然条件，施工时的气温、湿度、风力降雨等；施工条件，运输道路条件是否良好，混凝土在浇筑过程中初凝等。

3. 分析造成质量事故的原因。根据对质量事故的现象及特征，结合施工过程中的条件，进行综合分析、比较和判断，找出造成质量事故的主要原因。对于一些特殊、重要的工程质量事故，还可能进行专门的计算、试验验证分析，分析其原因。

二、工程质量事故的处理

由于工程项目实施的一次性，生产组织特有的流动性、综合性，劳动的密集性及协作关系的复杂性，均导致施工过程中质量事故具有复杂性、严重性、可变性及多发性的特点。施工中出现质量事故，一般是很难完全避免的事情。通过质量控制系统和质量保证活动，通常可对事故的发生起到防范作用，控制事故后果的进一步恶化，将危害程度减小到最低限度。

（一）工程质量事故处理程序

工程质量事故发生后，一般可以按以下程序进行处理，如图9-3所示。

1. 当出现施工质量缺陷或事故后，应停止有质量缺陷部位和其有关部位及下道工序施工，需要时，还应采取适当的防护措施。同时，要及时上报主管部门。

2. 进行质量事故调查，主要目的是要明确事故的范围、缺陷程度、性质、影响和原因，为事故的分析处理提供依据。调查力求全面、准确、客观。

3. 在事故调查的基础上进行事故原因分析，正确判断事故原因。事故原因分析是确定事故处理措施方案的基础。正确的处理来源于对事故原因的正确判断。只有对调查提供的调查资料、数据进行详细、深入的分析后，才能由表及里、去伪存真，找出造成事故的真正原因。

4. 研究制定事故处理方案。事故处理方案的制定应以事故原因分析为基础。如果某些事故一时认识不清，而且事故一时不致产生严重的恶化，可以继续进行调查、观测，以

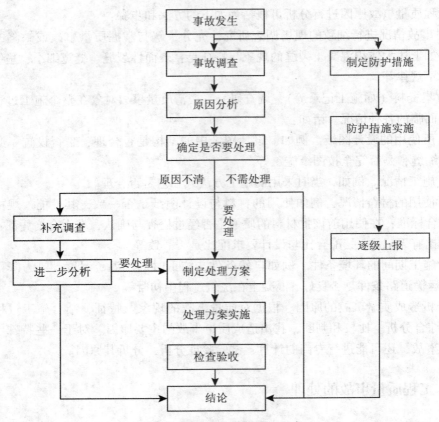

图 9-3 质量事故分析处理程序

便掌握更充分的资料数据，做进一步分析，找出其原因，以制定解决方案。

5. 按确定的处理方案对质量缺陷进行处理。发生的质量事故不论是否由于施工承包单位方面的责任原因造成的，质量缺陷的处理通常都是由施工承包单位负责实施。如果不是施工单位方面的责任原因，则处理质量缺陷所需的费用或延误的工期，建设单位应给予施工单位补偿。

6. 在质量缺陷处理完毕后，应组织有关人员对处理结果进行严格的检查、鉴定和验收。

（二）事故处理方案的确定

处理施工质量事故，必须分析原因，做出正确的处理决策，这就要以充分的、准确的有关资料作为决策基础和依据。一般的质量事故处理，必须具备以下资料：

1. 施工质量事故有关的施工图。

2. 与施工有关的资料、记录。例如建筑材料的试验报告，各种中间产品的检验记录和试验报告（如沥青拌和料温度量测记录、混凝土试块强度试验报告等），以及施工记录等。

3. 事故调查分析报告，一般应包括以下内容：

（1）质量事故的情况。包括发生质量事故的时间、地点，事故情况，有关的观测记录，事故的发展变化趋势是否已趋稳定等。

（2）事故性质。应区分是结构性问题还是一般性问题；是内在的实质性的问题，还是表面性的问题；是否需要及时处理，是否需要采取保护性措施等。

（3）事故原因。阐明造成质量事故的主要原因，附有说服力的资料、数据说明。

（4）事故评估。应阐明该质量事故对于建筑物功能、使用要求、结构承受力性能及施工安全有何影响，并应附有实测、验算数据和试验资料。

（5）设计、施工以及使用单位对事故的意见和要求。

（6）事故涉及的人员与主要责任者的情况等。

（三）事故处理的方案

质量事故处理方案，应当在正确地分析和判断事故原因的基础上进行。对于工程质量缺陷，通常可以根据质量缺陷的情况，做出以下3类不同性质的处理方案。

1. 修补处理

这是最常采用的一类处理方案。通常当工程的某些部分的质量虽未达到规定的规范、标准或设计要求，存在一定的缺陷，但经过修补后可以达到要求的标准，不影响使用功能或外观要求，在此情况下，可以做出进行修补处理的决定。

2. 返工处理

在工程质量未达到规定的标准或要求，有明显的严重质量问题，对结构的使用和安全有重大影响，而又无法通过修补的办法纠正所出现缺陷的情况下，可以做出返工处理的决定。例如，某防洪提坝的填筑压实后，其压实土的干容重未达到规定的要求干容重值，分析对土体的稳定和抗渗的影响，决定返工处理，即挖除不合格土，重新填筑。

3. 不作处理

某些工程质量缺陷虽然不符合规定的要求或标准，但如果其情况不严重，对工程或结构的使用及安全影响不大，经过分析、论证和慎重考虑后，也可做出不作专门处理的决定。

（四）质量事故处理的鉴定验收

质量事故的处理是否达到了预期目的，是否仍留有隐患，应当通过检查鉴定和验收作出确认。

事故处理的质量检查鉴定，应严格按施工验收规范及有关标准的规定进行，必要时还应通过实际量测、试验和仪表检测等方法获取必要的数据，才能对事故的处理结果作出确切的检查结论和鉴定结论。

小　结

工程项目质量控制是为了满足工程项目的质量需求而采取的作业技术和活动，在工程项目建设的各个阶段，通过对"人、机、料、法、环"等5个主要因素的控制并采取有效措施，确保工程项目建设的质量。工程项目质量控制是一项系统性、复杂性的工作，既要从总体上对工程实施有效的质量控制工作，又要注意工程细节上的质量控制工作。

思考题

1. 何谓质量控制？工程项目质量及其特点是什么？
2. 质量控制体系的要素有哪些？
3. 工程质量控制原则有哪些？影响工程质量的 5 大方面因素是什么？
4. 工程项目质量事故的产生原因有哪些？有哪些处理方案？

第十章 工程项目的竣工验收与投产准备

工程项目竣工验收与投产准备是建设程序的最后阶段。本章主要介绍了竣工验收的内容、质量核定及程序、工程档案与竣工图移交、竣工决算，同时阐述了工程项目的投产准备与后评价等内容。

第一节 概述

一、竣工验收的概念

工程项目按照批准的设计图纸和文件的内容全部建成，达到使用条件或住人的标准，称为工程竣工。

工程项目竣工验收就是由建设单位、施工单位和项目验收委员会，以项目批准的设计任务书和设计文件，以及国家（或部门）颁发的施工验收规范和质量检验标准为依据，按照一定的程序和手续，在项目建成并试生产合格后，对工程项目的总体进行检验和认证（综合评价和鉴定）的活动。

工业生产项目，须经试生产合格，形成生产能力，能正常生产出合格产品后，方能进行验收；非工业生产性项目，应能正常使用，方可进行验收。

二、竣工验收的作用

竣工验收的作用有以下几点：

1. 全面考察工程项目设计和施工的质量，以便及时发现和解决存在的问题，以保证项目按设计要求的各项技术经济指标正常使用。

2. 竣工验收是加强固定资产投资管理的需要。通过竣工验收办理固定资产交付使用手续，总结建设经验，提高建设项目的经济效益和管理水平。

3. 解决工程项目遗留的问题。建设项目在批准建设时，一般都考虑了协作条件、市场需求、"三废"治理、交通运输以及生活福利设施，但由于施工周期长，情况发生变化，因此项目建成后，因主、客观原因会发生许多新问题，从而存在许多遗留问题及预料不到的问题。通过验收，可研究这些问题的解决办法和措施，从而使项目尽快投入使用，发挥效益。

三、竣工验收的主要任务

工程项目竣工验收是建设程序的最后一个阶段。工程项目经过竣工验收，由承包单位交付建设单位使用，并办理各项工程移交手续，标志着这个工程项目的结束，也就是建设资金转化为使用价值。这个阶段的主要工作是：

1. 建设单位、勘察和设计单位、施工单位（包括各主要的工程分包单位）要分别对工程项目的决策和论证、勘察和设计以及施工的全过程，进行最后的评价，实事求是地总结各自在工程项目建设中的经验和教训。这项工作，实际上也是对工程管理全过程进行系统的检验。作为工程项目总承包单位的项目经理，还应该组织有关人员对整个工程项目进行工期分析、质量分析、成本分析。

2. 办理建设工程的验收和交接手续，办理竣工结算和竣工决算，办理工程档案资料的移交，办理工程保修手续等。总之，在这个阶段，要把整个工程项目的结束工作、移交工作和善后清理工作全部办理完毕。

3. 对施工单位来讲，应该把工程竣工作为一个过程看待，或者说把收尾和竣工作为一个阶段看待。在这个阶段，所承担的工程项目即将结束，并将转向或已经转向新的工程项目的施工，而本工程项目仍有很多收尾工作和竣工验收工作要做，这些工作做好了，有利于各个参与工程项目施工的单位顺利地撤摊拔点，缩短施工战线，投入新的工程项目的建设。

四、工程项目竣工验收的依据

工程项目竣工验收的依据，除了必须符合国家规定的竣工标准（或地方政府主管机关的具体标准）之外，在进行工程竣工验收和办理工程移交手续时，应该以下列文件作为依据：

1. 上级主管部门有关工程竣工的文件和规定。

2. 建设单位同施工单位签订的工程承包合同。

3. 工程设计文件（包括施工图纸、设计说明书、设计变更洽谈记录、各种设备说明书等）。

4. 国家现行的施工验收规范。

5. 建筑安装工程统计规定。

6. 凡属从国外引进的新技术或进口成套设备的工程项目，除上述文件外，还应按照双方签订的合同书和国外提供的设计文件进行验收。

五、工程项目竣工验收的标准

工程项目由于性质不同，行业、类型不同，应达到的标准也有不同，这里介绍一般的验收标准。一般标准是无论什么项目都应达到的或应具备的起码水平，通常由国家统一规定，如国家建设部 1974 年 8 月颁发的《关于基本建设项目竣工验收暂行规定》、1974 年 9 月颁发的《建筑安装工程质量检验评定标准》等，以下做简单介绍。

（一）建筑工程验收标准

1. 凡是生产性工程，公用辅助设施和生活福利设施均已按批准的设计文件和规定的内容及施工图纸全部施工完毕，能生产使用。

2. 所有建筑物（包括构筑物）、明沟、勒脚、踏步、斜道全部做完，内部粉刷完毕，两米以内场地已平整，无障碍物，道路通畅。

3. 建筑设备（室内上下水，采暖，通风，电气照明，管道，线路安装敷设工程）经过试验、检测，达到设计和使用要求。

4. 环境保护设施、劳动安全卫生设施、消防设施已按设计要求与主体工程同时建成使用。

（二）安装工程验收标准

1. 需要安装的工艺设备、动力设备及仪表等均已按设计规定的内容和技术说明书的要求全部安装完毕，没有尾巴。

2. 工艺、物料、热力等各种管道已做好清洗、试压、吹扫、油漆、保温等工作，室外管线的安装位置、标高、走向、坡度、尺寸、送达的方向等经检测符合设计和使用要求。

3. 各种需要安装或不需要安装的设备，均已经过单机无负荷、联动无负荷、联动有负荷试车，符合安装技术要求，能够生产出设计文件规定的合格产品，具有形成设计规定的生产能力。

（三）生产设备验收标准

1. 确定了生产管理机构；拟订出了有关的规章制度。

2. 人员配备及生产工人培训结束。

3. 外部协作条件及投产初期所用原材料、工具、器具、备品备件已落实。

（四）档案验收标准

1. 按照原国家计委、国家档案局 1988 年颁布的《基本建设项目档案资料管理暂行规定》，对基建中产生的资料，应归档，资料完整，无遗漏。

2. 档案资料准确可靠。

3. 归案文件、资料已整理加工，分类立卷成册。

（五）竣工验收的特殊标准

国家没有作出具体规定，由于各部门、各行业其项目各有特点，无法统一规定特殊验收标准，各部门、各行业有自己的特殊规定，有自己的技术验收规范。

第二节 竣工验收的内容、质量核定及程序

一、竣工验收的内容

竣工验收的内容随工程项目的不同而异，一般包括下列内容：

（一）工程技术资料验收内容

工程技术资料验收内容包括：工程地质、水文、气象、地形、地貌、建筑物、构筑物及重要设备安装位置、勘查报告、记录；初步设计、技术设计、关键的技术试验、总体规划设计；土质试验报告、基础处理；建筑工程施工记录、单位工程质量检查记录、管线强度、密封性试验报告、设备及管线安装施工记录及质量检查、仪表安装施工记录；设备试车、验收运转、维护记录；产品的技术参数、性能、图纸、工艺说明、工艺规程、技术总结、产品检验、包装、工艺图；设备的图纸、说明书；涉外合同、谈判协议、意向书；各单项工程及全部管网竣工图等资料。

（二）工程综合资料验收内容

其内容有：项目建议书及批件、可行性研究报告及批件、项目评估报告、环境影响评估报告书、设计任务书、土地征用申报及批准的文件、承包合同、招投标文件、施工执照、项目竣工验收报告、验收鉴定书。

（三）工程财务资料验收内容

其具体内容有：历年建设资金供提（拨、贷）情况和应用情况；历年批准的年度财务决算；历年年度投资计划、财务收支计划；建设成本资料；支付使用的财务资料；设计概算、预算资料；施工决算资料。

（四）建筑工程验收内容

在全部工程验收时，建筑工程早已建成了，有的已进行了"交工验收"，这时主要是如何运用资料进行审查验收，其主要内容有：

1. 建筑物的位置、标高、轴线是否符合设计要求。

2. 对基础工程中的土石方工程、垫层工程、砌筑工程等资料的审查，因为这些工程在"交工验收"时已验收过。

3. 对结构工程中的砖木结构、砖混结构、内浇外砌结构、钢筋砼结构的审查验收。

4. 对屋面工程的木基、望板油毡、屋面瓦、保温层、防水层等的审查验收。

5. 对门窗工程的审查验收。

6. 对装修工程的审查验收。（抹灰、油漆等工程）

（五）安装工程验收的内容

内容分为建筑设备安装工程、工艺设备安装工程、动力设备安装工程验收。

1. 对建筑设备安装工程（指民用建筑物中的上下水管道，暖气、煤气、通风管道，电气照明等安装工程）应检查这些设备的规格、型号、数量、质量是否符合设计要求，

检查安装时的材料、材质、材种，检查试压、闭水试验、照明。

2. 工艺设备安装工程包括：生产、起重、传动、实验等设备的安装，以及附属管线敷设和油漆、保温等。

检查设备的规格、型号、数量、质量、设备安装的位置、标高、机座尺寸、质量、单机试车、无负荷联动试车、有负荷联动试车、管道的焊接质量、洗清、吹扫、试压、试漏、油漆、保温等及各种阀门。

3. 动力设备安装工程指有自备电厂的项目，或变配电室（所）、动力配电线路的验收。

二、竣工验收的质量核定

工程竣工质量核定，是政府对竣工工程进行质量监督的一种带有法律性的手段，目的是保证工程质量、保证工程结构安全和使用功能，它是竣工验收交付使用必须办理的手续。质量核定的范围包括新建、扩建、改建的工业与民用建筑，设备安装工程，市政工程等。一般由城市建设机关的工程质量监督部门承监，竣工工程的质量等级以承监工程的质量监督机构核定的结果为准，并发给《建设工程质量合格证书》。

（一）申报竣工质量核定的工程条件

1. 必须符合国家或地区规定的竣工条件和合同中规定的内容。委托工程监理的工程，必须提供监理单位对工程质量进行监理的有关资料。

2. 必须有有关各方签认的验收记录。对验收各方提出的质量问题，施工单位进行返修的，应有建设（监理）单位的复验记录。

3. 提供按照规定齐全有效的施工技术资料。

4. 保证竣工质量核定所需的水、电供应及其他必备的条件。

（二）核定的方法、步骤

单位工程完成之后，施工单位要按照国家检验评定标准的规定进行自检，符合有关技术规范、设计文件和合同要求的质量标准后，提交建设单位。建设单位组织设计、监理、施工等单位及有关方面，对工程质量评出等级，并向承监工程的监督机构提出申报竣工工程质量核定。承监工程的监督机构，受理了竣工工程质量核定后，按照国家的《工程质量检验评定标准》进行核定，经核定合格或优良的工程，发给《合格证书》，并说明其质量等级。《合格证书》正本一本，发给建设单位；副本两本，分别由施工单位和监督机构保存。工程交付使用后，如工程质量出现永久性缺陷等严重问题，监督机构将收回《合格证书》，并予以公布。

经监督机构核定不合格的单位工程，不发给《合格证书》，不准投入使用。责任单位在规定限期返修后，再重新进行申报、核定。

在核定中，如施工技术资料不能说明结构安全或不能保证使用功能的，由施工单位委任法定检测单位进行检测。核定中，凡属弄虚作假、隐瞒质量事故者，由监督机构对责任单位依法进行处理。

三、竣工验收的程序

为了把竣工验收工作做好，一般可分为两个步骤进行：一是由施工单位（承包单位）先进行自验；二是正式验收，即由施工单位同建设单位和监理单位共同验收。对大型工程或重要工程，还要上级领导单位或地方政府派员参加，共同进行验收。验收合格后，即可将工程正式移交建设单位使用。

（一）竣工自验（亦称竣工预验）

竣工自验是施工单位内部先自我检验，为正式验收做好准备。

1. 自验的标准应与正式验收一样，主要依据是：国家（或地方政府主管部门）规定的竣工标准和竣工口径；工程完成情况是否符合施工图纸和设计的使用要求；工程质量是否符合国家和地方政府规定的标准和要求；工程是否达到合同规定的要求和标准等。

2. 参加自验的人员，应由施工单位项目经理组织生产、技术、质量、合同、预算人员以及有关的施工工长等共同参加。

3. 自验的方式，应分层、分段、分房间地由上述人员依自己主管的内容逐一进行检查。在检查中要做好记录。对不符合要求的部位和项目，确定修补措施和标准，并指定专人负责，定期修理完毕。

4. 复验。在基层施工单位自我检查的基础上，对查出的问题全部修补完毕以后，项目经理应提请上级（如果项目经理是施工企业的施工队长或工区主任级者，应提请公司或总公司一级）进行复验（按一般习惯，国家重点工程、省市级重点工程，都应提请总公司级的上级单位复验）。通过复验，要解决全部遗留问题，为正式验收做好充分准备。

（二）正式验收

在自验的基础上，确认工程全部符合竣工验收标准，具备了交付使用的条件后，即可开始正式竣工验收工作。

1. 发出《竣工验收通知书》。施工单位应于正式竣工验收之前，向建设单位发送《竣工验收通知书》。

2. 组织验收工作。工程竣工验收工作由建设单位邀请设计单位及有关方面参加，同施工单位一起进行检查验收。列为国家重点工程的大型建设项目，由国家有关部委邀请有关方面参加，组成工程验收委员会，进行验收。

3. 签发《竣工验收证明书》并办理移交。在建设单位验收完毕并确认工程符合竣工标准和合同条款规定要求以后，应向施工单位签发《竣工验收证明书》。

4. 进行工程质量核定。

5. 办理工程档案资料移交。

6. 办理工程移交手续。在对工程检查验收完毕后，施工单位要向建设单位逐项办理工程移交和其他固定资产移交手续，并应签认交接验收证书，办理工程结算手续。工程结算由施工单位提出，送建设单位审查无误以后，由双方共同办理结算签认手续。工程结算手续一旦办理完毕，除施工单位承担保修工作（一般保修期为1年）以外，甲乙双方的经济关系和法律责任，即予解除。

7. 办理工程决算。整个工程项目完工验收，并办理了工程结算手续后，要由建设单位编制工程决算，上报有关部门。至此，一个项目的全部建设过程即告终结。

第三节　工程档案与竣工图移交

一、工程档案的移交

工程档案是工程项目的永久性技术文件，是进行维修、改建、扩建时的重要依据，也是必要时对工程进行复查的重要依据。在工程项目竣工以后，工程承包单位的项目经理（或由项目经理委托的主管人员）需按规定向建设单位正式移交这些工程档案资料。因此，施工单位的技术管理部门，从工程一开始，就应有专人负责搜集、整理和管理这些档案资料，不得丢失或损坏。

（一）移交工程档案资料的内容

1. 开工执照。

2. 竣工工程一览表。包括各个单项工程的名称、面积、层数、结构以及主要工艺设备和装置的目录等。

3. 地质勘察资料。

4. 工程竣工图、施工图会审记录，工程设计变更记录，施工变更洽商记录（如果项目为保密工程，工程竣工后需将全部图纸和资料交付建设单位，施工单位不得复制图纸）。

5. 永久性水准点和坐标位置，建筑物、构筑物基础深度的测量记录。

6. 上级主管部门对该工程有关的技术规定文件。

7. 工程所用的各种重要材料、成品、半成品、预制加工构件以及各种设备或者装置的检验记录或出厂证明文件。

8. 灰土、砂浆、混凝土等的试验记录。

9. 新工艺、新材料、新技术、新设备的试验、验收和鉴定记录或证明文件。

10. 一些特殊的施工项目的试验或检验记录文件。

11. 各种管道工程、钢筋、金属件等的埋设和打桩、吊装、试压等隐蔽工程的检查和验收记录。

12. 电气工程线路系统的全负荷试验记录。

13. 生产工艺设备的单体试车、无负荷联动试车、有负荷联动试车记录。

14. 地基和基础工程检查记录。

15. 防水工程（主要包括地下室、厕所、浴室、厨房、外墙防水体系、阳台、雨罩、屋面等）的检查记录。

16. 结构工程的检查记录和历次中间检查记录。

17. 工程施工过程中发生的质量事故记录，包括发生事故的部位、程度、原因分析以及处理结果等有关文件。

18. 工程质量评定记录。

19. 建筑物、构筑物的沉降、变形的观测记录。

20. 设计单位（或会同施工单位）提出的对建筑物、构筑物、生产工艺设备等使用中应注意事项的文件。

21. 工程竣工验收报告、工程竣工验收证明文件。

22. 《红线桩钉标成果通知单》。如果施工单位负责进行建设用地钉红线桩工作，则在工程项目竣工时，同时移交给建设单位，并妥善保管，作为建设单位取得钉桩范围内土地使用权的法律依据。同时，对现场已钉好的红线桩采取有效措施加以保护，避免丢失、移位、埋没。

23. 其他需要移交的文件和实物照片等。

（二）工程档案的要求和移交办法

凡是移交的工程档案和技术资料，必须做到真实、完整、有代表性，能如实地反映工程和施工中的情况。这些档案资料不得擅自修改，更不得伪造。同时，凡移交的档案资料，必须按照技术管理权限，经过技术负责人审查签认；对曾存在的问题评语要确切，经过认真的复查，并作出处理结论。

工程档案和技术资料移交，一般在工程竣工验收前，建设单位（或工程设施管理单位）应督促和协同施工单位检查施工技术资料的质量，不符合要求的，应限期修改、补齐，直至重做。各种技术资料和工程档案，应按照规定的组卷方法、立卷要求、案卷规格以及图纸折叠方式、装订要求等，整理资料。

全部施工技术资料和工程档案，应在竣工验收后，按协议规定的时间最迟不得超过 3 个月移交给建设单位，并应符合城市档案的有关规定。在移交时，要办理《建筑安装工程施工技术资料移交书》，并由双方单位负责人签字或盖章，及附《施工技术资料移交明细表》。至此，技术资料移交工作即告结束。

二、竣工图移交

竣工图是真实地记录建筑工程竣工后实际情况的重要技术资料，是工程项目进行交工验收、维护修理、改造扩建的主要依据，是工程使用单位长期保存的技术档案，也是国家的重要技术档案。竣工图应具有明显的"竣工图"字样标志，并包括名称、制图人、审核人和编制日期等基本内容。竣工图必须做到准确、完整、真实，必须符合长期保存的归档要求。

竣工图绘制的要求：

1. 在施工过程中未发生设计变更，完全按施工图施工的建筑工程，可在原施工图纸（须是新图纸）上注明"竣工图"标志，即可作为竣工图使用。

2. 在施工过程中虽然有一般性的设计变更，但没有较大的结构性或重要管线等方面的设计变更，而且可以在原施工图纸上修改或补充，也可以不再绘制新图纸，可由施工单位在原施工图纸（须是新图纸）上，清楚地注明修改后的实际情况，并附以设计变更通知书、设计变更记录及施工说明，然后注明"竣工图"标志，亦可作为竣工图使用。

3. 建筑工程的结构形式、标高、施工工艺、平面布置等有重大变更，原施工图不再适于应用，应重新绘制新图纸，注明"竣工图"标志。新绘制的竣工图，必须真实地反映出变更后的工程情况。

4. 改建或扩建的工程，如果涉及到原有建筑工程并使原有工程的某些部分发生工程变更的，应把与原工程有关的竣工图资料加以整理，并在原工程图档案的竣工图上增补变更情况和必要的说明。

5. 在一张图纸上改动部分超过40%，或者修改后图面混乱、分辨不清的图纸，不能作为竣工图，需重新绘制新竣工图。

除上述五种情况之外，对竣工图还有下列要求：

1. 竣工图必须与竣工工程的实际情况完全符合。

2. 竣工图必须保证绘制质量，做到规格统一，符合技术档案的各种要求。

3. 竣工图必须经过施工单位主要技术负责人审核、签认。

4. 编制竣工图，必须采用不褪色的绘图墨水，字迹要清晰；各种文字材料不得使用复写纸，也不能使用一般圆珠笔和铅笔等。

第四节 竣工决算

竣工决算一般应在项目办理竣工验收后一个月内编好，并上报主管部门。

一、竣工决算的内容

竣工决算是全部工程完工并经有关部门验收后，由建设单位编制的综合反映该工程从筹建到竣工投产全过程中各项资金的实际运用情况、建设成果及全部建设费用的总结性经济文件。

竣工决算的内容由文字说明和决算报表两部分组成。文字说明主要包括：工程概况、设计概算和基建计划的执行情况，各项技术经济指标完成情况，各项投资资金使用情况，建设成本的投资效益分析，以及建设过程中的主要经验、存在的问题和解决意见等。决算表分大、中型项目和小型项目两种。大、中型项目竣工决算表包括：竣工工程概况表、竣工财务决算表、交付使用财产总表、交付使用财产明细表。小型项目竣工决算表按上述内容合并简化为小型项目竣工决算总表和交付使用财产明细表。

二、竣工决算与竣工结算的区别

竣工结算是竣工决算的主要依据，两者的区别主要在于：

（一）编制单位和内容不同

竣工结算是由施工单位的预算（财务）部门进行编制的，其内容包括施工单位承担施工的建筑安装工程全部费用，它与所完成的建筑安装工程量及单位工程造价一致，最终反映的是施工单位在本工程项目中所完成的产值。竣工决算是建设单位财务部门编制的，包括建设项目从筹建开始到项目竣工交付生产（使用、营运）为止的全部建设费用，最终反映的是工程项目的全部投资。

（二）作用不同

竣工结算的作用是：为竣工决算提供基础资料；作为建设单位和施工单位核对和结算工程价款的依据；是最终确定项目建筑安装施工产值和实物工程量完成情况的基础材料之一。

竣工决算的作用是：反映竣工项目的建设成果；作为办理交付验收的依据，是竣工验收的重要组成部分。

第五节　工程项目的投产准备

一、概念

投产准备是指项目在建设期间为竣工后能及时投产所做的各项准备工作。在整个工程项目实施过程中，自始至终都要注意使项目建成后如何顺利投入生产的各项准备工作，这是由建设阶段顺利转入生产阶段的必要条件，是项目管理的重要组成部分。

项目的试运行、试生产是投产准备工作的最后一项工作，这是对项目建设的质量和运转性能的全面检验，也是正式投产前，由试验性生产向正式投产的过渡过程。一般来讲，项目需经过一段时间的试生产（有的长达一两年），待生产过程基本稳定，并取得业主认可后，方能进行验收并转入正常运行生产。

二、投产准备工作的步骤

投产准备工作贯穿于项目建设的各个阶段，但各个阶段准备工作的要求不同，现分述如下：

（一）前期及施工阶段的准备工作

在建立项目筹建机构的同时，应设置生产准备机构。同时，应结合建设进度，编制生产准备的工作计划。主要工作有：

1. 组织职工，分批分期培训。

2. 根据设计的产品纲领、生产工艺方法，落实设备、原材料、燃料、动力供应的内外部生产条件。

3. 做好生产技术准备，如制定产品的技术标准、设备的操作维护规程，组织试运行和试生产。

4. 施工进入设备安装调试阶段后，要组织生产人员参加设备的安装调试。

（二）试生产验收阶段的准备工作

工程完工后，建筑安装单位要进行设备调试和联动无负荷试车，合格后交给建设单位，由经过培训的生产工人进行联动有负荷试运行（一般要连续进行 72 小时），然后转入试生产。此时，建筑安装单位应配合建设单位进行。

试运行、试生产阶段是生产准备工作的高峰和结束，生产所需要的原材料、燃料要提前到厂，生产工人要进行操作规程考核。

三、投产准备工作的内容

（一）投产准备工作计划的编制

在初步设计（或扩初设计）批准之后，应结合项目建设的进度，计划下列内容：投产准备、机构的设置、人员培训、技术准备、物资准备、外部协作条件的准备、建立规章制度和试运行等。

（二）投产准备机构的设置

随着项目建设的进展，投产准备机构应由小到大逐步完善，到建设后期大量设备进入全面安装调试阶段，应配备生产管理人员，并参加安装调试；待进入工程结束阶段，工程的筹建班子应与投产准备班子合为一体，成立生产管理机构。

（三）生产管理人员及工人的配备和培训

应根据初步设计规定的劳动定员和劳动组织计划来确定各类人员的人数，并分批分期进行培训。在建设后期，参加设备的安装调试。

（四）生产技术准备与有关规章制度的建立

生产技术准备包括：

1. 参加设计审查，熟悉生产工艺、技术、设备。

2. 进行生产工艺准备，根据原辅材料、燃料、动力、半成品的技术要求，对配料做多方案试验，直到得出最佳配料方案。

3. 逐步建立健全规章制度，在试运行验收阶段，要建立起符合本企业生产技术特点的生产管理指挥系统，建立一套生产、供应、销售、计划、检查考核制度、统计制度、技术管理制度、劳动人事管理制度、财务管理制度、各职能科室的责任制度，保证正式投产后各项工作有章可循。

（五）落实外部协作条件

工程项目不可避免地要与系统外部产生大量的联系，如水、电、气以及通讯、运输和职工后勤交通、生活物资供应等，要靠所在地有关部门或兄弟单位协作解决，这些问题解决得好坏对于项目如期顺利投产是至关重要的。

外部协作条件直接关系生产建设的问题，在建厂前期工作阶段，即在项目进行可行性研究和厂址选择时就应考虑，而且应与有关部门联系，并签订适当的书面协议，肯定协作关系。进入建设中后期，应根据实际需要与对方签订正式合同，明确供应与进货，为项目建成顺利投入生产创造条件。

（六）物资供应准备

大中型工程项目建设需用的物资品种繁多、数量大、要求高。这些物资都应在项目竣工前疏通渠道，落实订货合同。为了满足试运行和投产初期的需要，必须在建厂前确定大宗燃料、材料的供货地点。在建厂中后期应根据物资的数量和规格、品种上的特点与要求，分期分批组织进行，为试运、投产做好物质准备。

（七）经营管理方面的准备

在投产准备工作中，要把经营管理的基础打好，具体包括：建立科学管理的基础，实行经济责任制；建立成本控制保障体系；制订投产后的效益目标等。

四、试生产

在项目竣工验收之前要做好试运行和试生产，竣工验收之后（正式移交之后）要做好项目的投产组织工作。

试运行、试生产在项目建设中是技术上的关键，试运行不成功，就会引起返工，拖延投产期，造成投资费用增加。

竣工验收只是形成了固定资产，形成了生产能力，并不等于达到了设计规定的生产能力。项目建成投产达到设计生产能力，要经历一个过程。在这一过程中，需进行许多调整改进工作，只有达到了设计的生产能力，才是对设计质量的验证，才是技术方案的真实实现。因此，必须做好项目验收前的试生产工作以及项目验收后投产初期的组织工作。

工业项目的试生产分为试运行（试车）和试生产考核两个阶段、四个步骤：

单机试车—停检—联动试车—停检—投料试车—停检—试生产考核。

试运行阶段的重点是单机试车和联动试车（不投料）。

试生产考核阶段包括"初步投料试车—停检—二次开车"。

一般在每个试车步骤之间安排一段停机检修的时间，目的是为了消除试车中暴露出来的设备、材料、设计、施工及生产工艺中的隐患。

试生产阶段主要考核的内容有：

1. 对各种工艺设备、电气、仪表等单体设备的性能、参数进行单体运转考核，对生产装置系统进行联动运行考核。

2. 对设备及工艺指标进行考核。

3. 对生产装置及有直接工艺联系的公用工程进行联动试车考核。

4. 对消耗指标、产品质量进行考核，对设计规定的经济指标进行考核。

做了上述考核之后，编制竣工资料，办理正式竣工验收。

第六节 工程项目的后评价

工程项目后评价是指项目竣工投产并达到设计生产能力后，通过对项目的立项决策、设计施工、竣工投产、生产运营等全过程进行系统评价，综合研究分析项目实际状况及其与前评价预测状况的偏差，分析原因，总结经验，不断改进新项目的准备、管理、监督等工作，提高决策水平和投资效益。

项目后评价是固定资产投资管理工作的一个重要内容，通过对项目从立项到建成投产各阶段的全面分析，可以认真总结经验，吸取教训，提高投资效益，并作为以后同类型项目立项决策和建设的参考依据。因此，有必要开展项目的后评价工作，根据原国家计委有关通知精神，部分国家重点建设项目的后评价有关内容如下文所述。

一、后评价的依据

后评价的依据为经国家有审批权限部门批准的项目建议书、设计任务书（可行性研究报告）、初步设计或扩大初步设计、开工后报告和已经通过的竣工验收报告。

二、后评价的内容

（一）前期工作评价

1. 立项条件是否正确。

2. 决策的程序是否符合要求。

3. 前期工作深度能否满足建设要求（包括设计单位的资信审查）。

4. 设计依据、标准、规范、定额、费率是否严格执行国家规定，设计规模及主要建设内容是否符合国家批准的要求。

5. 设计漏项及设计变更增加投资情况。

6. 设计方案在技术上的可行性和经济上的合理性如何；有无不顾国情，盲目追求先进技术，不用国内可以生产且技术过关的设备，而采用进口设备的情况。

（二）建设实施的评价

1. 施工准备能否满足项目开工要求（建设单位领导班子的组建，征地，拆迁，五通一平，物资、资金的落实，施工队伍的资格审查）。

2. 建设实施是否符合基本建设程序。

3. 投资包干、招标投标以及各种协议和合同的执行情况，经验教训。

4. 施工管理（施工组织方式、施工队伍和施工的经营管理）。

5. 施工项目管理、工程质量、工期、安全情况。

6. 工程的建设管理情况如何、有何经验教训（含资金和物资等供应情况）。

7. 配套项目建设情况。

8. 工程竣工验收是否符合国家验收标准。

9. 生产准备（人力、物力、财力）情况如何。

（三）效益的评价及与批准的设计任务书（可行性研究报告）比较情况

1. 生产经营（包括产销）及达产情况。

2. 经济评价：直接效益和间接效益，能源及原材料消耗定额是否符合国家标准。

3. 财务评价：财务收益及成本，财务内部收益率，投资回收年限，贷款偿还能力等。

（四）外资项目评价

除评价上述内容外应增加：

1. 外资利用方向范围是否适宜，以及外资的偿还能力。

2. 国外设备的引进、消化吸收如何。

3. 国外技术引进的消化、吸收情况。

（五）其他需要评价的内容和可供类似项目借鉴的经验教训

三、后评价的程序及管理

1. 后评价项目的选择，必须是已全部建成投产的项目以及少数独立的单项工程，并且经过一段时间的生产运营考核后才能进行后评价。

2. 后评价工作分层次进行。大多数项目由行业主管部门（或地方）组织评价，评价结果报国家相关主管部门，由其对部分项目进行抽查复审；少数项目由国家相关主管部门组织评价。

3. 国家相关主管部门组织评价的项目，委托中国国际工程咨询公司组织实施，有关部门（或地方）应积极配合，并组织提供后评价所需的情况、资料。后评价报告报国家相关主管部门，并同时抄送行业归口部门（或地方）。

第七节 工程项目保修与回访

一、工程项目保修

工程项目竣工验收后，虽然通过了交工前的各种检验，但仍可能存在质量问题或隐患，直到使用过程中才能逐步暴露出来。例如：建筑工程的屋面是否漏雨，建筑物、构筑物的基础是否产生超过规定的不均匀沉降等，均需要在使用过程中检查和观测。实行建设项目保修制度，是施工承包单位对工程建设项目正常发挥其功能负责的具体体现。监理工程师应督促施工承包单位，做好工程建设项目的保修工作。

按照我国《建设工程质量管理条例》规定，施工承包单位在向业主提交工程竣工验收报告时，应当向业主出具质量保修书。质量保修书中应当明确建设工程的保修范围、保修期限和保修责任等。

（一）保修期限

按照我国《建设工程质量管理条例》规定，在正常使用条件下，建设工程的最低保修期限为：基础设施工程、房屋建筑的地基基础工程和主体结构工程，为设计文件规定的该工程的合理使用年限。

1. 屋面防水工程、有防水要求的卫生间、房间和外墙面的防渗漏，为5年。

2. 供热与供冷系统，为2个采暖期、供冷期。

3. 电气管线、给排水管道、设备安装和装修工程，为 2 年。

其他项目的保修期限由发包方和承包方约定。

建设工程在超过合理使用年限后仍需要继续使用的，产权所有人应当委托具有相应资质等级的勘察、设计单位鉴定，并根据鉴定结果采取加固、维修等措施，重新界定使用期。

（二）保修做法

1. 发送保修证书

在建设项目竣工验收的同时，由施工承包单位向业主单位发送"工程质量保修证书"。保修证书的主要内容包括：工程简况，工程使用管理要求，保修范围和内容，保修时间，保修说明，保修情况记录。此外，保修证书还附有保修单位（即施工承包单位）的名称、详细地址、电话、联系接待部门（如科、室）和联系人，以便于业主单位联系。

2. 要求检查和修理

在保修期内，业主单位或用户发现工程使用功能不良，且是由于施工质量而影响使用的，可以用口头或书面方式通知施工承包单位的有关保修部门，说明情况，要求派人前往检查修理。施工承包单位自接到保修通知书之日起，必须在两周内到达现场，与业主单位共同明确责任方，商议返修内容。属于施工承包单位责任的，如施工承包单位未能按期到达现场，业主单位应再次通知施工承包单位；施工承包单位自接到再次通知书起的一周内仍不能到达时，业主单位有权自行返修，所发生的费用由原施工承包单位承担。不属于施工承包单位责任的，业主单位应与施工承包单位联系，商议维修的具体期限。

3. 验收

在发生问题的部位或项目修理完毕以后，要在质量保修证书的"保修记录"栏内做好记录，并经业主单位验收签字，以表示修理工作完结。

（三）维修的经济责任

1. 施工承包单位未按国家有关规范、标准和设计要求施工，造成的质量缺陷，由施工承包单位负责返修并承担经济责任。

2. 由于设计方面造成的质量缺陷，由设计单位承担经济责任，由施工承包单位负责维修，其费用按有关规定通过业主单位向设计单位索赔，不足部分由业主单位负责。

3. 因建筑材料、构配件和设备质量不合格引起的质量缺陷，属于施工承包单位采购的或经其验收同意的，由施工承包单位承担经济责任；属于业主单位采购的，由业主单位承担经济责任。

4. 因使用单位使用不当造成的质量缺陷，由使用单位自行负责。

5. 因地震、洪水、台风等不可抗拒原因造成的质量问题，施工承包单位、设计单位不承担经济责任。

二、工程建设项目回访

在建设项目保修期内，施工承包单位应对使用单位进行回访。通过回访，可以听取和了解使用单位对建设项目施工质量的评价和改进意见，维护自己的信誉，不断提高自己的管理水平。

（一）回访的方式

回访的方式一般有三种：

1. 季节性回访

大多数是雨季回访屋面、墙面的防水情况，冬期回访锅炉房及采暖系统的情况。如发现问题，采取有效措施，及时加以解决。

2. 技术性的回访

主要了解在工程施工过程中所采用的新材料、新技术、新工艺、新设备等的技术性能和使用后的效果，发现问题及时加以补救和解决。同时，也便于总结经验，获取科学依据，不断改进与完善，并为进一步推广创造条件。这种回访既可定期进行，也可以不定期进行。

3. 保修期满前的回访

这种回访一般是在保修即将届满之前，既可以解决出现的问题，又标志着保修期即将结束，使业主单位注意建筑物的维修和使用。

（二）回访的方法

应由施工承包单位的领导组织生产、技术、质量、水电（也可以包括合同、预算）等有关方面的人员进行回访，必要时还可以邀请科研方面的人员参加。回访时，由业主单位组织座谈会或意见听取会，并察看建筑物和设备的运转情况等。回访必须认真，必须解决问题，并应该做出回访记录，必要时应写出回访纪要。

小 结

工程项目竣工验收是建设程序的最后阶段，关系到项目能否圆满结束，因此要明确任务，掌握验收的依据和标准，符合验收的有关内容，按规定进行质量核定，办理工程档案和竣工图移交，这一切都应按程序进行。办理竣工验收后要编好竣工决算并上报主管部门。

投产准备是在整个建设期都应注意的为竣工后能及时投产所做的各种准备工作，主要包括机构设置、人员培训、物资供应及外部协作条件落实等，并做好经营准备。项目竣工投产并达到设计能力后，应开展后评价工作。同时，在建设项目保修期内，施工承包单位应对使用单位进行回访。

思考题

1. 何谓竣工验收？其依据和标准是什么？

2. 竣工验收包括哪些主要内容？为什么要进行质量核定？竣工验收的步骤是什么？

3. 何谓竣工决算？它与竣工结算的区别有哪些？

4. 何谓投产准备？其工作内容主要包括哪些方面？

5. 何谓工程建设项目保修与回访？

第十一章　工程项目的风险管理

早期的工程项目管理决策多考虑项目的代价和计划，对风险考虑很少。现代项目管理与传统的项目管理的不同之处是引入了风险管理技术。风险管理强调对项目目标的主动控制，对工程实现过程中遭遇的风险或干扰因素可以做到防患于未然，以避免和减少损失。目前，项目管理界已把风险管理和目标管理列为项目管理的两大基础，认为只有把这两者有机地结合起来才能较好地实现工程项目目标。

第一节　概述

一、风险的概念

风险的存在，是因为人们对任何未来的结果不可能完全预料。实际结果与主观预料之间的差异就构成了风险。因此，风险可定义为：在给定的情况下和特定的时间内，那些可能发生的结果间的差异。若两种可能各占50%，则风险最大。

二、风险的分类

为了深入、全面地认识项目风险，并有针对性地进行管理，有必要将风险分类。分类可以从不同的角度，根据不同的标准进行。

（一）按风险后果划分

1. 纯粹风险

不能带来机会、无获得利益可能的风险，叫纯粹风险。纯粹风险只有两种可能的后果：造成损失和不造成损失。纯粹风险造成的损失是绝对的损失。工程项目蒙受了损失，全社会也跟着受损失。如某项目空气压缩机施工过程中失火，蒙受了损失。该损失不但是这个工程项目的，也是全社会的，没有人从中获得好处。纯粹风险总是和威胁、损失和不幸相联系。

2. 投机风险

既可能带来机会、获得利益，又隐含威胁、造成损失的风险，叫投机风险。投机风险有三种可能的后果：造成损失、不造成损失和获得利益。投机风险如果使工程项目蒙受了损失，但全社会不一定也跟着受损失。相反，其他人有可能因此而获得利益。例如，私人投资的房地产开发项目如果失败，投资者要蒙受损失，但是发放贷款的银行却可将抵押的土地和房屋收回，等待时机转手高价卖出，不但可收回贷款，而且还有可能获得高额利润。

纯粹风险和投机风险在一定条件下可以相互转化。项目管理人员必须避免投机风险转化为纯粹风险。

（二）按风险来源划分

1. 自然风险

由于自然力的作用，造成财产毁损或人员伤亡的风险属于自然风险。例如，水利工程施工过程中因发生洪水或地震而造成的工程损害、材料和器材的损失。

2. 人为风险

人为风险是指由于人的活动而带来的风险。人为风险又可以细分为行为、经济、技术、政治和组织风险等。

（1）行为风险是指由于个人或组织的过失、疏忽、侥幸、恶意等不当行为造成财产毁损、人员伤亡的风险。

（2）经济风险是指人们在从事经济活动中，由于经营管理不善、市场预测失误、价格波动、供求关系发生变化、通货膨胀、汇率变动等导致经济损失的风险。

（3）技术风险是指伴随着科学技术的发展而来的风险。如核燃料出现之后产生的核辐射风险；伴随宇宙火箭技术而来的卫星发射风险。

（4）政治风险是指由于政局变化、政权更迭、罢工、战争等引起社会动荡而造成财产损失和损害以及人员伤亡的风险。

（5）组织风险是指由于项目有关各方关系不协调以及其他不确定性而引起的风险。现代的许多合资、合营或合作项目组织形式非常复杂。有的单位对项目的动机和目标不一致，在项目进行过程中常常出现一些不愉快的事情，影响合作者之间的关系、项目进展和项目目标的实现。组织风险还包括项目发起组织内部的不同部门由于对项目的理解、态度和行动不一致而产生的风险。

（三）按风险是否可管理划分

可管理的风险是指可以预测，并可采取相应措施加以控制的风险，反之，则为不可管理的风险。风险能否管理，取决于风险不确定性是否可以消除以及工程项目的管理水平。要消除风险的不确定性，就必须掌握有关的数据、资料和其他信息。随着数据、资料和其他信息的增加以及管理水平的提高，有些不可管理的风险可以变为可管理的风险。

（四）按风险影响范围划分

风险按影响范围划分，可以有局部风险和总体风险。局部风险影响的范围小，而总体风险影响范围大。局部风险和总体风险也是相对的。项目管理班子特别要注意总体风险。例如，项目所有的活动都有拖延的风险，但是处在关键路线上的活动一旦延误，就要推迟整个项目的完成日期，形成总体风险；而非关键路线上活动的延误在许多情况下是局部风险。

（五）按风险后果的承担者划分

项目风险，若按其后果的承担者来划分，则有项目业主风险、政府风险、承包商风险、投资方风险、设计单位风险等。这样划分有助于合理分配风险，提高项目的风险承受能力。

（六）按风险的可预测性划分

按这种方法，风险可以分为已知风险、可预测风险和不可预测风险。

已知风险就是在认真、严格地分析项目及其计划之后就能够明确的那些经常发生的，而且其后果亦可预见的风险。已知风险发生概率高，但一般后果轻微，不严重。项目管理中常见的有：项目目标不明确，过分乐观的进度计划，设计或施工变更，材料价格波动等。

可预测风险就是根据经验，可以预见其发生，但不可预见其后果的风险。这类风险的后果有时可能相当严重。项目管理中常见的有：业主不能及时审查批准，分包商不能及时交工，施工机械出现故障，不可预见的地质条件等。

不可预测风险就是有可能发生，但其发生的可能性即使最有经验的人亦不能预见的风险。不可预测风险有时也称未知风险或未识别的风险。它们是新的、以前未观察到或很晚才显现出来的风险。这些风险一般是外部因素作用的结果。例如，地震、百年不遇的暴雨、通货膨胀、政策变化等。

三、工程项目风险

工程项目的立项、分析、研究、设计和计划都是基于对未来情况（政治、经济、社会、自然等各方面）的预测基础上的，也是基于正常的、理想的技术、管理和组织之上的。在实施运行过程中，这些因素都有可能产生变化，使得原定的计划方案受到干扰，目标不能实现。这些事先不能确定的内部和外部的干扰因素，称为工程项目风险。

风险在任何工程项目中都存在。工程项目作为经济、技术、管理、组织各方面的综合性社会活动，它在各个方面都存在着不确定性。这些风险造成工程项目实施的失控现象，如工期延长、成本增加、计划修改等，最终导致工程经济效益降低，甚至项目失败。而且，现代工程项目的特点是规模大、技术新颖、持续时间长、参加单位多、与环境接口复杂，可以说在项目过程中危机四伏。许多领域，由于其项目风险大，如国际工程承包、国际投资和合作等，常被人们称为风险型事业。

四、工程项目风险的特点

（一）风险的多样性

在一个项目中有许多种类的风险存在，如政治风险、经济风险、法律风险、自然风险、合同风险、合作者风险等。

（二）风险的覆盖性

项目的风险不仅存在于实施阶段，而且隐藏在决策、设计及所有相关阶段的工作中，如目标设计中可能存在构思的错误，重要边界条件的遗漏；可行性研究中可能有方案的失误，高层分析错误；技术设计中存在图纸和规范错误；施工中物价上涨，气候条件变化；运行中市场变化，产品不受欢迎，达不到设计能力，操作失误等。

（三）风险的相关性

风险的影响往往不是局部的，在某一段时间风险也会随着项目的发展，其影响会逐渐扩大。例如，一个活动受到风险干扰，可能影响与它相关的许多活动。所以在项目中风险影响会随着时间推移有扩大的趋势。

（四）风险的规律性

项目的实施有一定的规律性，所以风险的发生和影响也有一定的规律性，是可以进行预测的。重要的是要有风险意识，重视风险，对风险进行全面的控制。

五、工程项目风险管理的概念

工程项目周期长、规模大、技术要求高、建设环境复杂、不可控制因素繁多，使得项目建设周期内的范围、时间和费用等存在诸多的不确定性，这些不确定性就构成了工程项目的风险。可以说，工程项目风险是客观存在的，且不可避免，但也并不是只能无所作为。项目管理者可以通过积极地、系统地认识风险，定性分析、定量估计风险，对风险进行全过程和全方位的管理和监控，将风险缩减到最小的程度，尽量避免或减少损失，但也绝不可能将风险完全消除。

所谓风险管理（Risk Management），就是人们对潜在的意外损失进行识别、评估，并根据具体情况采取相应的措施进行处理，即在主观上尽可能有备无患或在无法避免时亦能寻求切实可行的补偿措施，从而减少意外损失或进而使风险为我所用，以实现最大的安全保障。

近十几年来，人们在项目管理中提出了全面风险管理的概念。全面风险管理是用系统的、动态的方法进行风险控制，以减少项目过程中的不确定性。它不仅使各层次的项目管理者建立风险意识，重视风险问题、防患于未然，而且在各阶段、各方面实施有效的风险控制，形成一个前后连贯的管理过程。

（一）项目全过程的风险管理

全面风险管理首先是体现在对项目全过程的风险管理上。项目全过程的风险管理包括从立项到项目结束的建设周期内，每一阶段都要罗列各种可能的风险，并将它们作为管理对象，都必须对其进行风险的识别、过程控制、风险评估，实行有效的控制。

1. 在项目目标设计阶段，就应对影响重大的风险进行预测，寻找目标实现的风险和可能的困难。

2. 在可行性研究中，对风险的分析必须细化，进一步预测风险发生的可能性和规律性，同时必须研究各风险状况对项目目标的影响程度，即项目的敏感性分析。

3. 随着技术设计的深入，实施方案也逐步细化，项目的结构分析也逐渐清晰。这时风险分析不仅要针对风险的种类，而且必须细化（落实）到各项目结构单元直到最低的操作层。

261

4. 在工程实施中加强风险的控制。

5. 项目结束，要对整个项目的风险管理进行评价，以作为今后进行同类项目管理的经验和教训。

（二）全方位的管理

1. 对风险要分析它对各方面的影响，例如对整个项目、对项目的各个方面（如工期、成本、施工过程、合同、技术、计划）的影响。

2. 采用的对策措施也必须考虑综合手段，从合同、经济、组织、技术、管理等各个方面确定解决方法。

3. 风险管理包括风险识别、风险分析、风险文档管理、风险评价、风险控制等全过程。

六、风险管理的基本程序

风险管理分为风险识别、风险分析与评价、风险处理和风险监督 4 个环节。

（一）风险识别

对潜在的可能损失的识别是首要的任务，也是最困难的任务。因为如果对所有有关的可能损失未能作出正确的识别，就会失去对风险加以适当处置的机会。识别风险可依靠观察、掌握有关的知识、调查研究、实地踏勘、采访或参考有关资料、听取专家意见、咨询有关法规等方法，当然还要掌握正在评估的风险系统或类似的项目发生的风险事件的索赔资料等。

（二）风险分析和评价

对已识别的风险要进行分析和评价，这一阶段的主要任务是测度风险量 R。德国人马特提出项目风险量的测量模型为：

$$R = f(pq, A)$$

式中：p——风险发生的概率

q——风险对财务的影响量

A——风险评价员的预测能力

从上述模型可看出，由于 p、q 均为风险管理专业人员预测得出，所以这些专业人员的预测能力与水平就成了至关重要的因素。

上述风险的分析、评价以及风险量确定的目的是为了确定下一步方法。风险的分析评价涉及到统计与财务方法，内容涉及到预测技术、总体研究、估计可能的最大损失、严重灾害分析、事故分析、灾害逻辑树分析等，并且特别要注意已完类似工程项目的索赔频率及索赔事件严重程度的评审。

（三）风险的处理

一旦风险被识别、分析、评价以及风险量被确定之后，就要考虑各种风险的处理方法。一般而言，有下列三种风险处理方法：

1. 风险控制，包括主动采取措施避免风险、消灭风险、中和风险，或一旦风险发生即采取紧急应急方案，力争将损失减至最低限度。

2. 风险自留，或称保留风险，即风险量被确认为不大，并不超过项目应急费用时，可以自留风险。自留风险的好处在于节省保费，又可以将风险损失费用控制在项目的储备金范围之内，从而保证一旦风险发生，项目不致因损失而造成财务的困境。

3. 风险转移，包括将风险转移给合同对手、第三方以及专业保险公司或其他风险投资机构等。一般将风险转移是要付出经济代价的，有时当事人利用市场供求关系把风险强加于对手，这属于不公平竞争之列，不予提倡。将风险以有偿方式转移给专业保险公司或其他风险投资机构是符合平等有偿原则的，也是明智的办法，但是须付出保险公司能接受的保险费用，这笔费用比较大，以致许多企业或个人因不愿支付保费而承担着巨大的风险。

此外，如何降低保费而又使保险范围全而不漏，如何当风险发生时能迅速准确地索赔而又不至于耗费业主的大量精力，需要一个专业的保险经纪人或风险顾问来协助处理。

（四）风险监督

风险监督在风险管理中是十分重要的环节，它包括对风险发生的监督和对风险管理的监督。前者是指对已经识别的风险源进行监视和控制，以便及早发现风险事件发生的苗头，从而将风险事件消灭在萌芽之中或采取应急措施尽量缩小损失。后者是指在项目实施中监督人们认真执行风险管理的组织措施与技术措施，以消除风险发生的人为诱因；后者还包括对保险方案的监督等。

第二节　工程项目风险分析

一、风险分析

一般来说，风险并非显而易见，也不容易辨识和预测，至少不容易准确地预测。据统计，在我国的工程项目建设中，由风险造成的损失是触目惊心的，许多工程案例说明了这个问题。特别在国际工程承包领域，人们将风险作为项目失败的主要原因之一。因此，认真作好风险分析是至关重要的。

风险分析是对风险的辨识、估计和评价作出全面综合的分析，对风险的不确定性及其可能造成的影响进行准确的分析与评估。其主要内容有：

（一）风险辨识

风险辨识要回答如下问题：哪些风险应当考虑？引起风险的主要因素是什么？风险引起的后果的严重程度如何？

进行工程项目投资时，能引起风险的因素很多，造成后果的严重程度各异，完全不考虑这些因素和遗漏主要因素是不对的，但每个因素都考虑也会使问题复杂化。因此，对项目进行风险识别，就是要确定产生风险的主要因素、风险的来源、风险产生的条件以及风险的传递路径等，合理地缩小这种不确定性，以便做出定性分析、定量估计和经验判断。

（二）风险估计

风险估计就是对风险进行测量。主要回答的问题是：这风险有多大？通过什么手段和方法给出某一危险发生的概率以及其后果的性质大小和概率？该阶段主要是利用定性分析方法，即根据经验和判断能力建立关于风险概率的不确定性分析模型，以评估风险发生的可能性和影响程度。

（三）风险评价

风险评价要解决：项目风险的社会与经济意义是什么？它的影响是什么？应当怎样对待？处理的对策是什么？这些问题涉及范围较广，与决策问题紧密相连，主观因素影响更大，因而其方法与结果具有相对性。

该阶段主要是通过定量分析方法，即通过大量的统计资料和特定的风险评估方法，建立关于风险损失的不确定性分析模型，并进行风险影响评价，以评价项目整体风险等级。其中，最重要的是找到将潜在的风险转变成实际事故的触发条件。

二、工程项目的风险因素

针对以上介绍的风险因素，下面具体介绍在水电工程项目投资过程中，通常遇到的风险因素。按风险来源可将其划分为人为风险、经济风险和自然风险。

（一）人为风险

人为风险是指因为人的主观因素导致的各种风险。这些风险虽然表现形式和影响的范围各不相同，但都与人的思想和行为密切相关。通常，人为风险主要表现为：

1. 政府和主管部门的行为。国家政府和行业的主管部门常常因为全局利益而采取一些带有全局性的决策。从全局考虑，这些决策正确和可行，但对于一个具体工程项目的建设，可能因为全局决策而导致对工程的不利。许多工程投资人因此不得不改变或调整投资决策，不可避免的要遭受损失。

2. 体制法规不合理。由于国家实行的体制不健全，实行的法规不尽合理，阻碍当前的经济发展，从而不利于投资人获取项目建设利益。

3. 金融机构的支持力度。实施工程的前提条件是资金有保证。任何企业都离不开融资，靠自己的本金兴建工程是极其有限的。如果得不到金融机构的支持，投资人的资金筹措困难或资金成本过高都会给投资人带来不利影响。

4. 合同条款不严谨。通常情况下，工程合同由咨询工程师起草，或由业主根据政府规定的格式拟定。如果合同条款不严谨，实施过程中常常会出现不可预见的情况，承包商利用合同不严谨之处提出索赔，使投资人蒙受损失。

5. 道德风险。道德风险是指工程项目实施过程中执行人员的道德出现问题，失去了应有的责任感，致使投资人的财产遭受损失，或工程质量缺乏监督保证。

6. 群体行为越轨。这种风险可分为两种形式：一种是来自社会性的越轨行为，如社会性的骚乱甚至暴乱；另一种是因为承包商克扣和拖欠工人的工资或处事不公引起公愤，虽业主可以通过罚款以减少工程开支，但对工期、质量的损失无法弥补。

7. 承包商履约不力。在激烈的市场竞争环境下，某些承包商先以低价中标，签订合同后，由于工程的实际价格远远超过授资估算，从而加大了投资人的风险；或者虽然工程承包合同对承包商规定了种种义务和惩罚措施，但在实际操作时常有很多情况使得合同不能得到圆满履行，使业主和投资人蒙受损失。

8. 工期拖延。虽然合同中明确规定了合同工期和误期罚款，但罚款总额通常不超过合同的 10%。如果工程严重拖期，则会使工程开支急剧扩大，预期效益不能实现，使得投资人要承担直接损失风险和间接损失风险。

9. 设计失误。在工程项目实施过程中，设计方案都要交付业主审核批准。但是，在许多情况下，业主不具备审核能力。如果出现失误，轻则返工修复，重则可能导致工程毁损，使业主遭受损失。

10. 其他可能风险。如材料供应商履约不力和失误，指定分包商履约不力以及监理工程师失职等。

（二）经济风险

在社会经济活动中，经济风险是在所难免的。对于工程项目，特别是大型工程项目投资，经济风险难以避免。通常，项目授资或建设过程中所遇到的经济风险主要有：

1. 宏观形势不利。宏观经济形势不利对各个行业都会有巨大影响，水电项目投资也不例外。

2. 投资环境恶劣。投资环境是投资能否取得成功的关键因素，水电项目投资人的收益与该行业及区域的软硬环境密切相关。

3. 市场物价的波动。从总投资额的构成可以看出，物价指数是否平稳关系到价差预备费的估算准确与否。如果经济形势波动很大，物价飞涨，投资人很难对总投资额作出准确估算，其结果必然给投资人带来巨大的风险。

4. 投资回收期。水电项目投资规模大，回收期长。由于项目实施时间长，出现各种不测事件的可能性大大增加，从而导致预期收益不能实现。

5. 基础设施落后。基础设施对于工程建设项目的投资具有重要影响。外部的客观环境，尤其是公共基础设施的好坏对工程影响极大。交通落后，能源不足，必然严重制约工程的正常进行，从而加大工程项目的建设费用和运行成本。

6. 资金筹措困难。水电项目往往投资额巨大。资金筹措困难是投资人经常遇到的最大风险之一。因此，在可行性研究阶段要对资金筹措的问题给予高度重视。

（三）自然风险

自然风险是指工程项目所在地区客观存在的自然条件。工程施工期间，可能碰上恶劣气候等因素，从而给投资人构成威胁。自然风险通常有以下因素：

1. 恶劣的自然条件。

2. 恶劣的气候和环境。

3. 恶劣的现场条件。

4. 地理环境不利。

此外，在 FIDIC 条款中规定了由业主承担的风险，一般称为特殊风险。这些风险包括战争、叛乱、核爆炸等。这些特殊风险事件，承包商对其后果不承担责任，风险损失由投资人承担。

由于影响水电项目投资的风险因素非常多，所以应用风险分析方法，系统全面地进行水电投资项目的风险辨识，分析风险引起的后果的严重程度，或应用专家调查方法进行分析，找出对投资影响大的风险因素，并重点分析。

三、工程项目风险辨识

风险识别是风险管理系统的基础。管理风险首先必须识别风险，即对风险的严重程度及可能造成的损失准确全面地估计。然而，风险并不是显露于外表，常常是隐蔽于各个环节，难以发现，甚至存在于种种假象之中，具有迷惑性。因此，辨识风险是一项复杂而细致的工作，要按照一定的程序和步骤，采用切实可行的方法逐阶段、逐层次分析，实事求是地作出估计。

（一）风险识别步骤

辨识风险的过程包括对可能的风险事件来源（Source）和结果进行全面、实事求是的调查，系统分类并恰如其分地评价其后果。其辨识过程通常分为 6 个步骤，如图 11-1 所示。

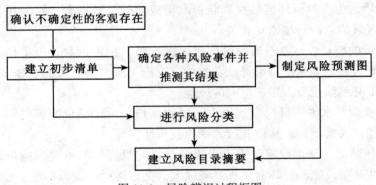

图 11-1　风险辨识过程框图

1. 确认不确定性的客观存在

这项工作包括两项内容：一要辨认所发现或推测的因素是否存在不确定性。如果是确定无疑的，则无所谓风险。二要确认这种不确定性是客观存在的，是确定无疑的，而不是凭空想象的。

2. 建立初步清单

清单中应明确列出客观存在的潜在的各种风险，应包括各种影响生产率、操作运行、质量和经济效益的各种因素。人们通常凭借企业经营者的经验对其作出判断，并且通过对一系列调查表进行深入研究、分析而制定。

3. 确定各种风险事件并推测其结果

根据初步风险清单中开列的各种重要的风险来源，推测与其相关联的各种合理的可能性，包括赢利和损失、人身伤害、自然灾害、时间和成本、节约和超支等方面，重点应是资金的财务结果。

4. 制定风险预测图

可采用二维结构的图形来评价某一潜在风险的相对重要性（见图 11-2）。曲线群中每一曲线均表示相同的风险，但不确定性或者说其发生的概率与潜在的危害有所不同，因此，各条曲线所反映的风险程度不一。曲线距离原点越远，风险就越大。

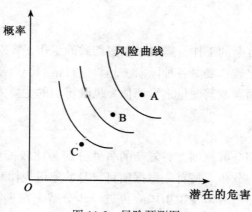

图 11-2　风险预测图

5. 进行风险分类

通过对风险进行分类能加深对风险的认识和理解，同时也辨清了风险的性质。实际操作中可依据风险的性质和可能的结果及彼此间可能发生的关系进行风险分类。这样的风险分类能更彻底地理解风险、预测结果，且有助于发现与其关联的各方面的因素。

常见的分类方法是由若干个目录组成的框架形式，每个目录中都列出不同种类的风险，并针对各个风险进行全面检查。这样可避免仅重视某一项而忽视其他风险的现象。表 11-1 所示为一工程承包的风险分类实例。

6. 建立风险目录摘要

通过建立风险目录摘要，可将项目可能面临的风险汇总并排列出轻重缓急，能给人一种总体风险印象图。而且，能把全体项目人员都统一起来，使各人不再仅仅考虑自己所面临的风险，能自觉地意识到项目的其他管理人员的风险，还能预感到项目中各种风险之间的联系和可能发生的连锁反应。

表 11-1　　　　　　　　　　　　　　风 险 分 类

风 险 目 录	典 型 的 风 险
不可预见损失	洪水、地震、火灾、狂风、闪电、塌方
有形的损失	结构破坏、设备损坏、劳务人员伤亡、材料或设备发生火灾或被偷窃
财务和经济	通货膨胀、能否得到业主资金、汇率浮动、分包商的财务风险
政治和环境	法律和法规的变化、战争和内乱、注册和审批、污染和安全规则、没收、禁运

风险目录	典型的风险
设　计	设计失误、忽略、错误、规范不充分
与施工有关的事件	气候、劳务争端和罢工、劳动生产率、不同的现场条件、失误的工作、设计变更、设备缺陷

（二）风险辨识方法

风险的辨识是一项复杂的工作，需要做很多细致的工作，要对各种可能导致风险的因素进行去伪存真，反复比较；要对各种倾向、趋势进行推测，做出判断；还要对特定企业或特定工程的各种内外因素及其变量进行评估。风险辨识的主要方法有分析法、专家调查法和幕景分析法。

1. 分析法

分析方法主要是利用分解原则，将复杂的事件分解为比较简单的容易被认识的事件。在进行工程项目建设时，分析人员首先根据项目自身的建设规律和分析人员的知识将项目可能的风险进行分解，然后对每种单项风险再进一步分解。在进行项目投资风险分析时，近年来广泛采用合理预测（Rational Expectation）技术，其主要思想是在预测中引入反馈信息，使分析结果更加符合实际情况。

故障树（Fault Tree）是风险分析的有效方法之一。它是利用图解法的形式将大的故障风险分解为各种小的故障，或者对各种引起故障的原因进行分解，图的形式像树一样，越分越细。具体原理参考专门的著作。

2. 专家调查法

在风险辨识阶段的主要任务是找出各种潜在的危险，作出对其后果的定性估计，不要求作出定量的估计。由于多数项目的潜在危险很难在短时间内用统计的方法、实验分析的方法和因果关系论证得到证实，专家调查方法具有显著的优越性。专家调查方法是一种利用专家的知识和经验来进行风险辨识的方法，应用广泛。对风险辨识特别有效的方法主要有头脑风暴法（Brain Storming）和德尔菲法（Delphi）两种。用于对风险影响和发生可能性的分析，一般不采用提问表的形式，而采用专家会议的方法。

（1）组建专家小组，一般4~8人最好，专家应有实践经验和代表性。

（2）通过专家会议，对风险进行界定、量化。召集人尽可能使专家了解项目目标、项目结构、环境及工程状况，详细地调查并提供信息，有条件时，专家可以实地考察。对项目的实施、措施的构想作出说明，对项目有一个共识，否则容易增加评价的离散程度。

（3）召集人有目的地与专家合作，定义风险因素及结构、可能的成本范围。

①分析各个风险的原因。

②风险对实施过程的影响。

③风险的影响范围，如技术、工期、费用等。

④将影响统一到对成本的影响上，估计影响量。

（4）风险评价。专家对风险的程度（影响量）和出现的可能性，给出评价意见。在这个过程中，特别要注意不同的意见，集思广益，重点分析讨论。为了获得专家意见，可以采用匿名的形式发表意见（如德尔菲法），也可以采用会议面对面讨论方式（专家会议法）。

（5）统计整理专家意见，得到评价结果。

3. 幕景分析法

幕景分析法是进行风险分析时，辨识引起危险的关键因素及其影响程度的一种方法。一个幕景就是一个项目或项目的某一部分某种状态的描绘。它可用因素和曲线等进行描述，其结果分为两类：一类是对项目未来某种状态的描述；另一类是描述状态过程，即未来时间内某种情况的变化链。例如它可向决策人员提供未来某种投资机会的最好、最可能发生和最坏的前景，详细给出三种不同情况下可能发生的事件和风险，供决策时参考。

幕景分析法是扩展决策者的视野，增强精确分析未来的能力的一种思维程序。但是，幕景分析是基于分析者当前的环境分析、工程项目特性、价值观和信息水平进行的，分析未来的结果就可能产生偏差，因此，分析者和决策者为了准确可靠地把握项目建设的未来风险，必要时可与其他方法结合使用。

风险辨识的理论实质上是有关推断和搜索的理论。从某种程度说，是一种分类过程。风险辨识时存在的问题主要有：

（1）可靠性问题，即是否有严重的危险未被发现。

（2）成本问题，即为了风险辨识而进行的数据采集、调查研究或科学试验所消耗的费用，要尽量用较少的数据说明尽可能多的问题。

（3）偏差问题，如分析者或决策者的主观意见可能会引起调查结果的偏差等。

四、工程项目风险估计

辨识项目建设过程中面临的各种风险后，要分别对风险进行衡量和比较分析，以确定各种风险的相对重要性。风险估计是对各类风险因素进行定量的分析，目前采用的风险估计方法主要有以下几种：

（一）客观估计与主观估计

客观估计是利用客观概率对各种风险进行估计。客观概率的计算方法有两种：一种是根据大量的试验，用统计的方法进行计算；另一种是根据概率的古典定义，将事件集分解成基本事件，用分析的方法进行计算。用这种方法所得的数据都是客观存在的，不随计算者和分析者的意志而转移，因而称之为客观概率。

主观估计是采用主观概率对各种风险进行估计。在实际工作中，我们常常不可能获得足够多的信息来计算客观概率。特别是在进行风险分析时，所遇到的事件常不可能做大量试验，甚至一次试验也不可能做，事件是将来才发生的，很难计算出客观概率，只好通过决策者或专家的工程经验和个人判断对事件发生的可能性进行估计，这就是主观概率。主观估计的一种方法是直觉判断。它常表现为某些个人对风险发生的概率及其后果作出迅速的判断。决策者根据当时能收集到的信息及过去长期的经验进行估计，作出合理的判断。主观概率在风险估计中的应用近年来日益引起人们的重视，其估计方法使主观估计准确而客观。

　　介于主观估计和客观估计之间的风险估计的第三种估计，称为"合成估计"。关于事件发生的概率的第三种估计既不是直接由大量试验和分析得来的，也不是完全由某个人主观确定的，而是两者的合成，称为"合成概率"。关于事件后果的估计，在主观估计和客观估计之间的估计称为"行为结果估计"，它反映了估计者本人价值观和行为对估计的影响。

　　在进行风险估计时，常根据已获知得的信息和经验估计事件的概率分布。在风险估计中常用的概率分布有离散分布、等概率分布、阶梯长方形分布、梯形分布、三角形分布、二项分布、正态分布和对数正态分布等。在风险分析时，概率分布的采用要根据所描述的对象及信息情况而定。

　　（二）外推方法（Extrapolation）

　　外推方法是行为风险估计的一种主要方法，分为前推（Forward Extrapolation）、后推（Backward Extrapolation）和旁推（Sideways Extrapolation）3 种。

　　前推法就是根据历史的经验和数据推断未来时间发生的概率及其后果。如果历史数据存在较为明显的周期性，可以根据这个特征直接对风险作出周期性的评估和分析；如果历史记录中看不到明显的周期性，就可用一分布函数或曲线来拟合这些数据，再进行外推。

　　后推法就是当历史数据不可使用时，凭借联系和归类，将未知的事件及其后果与某一已知事件和后果联系起来，归结到有数据可查的造成这一风险事故的初始事件上，进而对风险作出评估和分析。

　　旁推法就是利用类似项目的数据进行外推，通过这一类似项目的历史记录和对新环境的考量，对新的类似项目可能会遇到的风险进行评价。

　　（三）蒙特卡洛方法（Monte-Carlo Method）

　　蒙特卡洛方法是一种以数理统计理论为指导的模拟技术，是对实际可能发生情况的模拟试验，又称为随机模拟或统计试验法。蒙特卡洛方法是利用服从一定的概率分布的随机变量产生随机数的方法来模拟现实系统可能出现的随机现象，通过计算机进行大量的模拟试验得到有价值的分析结果。未来的情况不能确定，只知各输入变量按一定概率分布取值，用一个随机数发生器来产生具有相同概率分布的数值，赋值给各个变量，再计算出各输出变量，产生对应于实际上可能发生的一种情况，是一个试验，或者说是一个幕景。如此反复试验 N 次，便可得到 N 个幕景。由这 N 组数据便可求出各输出量的概率分布，输出量概率分布的函数是随着 N 的大小而变化的。N 愈大，则此分布愈接近于真实的分布。在求得输出量的概率分布后，即获得了进行风险估计的全部信息。

　　使用蒙特卡洛模拟法分析工程风险的主要步骤如下：

　　1. 制定风险清单。通过结构化方式，将已经辨识出的影响项目的风险因素制定成一份标准化、层次化的风险清单。

　　2. 采用专家调查法分析主要风险因素（自变量），确定风险因素的影响程度和概率分布，形成风险评价表。

　　3. 随机抽样，评价专家调查中获得的主观数据，最后在风险组合中表现。

　　4. 分析与总结。通过项目风险的概率分布曲线，得到评价指标的期望值、方差及概率分布图，并分析评价指标的置信区域和项目的风险程度，以此确定风险费用等。

在工程项目中，应用蒙特卡洛模拟方法既可以对项目结构进行分析，也可以定量评价风险因素。通常使用该方法来模拟仿真项目的进程，估算项目成本的变化范围。

五、项目风险评价

风险评价与决策问题紧密相连，常见的分析方法有：权威风险法、层次分析法、敏感性分析法、统计和概率法、模糊数学法、蒙特卡洛模拟、CIM模型和影响图等。其中，权威风险法和层次分析法侧重定性分析，模糊数学法、统计和概率法、敏感性分析法侧重定量分析，蒙特卡洛模拟、CIM模型和影响图则侧重于综合分析。本书仅介绍当前工程建设中应用较为普遍的敏感性分析、模糊数学法，以及应用前景较为广阔的CIM模型和影响图。

（一）敏感性分析法

敏感性分析是在预测的一个或几个主要因素发生变化的前提下，分析研究项目对这些因素变化的反应程度，即测试项目对各个变化因素的敏感度。敏感性分析方法只考虑影响工程目标成本的几个主要因素的变化，如利率、投资额、运行成本等，而不是采用工作分解结构把总成本按工作性质，细分为各子项目成本，从子项目成本角度考虑风险因素的影响，再综合成整个项目风险。此方法可以为决策者提供：工程目标成本对哪个成本单项因素的变化最为敏感，哪个其次，并排出相应对成本单项的敏感性顺序。使用敏感性分析方法分析工程风险不可能得出具体的风险影响程度值，只能说明一种影响程度，向决策者提供可能影响项目成本变化的因素及其影响的重要程度，使决策者在做决策时考虑这些因素及最敏感因素对成本的影响，敏感性分析方法一般被认为是一个有用的决策工具。一般在项目决策阶段的可行性研究中使用敏感性分析方法来分析工程项目风险。

敏感性分析的一般步骤为：

1. 选择因素。选取那些对经济评价指标影响较大的主要因素。

2. 确定各因素的变化范围及其增量。

3. 选定评价方法。

4. 根据所选定的评价方法，计算出基本情况下的评价指标。在选定的因素变化范围内，根据所选因素变化增量，计算出相应的评价指标，必要时可绘制成图表。

5. 根据计算结果（或图表），对各因素的敏感性进行分析，提出结论，供决策者使用。

（二）模糊数学法

在经济评价过程中，有很多影响因素的性质和活动无法用数字来定量地描述，它们的结果也是含糊不定的，无法用单一的准则来判断。为解决这一问题，美国学者扎德（L. A. Zadeh）于1965年提出模糊集合概念，建立模糊行为和活动的数学模型。对于复杂事物来说，边界往往具有很大的模糊性，难以用严格的数学方法处理模糊现象。模糊数学为我们提供了描述和处理模糊性问题的理论和科学方法。

工程项目中各种风险因素很大一部分难以用数字来准确地加以定量描述，但可以利用工程经验或专家知识，用语言描述出它们的性质及其可能的影响结果。现有的绝大多数风险分析模型都是基于需要数学的定量技术，而分析时的相关信息却很难用准确的数量表示，因此，可采用模糊数学模型来解决问题。

（三）CIM 模型

CIM 模型，是在相等区间的直方图上，对概率和概率分布进行叠加的控制区间和记忆模型，此方法用直方图替代了变量的概率分布，用加和代替了概率函数的积分，使概率分布的叠加计算得以简化和普通化。CIM 模型可以分为"并联连接模型"和"串联连接模型"，在工程中，两者的区别在于根据变量的不同关系分别进行概率分布的"并联"或"串联"组合与叠加，并联连接模型运用于两两风险因素之间的风险概率曲线相乘，而串联连接模型主要是计算构成项目总体风险变化的基础项目的概率加法。

运用 CIM 模型对工程项目进行风险评价之前，首先通过风险识别将工程项目各个层次上的不确定性因素列出，为了尽可能不遗漏工程的各种不确定性因素，通常采用分类分级的方式来寻找；其次，对每一个不确定性因素的不同影响后果，排除微弱的因素，以便简化计算；最后再对其他因素进行估计。

对风险进行分类分级，步骤如下：

1. 建立风险因素基本集合。参考风险综合评价体系，建立风险因素层次图，务必将风险分解到能够较为准确地确定其风险影响为止，使风险分析能够建立在一个足够进行合理分析、基础项目尽量少的基本集合上。

2. 考虑可能影响每一基础项目的所有风险，建立风险因素评价集。风险因素评价集是评价者对风险因素可能做出的各种评价结果组成的集合。

3. 估计最末层风险因素概率分布。针对具体工程让每位专家对最末层风险因素 i 给出评价 j。

4. 根据各层风险因素的权重，运用 CIM 的并联连接模型，逐层求出各层风险因素的概率分布，并对其进行组合，从而确定总体风险的概率分布和风险曲线。

（四）影响图

影响图是在决策树基础上发展起来的图形描述工具，是由一个影响图构成的网络，主要是用直观的图形表现出问题中主要变量之间的相互关系，并清楚地揭示变量之间存在的相互独立性及进行决策所需要的信息流。它具有图形直观、概念明确、表达力强的特点，可以有效地表征各个风险因素间的相互作用和各风险因素间的组合关系以及风险复合过程中各风险因素的传递关系，是风险分析人员、专家和业主进行信息沟通的强大工具。

在以往的决策分析中，分析风险因素对项目的影响时，我们都假定每个风险因素是相互独立且互不联系的。但是在实际中，各风险因素间存在着一种必然的联系，而它们彼此之间的影响在以往的决策分析中都隐藏在专家的评价中被近似地处理了。影像图却可以解决这一问题，可以用结点和弧来表示风险因素之间的影响，能够很好地表达软件项目风险中的不确定性，其建模、推理以及解释功能，能够很好地支撑持续风险管理的过程。

影响图用于工程项目风险管理，具有以下优势：

1. 影响图是一种图模型，所展现的因果关系容易理解，方便专家知识的获取和风险管理人员之间的交流，同时可以综合利用定性、定量知识，把专家经验判断等定性知识同历史案例、度量数据结合起来。

2. 影响图模型能对风险产生机制中的因果关系进行可视化建模，帮助辨识风险源，解释风险的产生原因。

3. 影响图模型是价值导向的图形，对风险后果给予了充分的重视，为管理者选择风险控制手段提供决策支持。

由此可见，将影响图的方法应用于风险管理中不仅有助于相关人员之间的交流，还可以通过影响图这个可视化模型能够很直观地分辨出风险源、各风险之间的相关关系，对可能发生的各个环节的风险能够有很清晰的认识，并且通过一定的模型推理能够预测出风险发生的概率大小，从而采取相关的预防措施。虽然至今为止，影响图的应用案例较少，且少有成功的，但是影响图技术为工程风险分析提供了一种新的思考问题、解决问题的思路，应用前景极其广阔。

第三节　工程项目风险处理

风险是客观存在的，但并不是不可防范的，关键是人们是否意识到客观存在的具体情况，如何采取对应策略，从而适应或改变它。由于风险结果的客观性，人们可以通过主观努力，尽可能适应客观变化，缩小可能结果间的差异，从而使风险最小化。所谓风险对策，是以达到风险最小化为目的而采取的对应策略。

一、风险防范的可能性

风险是基于客观存在的可能性，防范则是基于主观的判断。如果主客观一致，就可判定预测风险，从而可以有效地防范。既然风险是在给定情况下可能结果间的差异，那么人们就有可能凭经验推断出其发生的规律和概率，通过一定时期内的观察，可判断出运行的规律，主观能动地采取一些预防手段加以防范。

风险具有以下特征，这些特征决定了风险的可防范性，风险损失也是可以控制的。

（一）风险具有特定的根源

风险并不是秘不可测的，它有其特定的根源，有发生的迹象、特定的征候和一定的表现形式。例如洪水风险可以通过洪水成因、流域特征以及气象等因素来分析反映出来。人们可通过细心观察、深入分析，科学地推测，寻根溯源，预测风险发生的可能性、发生的概率及其严重程度。

（二）风险的普遍性

由于风险无处不在，且时有重复，人们采取任何举措之前，会本能地积极或消极地采取各种预防措施。

（三）风险概率的互斥性

一个事件的演变具有多种可能，而这些可能性具有互斥性。例如投资一个项目至少有两种可能的结果：盈利或亏本。盈利的可能性加大，亏本的可能性就减小，两种可能性不会同时加大或同时减小。

（四）风险损失的可测性

一项承包工程可能有多种风险，但各种风险发生的概率并不都一样。通过概率计算即可预测风险将可能造成的损失程度。例如某承包商对一项工程的报价为10 000万元，假定其他因素不变，某一特定风险如自然灾害可能会导致承包该工程亏损2%，但这种自然灾害的发生概率可能为10%，因此，该承包商因自然灾害可能蒙受的损失将是10 000万元×0.02×0.10，即20万元。

（五）风险的可转移性

不同的人对同样的风险可能会产生不同的反应。每个人对风险所具有的承受力不一样。例如，一项工程包括多项子工程，总承包商可以承担总包风险，而将其中的一些自己不具优势的子项工程转包给专业承包商，从而将该子项工程中潜伏的风险也转移出去。对于该专业承包商来说，这些潜伏的风险则不一定会真正成为风险。

（六）风险的分解性

风险是由各种因素构成的。若干风险因素集中在一起，风险的因素将会很大；但如果将这些因素分解处理，尽管每个因素都有可能诱发风险，但其概率将大大降低。工程项目管理是一种多程序、多方位、内容错综复杂的经营活动。投资人可以只考虑其资金筹措中的各种风险，将工程的设计、实施、管理及运营交给业主。业主又可以通过发包工程而把工程的实施任务委托给承包商，将技术把关任务委托给监理工程师；承包商又可以通过分包将工程各子项中潜伏的风险分散转移至各分包商。通过一层层分解、分散与转移，调动各方面的积极因素，克服消极因素，大家共同承担风险。

二、风险的防范对策

对不同的风险可以有不同的对策，通过特定的对策可以回避某些风险，阻止风险的发生，遏制风险的恶化，转移部分风险，都可能达到改变风险本身、减少损失的目的，而对风险发生的概率进行分析，对其发展趋势进行观察又可达到预测损失之效果。

风险的防范手段有多种多样，主要目的不外是降低企业的预期损失或使这种损失更具有可测性，从而改变风险；处理已经发生的损失，减少实际损失。一般来说，风险防范对策主要有以下四种：

（一）风险回避

风险回避指的是当工程项目风险潜在威胁发生可能性太大，不利后果也太严重，又无其他策略可用时，主动放弃项目或改变项目目标与行动方案，从而完全避免特定的损失风险的一种策略。在采取回避策略时，必须对风险有充分的认识，对事故出现的可能性和后果的严重性有足够的把握，而且最好在项目活动尚未实施时进行。

风险回避主要是中断风险源，使其不致发生或遏制其发展。一般只有在以下情况下才会采用风险回避措施：

1. 工程项目投资主体对风险极端厌恶。

2. 某特定风险因素导致风险损失概率和损失幅度相当高。

3. 采取其他风险规避措施的成本超过其产生的收益。

4. 无能力消除、转移或承担风险；承担风险得不到足够的补偿。

（二）损失控制

风险防范的第二种手段是控制损失。损失控制包括两方面的工作：事前控制，减少损失发生的机会，即损失预防；事中和事后控制，降低损失的严重性，即遏制损失加剧，设法使损失最小化。损失控制不是放弃风险，而是主动制定风险管理计划和采取以预防为主、防控结合的对策，以降低损失的可能性或减少实际损失。

1. 损失预防

损失预防指的是主动采取预防措施，降低风险发生的可能性，减少损失发生的机会。

2. 损失抑制

损失抑制指在风险损失不可避免的情况下，通过采取主动行动，设法遏制风险势头继续恶化或限制其扩展范围，减少后果的不利影响，使损失最小化。该措施的有效性很大程度上取决于风险是否为已知风险、可预测的风险，还是不可预测的。对已知的风险，项目管理者可在很大程度上加以控制。可预测或不可预测的风险是项目管理人员难以控制的风险，直接动用项目资源一般难以收到好的效果，必须进行深入细致的调查研究，减少其不确定性和潜在损失。

（三）风险转移

转移风险的目的不是降低风险发生的概率和不利后果的大小，而是借用某些技术和经济手段，在风险一旦发生时将损失的一部分转移到第三方身上，从而降低经济主体的风险程度，避免造成较大的损失。实质上，风险转移并不是完全排除风险，只是将部分风险管理责任转嫁给第三方，是一种风险共担、利益与机遇共享的机制，也被称为合伙分担风险。风险转移的主要形式是合同和保险。

1. 保险转移。保险是使用最为广泛的风险转移方式。

2. 合同转移。通过签订合同，可以将部分或全部风险转移给一个或多个其他参与者。当项目的资源有限，不能采取减轻和预防策略，或风险发生频率不高，但潜在的损失很大时，可以采取风险转移策略。

（四）风险自留

风险自留，指的是在决策者觉得自己可以承担风险损失，有意识地选择承担风险后果，包括非计划性风险自留和计划性风险自留。

1. 非计划性风险自留

非计划性风险自留，指的是经济主体没有意识到风险并认为损失不会发生，或在没有处理风险的准备下被动地承担风险，而当风险损失发生后做出资金安排，采用非计划性自留的方式来承担风险。一般来说，非计划性风险自留应当谨慎使用，因为如果实际总损失远远大于预计损失，将引起资金周转困难。

事实上，对于一个大型复杂的工程项目，工程管理人员不可能识别出所有的风险因素，并且随时做好处理非计划风险的准备，应及时采取对策，避免风险损失扩大。

2. 计划性风险自留

计划性风险自留，指在可能的损失发生之前，工程管理人员通过做出各种风险分析和评估，有计划地主动承担风险，以确保损失出现后能及时获得资金以补损失。风险意识强的管理人员，一般会建立风险预留基金，提高自行承担风险的财务能力。

风险自留是最省事的风险规避方法，在许多情况下也最省钱，一般在以下情况下选择风险自留的方式来应对风险：

（1）企业具有承受这些自留风险的能力。

（2）同其他可行的风险控制方法相比，风险自留的预期损失少。

（3）自留风险不可投保，或投保费用高于风险自留的费用。

第四节　工程项目的保险

工程项目保险是通过保险公司以收取保费的方式建立保险基金，一旦发生自然灾害或意外事故，造成参加保险者的财产损失或人身伤亡时，即用保险金给以补偿的一种制度。它的好处是，参加者付出一定的少量保险费，换得遭受大量损失时得到补偿的保障，从而增强抵御风险的能力。

一、工程保险的种类和内容

工程项目应投保哪几种保险，要按标书中合同条件的规定以及该项目所处的外部条件、工程性质和业主与承包商对风险的评价和分析来决定。其中，合同条款的规定是主要因素，凡是合同条款要求保险的项目一般都是强制性的。下面就此作简要介绍。

（一）建筑工程一切险（包括第三者责任险）

建筑工程一切险对各种建筑工程项目提供全面保障，既对在施工期间工程本身、施工机具或工地设备遭受的损失予以赔偿，也对因施工而给第三者造成的物资损失或人员伤亡承担赔偿责任。

建筑工程一切险多数由承包商负责投保。如果承包商因故未办理或拒不办理投保，业主可代为投保，费用由承包商负担。如果总承包商未曾就分包工程购买保险，负责该项分包工程的分包商也应办理其承担的分包任务的保险。

建筑工程一切险的保险契约生效后，投保人就成为被保险人，但保险的受益人同样也是被保险人。该被保险人必须是在工程进行期间承担风险责任或具有利害关系，即具有可保利益的人，具体包括业主、总承包商、分包商、监理工程师、与工程有密切关系的单位或个人。如果被保险人不止一家，则各家接受赔偿的权利以不超过其对保险标的可保利益为限。

建筑工程一切险适用于房屋工程和公共工程，其承担的内容有：

1. 工程本身，指由总承包商和分包商为履行合同而实施的全部工程。包括预备工程、临时工程、全部存放于工地的为施工所必需的材料等。

2. 施工用设施和设备，包括活动房、存料库、搅拌站、脚手架、水电供应及其他类似设施。

3. 施工机具，包括大型陆上运输和施工机械、吊车及不能在公路上行驶的工地用车辆，不管这些机具属承包商所有还是其租赁物资。

4. 场地清理费，这是指在发生灾害事故后场地上产生了大量的残砾，为清理工地现场而必须支付的费用。

5. 第三者责任，指在保险期内对因工程意外事故造成的应由被保险人负责的工地上及邻近地区的第三者人身伤亡、疾病或财产损失，以及被保险人因此而支付的诉讼费用和事先经保险公司书面同意支付的其他费用等赔偿责任。

6. 工地内现有的建筑物，指不在承保的工程范围内的、业主或承包人所有的工地内已有的建筑物或财产。

7. 由被保险人看管或监护的停放于工地的财产，包括安装工程的建筑项目，如果建筑部分占主导地位，也就是说，如果机器、设施或钢结构的价格及安装费用低于整个工程造价的 50%，亦应投保建筑工程一切险。如果安装费用高于工程造价的 50%，则应投保安装工程一切险。

建筑工程一切险承保的危险与损害涉及面很广。凡保险单中列举的"除外情况"之外的一切事故损失全在保险范围内。

建筑工程一切险的保险金额按照不同的保险标的确定。

如果承包商不愿投保"建筑工程一切险"，也可以就承包商的材料、机具装备、临时工程、已完工程等分别进行保险，但应征得业主同意。一般来讲，集中投保一切险，可能比分别投保的费用要花得少些。有时，承包商将临时工程、劳务或某一部分永久性工程分包给其他分包商，那么，可以要求对分包价格的余额进行保险。

保险人向被保险人支付为修复保险标的遭受损失所需的费用时，必须扣除免赔额。支付的赔偿额极限相当于保险总额，但不超过保险合同中规定的每次事故的担保极限之和或整个保险期内发生的全部事故的总担保极限。工程本身的免赔额为保险金额的 0.5% ～ 2%；施工机具设备等的免赔额为保险金额的 5%；第三者责任险中财产损失的免赔额为每次事故赔偿限额的 1% ～ 2%，但人身伤害没有免赔额。

建筑工程一切险的保险费率通常要根据风险的大小确定。保险费率同项目的性质（例如一般民用建筑、公路桥梁、工业建筑、化工装置、危险物品仓库等）和项目所在地的地理条件、自然条件以及工期的长短、免赔额的高低等因素有关，可以就本项目的具体情况与保险公司协商一个合理的费率。

保险的期限要根据合同条件要求确定，它至少应包括全部施工期，如果业主要求缺陷责任期内由于施工缺陷造成的损害也属于保险范围，则可在投标申请书中写明。一般来说，实际保险期限可以比合同工期略长一些，这是考虑到可能工期拖长，免得以后再办保险延期手续。

（二）安装工程一切险

安装工程一切险属于技术险种。这种保险的目的在于为各种机器的安装及钢结构工程的实施提供尽可能全面的专门保险。

安装工程一切险主要适用于安装各种工厂用的机器、设备、储油罐、钢结构、起重机、吊车以及包含机械工程因素的各种建造工程。

安装工程一切险同建筑工程一切险有着重要的区别。

1. 建筑工程一切险的标的从开工以后逐步增加，保险额也逐步提高，而安装工程一切险的保险标的一开始就存放于工地，保险公司一开始就承担着全部货价的风险。在机器安装好之后，试车、考核所带来的危险以及在试车过程中发生机器损坏的危险是相当大的，这些危险在建筑工程一切险部分是没有的。

2. 在一般情况下，自然灾害造成建筑工程一切险的保险标的损失的可能性较大，而安装工程一切险的保险标的多数是建筑物内安装及设备（石化、桥梁、钢结构建筑物等除外），受自然灾害（洪水、台风、暴雨等）损失的可能性较小，受人为事故损失的可能性较大，这就要督促被保险人加强现场安全操作管理，严格执行安全操作规程。

3. 安装工程在交接前必须经过试车考核，而在试车期内，任何潜在的因素都可能造成损失，损失率要占安装工期内的总损失的一半以上。由于风险集中，试车期的安装工程一切险的保险费率通常占整个工期保费的1/3左右，而且对旧机器设备不承担赔付责任。

安装工程一切险的投保人与被保险人同建筑工程一切险一样，安装工程一切险应由承包商投保，业主只是在承包商未投保的情况下代其投保，费用由承包商承担。承包商办理了投保手续并交纳了保费后即成为被保险人。安装工程一切险的被保险人除承包商外还包括业主、制造商（供应商）、咨询监理公司、安装工程的信贷机构和待安装构件的买主等。

安装工程一切险的保险金额包括物质损失和第三者责任两大部分。

如果投保的安装工程包括土建部分，其保额应为安装完成时的总价值（包括运费、安装费、关税等）；若不包括土建部分，则以设备购货合同价和安装合同价加各种费用之和为保额；安装建筑用机器、设备、装置应按安装价值确定保额。第三者责任的赔偿限额按危险程度由保险双方商定。通常对物质标的部分的保额先按安装工程完工时的估计总价值暂时确定，工程完工时再根据最后建成价格调整。

安装工程一切险在保险单列明的安装期限内自投保工程的动工日或第一批被保险项目被卸到工地时起生效，直到安装工程完毕经验收时终止。如合同中有试车、考核规定，则试车、考核阶段应以保单中规定的期限为限；但如被保险项目本身是旧产品，则试车开始时，责任即告终止。保险期限的延长需征得保险人的同意，并在保险单上加批和增收保费。

（三）雇主责任险

雇主责任险指雇主为其雇员办理的保险，保障雇员在受雇期间因工作而遭受意外而致受伤、死亡或患有与业务有关的职业性疾病情况下获取医疗费、工伤休假期间的工资，并负责支付必要的诉讼费等。

（四）人身意外伤害险

人身意外伤害险与雇主责任险的保险标的都是保证人身遭受意外伤害时负赔偿责任，但两者之间有重要区别。雇主责任险由雇主为雇员投保，保费由雇主承担，所指伤害应与工作相关；而人身意外伤害险并不一定由雇主投保，投保人可以是雇主，也可以是雇员或个体生产者或自由职业者。

人身意外伤害险与雇主责任险的保险范围基本相同，但投保手续、费用及赔付标准和做法均不相同。最大的区别是人身意外伤害险规定在保险有效期间，不论有无发生保险事故，保险期满时，保险本金均将退还给被保险人，而雇主责任险则没有这种规定。

人身意外伤害险尚可附加意外伤害医疗保险条款，保障被保险人在保险责任范围内发生意外伤害的治疗费、药品费、检验费、理疗费、手术费、输血输氧费、敷料费和住院费等。

（五）货物运输险

货物运输险指承包商对于为实施工程而需要通过河运、海运、空运和陆运的手段，将工程所需材料运至工地过程中可能发生的危险损失负赔偿责任。通常卖方不承担运输风险责任，但如果买主要求，也可以代买主投保运输险，并将保险费计入其货物报价中。货物运输险分为海（河）上、陆上（火车、汽车）、航空三种货物运输险，保险条款大致相同。保险费率视不同的运输方式、货物特性、运距、险别等不同因素而定。

各种运输险一般有平安险和一切险等。所谓运输一切险包括平安险及其他外来原因所致的损失保险，而平安险的保险范围一般包括在运输过程中各种自然灾害造成的货物损失或损坏、运输工具遭受的各种事故（如海轮的搁浅、触礁、沉没、碰撞、失火、爆炸等，空运的坠毁、失踪、碰撞、火灾、爆炸等，陆运的碰撞、翻车、失火、爆炸等）。保险公司对于装运前（运输保险责任开始之前）货物已存在的品质不良和数量短缺以及货物的自然损耗、特性改变等损失不承担责任。

二、保险公司的选择

对较大的工程项目，许多保险公司会主动上门服务。在选择时应考虑以下一些问题：

（一）审查保险公司的注册资本及赔偿风险的资金能力

为保障被保险人的利益，国家对保险公司的承保范围和能力是有规定的。应当根据工程的规模选择与其承保能力相适应的保险公司。特别是大型项目，一旦发生事故损失，索赔金额往往是很大的。如果保险公司的注册资本和付讫资本很小，可能无力支付索赔，有的甚至宣布破产以逃避自己的责任。因此，应当审查保险公司的资金支付能力。

（二）调查保险公司的信誉

有的保险公司可能提供一份营业执照，但其执照是按年发给，甚至有按季度发给的。如果这家保险公司在一年或一季度承保的金额过大，或者发生过一两次严重的赔偿违约事件，有可能中止其保险业务。

（三）优先考虑将国外的工程和国内的外资贷款工程向本国的保险公司投保

有些工程，业主所在国家没有限制性规定的，应争取在国内投保；对方限制十分严格的，可争取该国保险公司与中国人民保险公司联合承保，或由中国人民保险公司进行分保；还有一种是以所在国家的一家保险公司名义承保，而实际全部由中国人民保险公司承保，当地保险公司充当中国人民保险公司的前方代理，仅收取一定的佣金。特别是由中国人民保险公司与当地保险公司联合承保时，中国人民保险公司更可以承担赔偿责任，避免外国保险公司推卸责任。

三、办理保险合同

在保险合同的办理过程中，应认真做好以下几方面的工作：

（一）如实填报保险公司的调查报表

在办理保险手续时，保险公司为确定风险大小，要求填报工程情况。这是一件严肃认真的事情，绝不能为了争取降低保险金费率而隐瞒情况。否则一旦发生事故，保险公司将全部或部分推卸责任。

（二）分析研究保险合同条款

一般保险公司出具的保险单都会有保险条款，其中规定了保险范围、除外责任、保险期、保险金额、免赔额、赔偿限额、保险费、被保险人义务、索赔、赔款、争议和仲裁等。这些条款相当于保险公司与承包人之间的保险合同，双方都要签字认可才正式生效。在合同条款方面的任何争议必须在签约之前讨论清楚，并逐条修改或补充，取得共同一致的意见。

（三）重视保险内容的变化和改变手续

任何保险内容的变化应当及时通知保险公司。如果认为必要，应办保险变更手续，签署补充文件，或由保险公司对变更内容予以书面确认。

四、预防事故和索赔

（一）重视被保险人的义务

要教育职工重视被保险人的义务，特别是预防事故和防止事故的扩大。

对于保险金额较大的工程，保险公司可定期与不定期地到现场进行安全检查，并且提出防止灾害事故的措施。投保人可以就这些措施同保险公司代表进行认真讨论，对于合理的而且花费费用属于正常支出的则应付诸实施。

无论发生何种事故，应当立即通知保险公司，并努力保护事故现场，采取一切必要的措施将损失减少到最低限度，只要采取的措施是合理和有效的，其措施费用一般可得到保险公司的补偿。相反，如果既不通知保险公司，又不保护现场，其索赔一般将被保险公司拒绝。

（二）及时报损和接受调查

只要被保险人及时向保险公司报告，保险公司一般将派人到事故现场进行调查。严重事故发生时，保险公司还将协同进行抢救活动。有些项目是向工程所在国境外保险公司投保的，它们一般都有指定的当地代理人，代理人的调查就能被保险公司接受。

调查报告主要内容除陈述事故经过、分析事故原因和调查被保险人的防范和抢救措施外，重点在于调查损失。损失的计算首先由被保险人提出，每项损失都要求提供必要的、有效的证明文件。证明文件应能证明索赔对象及索赔资格；证明索赔动因能够成立且属于理赔人的责任范围和责任期间。通常情况下，这些证明文件为保单、工程承包合同、事故照片及事故检验人的鉴定报告和各具体险别的保单中所规定的证明文件。

（三）工程赔偿

对于工程一切险，保险公司的赔偿一般以恢复投保项目受损前的状态为限，其残值应被扣除。承包人的利润损失和其他各项管理费的损失不予赔偿；同时还应扣除免赔额（通常每次赔偿按保险单中所列的免赔额与保险金额的比例扣除）。赔款可以用现款支付，也可以重置受损项目或予以修复代替。一个项目同时由多家保险公司承保，则理赔的保险公司仅负责按比例分担赔偿的责任。

对于其他各种保险的报损、调查和赔偿，应当根据各种保险单和保险协议条款处理，大致与上述工程一切险相似。但如果保险公司未能亲自调查者，则须提供有关的旁证调查资料。这里特别需要指出，第三方责任保险的事故损失，虽然是由投保人的责任造成，但投保人及其代表不能轻易向受损失方作任何承诺、出价、约定、付款或赔偿，而应当由保险公司去处理，否则，保险公司将不承担投保人承诺的责任。

（四）争议处理

如果被保险人因索赔事宜同保险公司发生争议，通常情况下先进行协商解决，如果协商达不成协议，可申请仲裁或向法院提出诉讼。通常情况下，仲裁与诉讼应在被告方的所在地。如果事先另有协议，则按协议处理。

小 结

由于现代项目风险大，风险管理是项目管理的一个热点，越来越引起人们的重视，从而为工程项目管理的重要内容之一。风险在工程项目管理中无时不有，无处不在，这就要求我们转变观念，加强风险意识，努力克服风险管理的技术难点。

本章介绍了项目风险的概念、风险因素的分析、风险的辨识与评价、风险评价方法、风险的防范与对策以及工程项目保险。风险管理首先要求准确地识别风险，风险识别后还要衡量风险，反复比较，并对风险进行详细的分析。针对风险的特性，对风险保持高度的防范意识，同时制定出处理风险的对策。

思考题

1. 何谓工程项目风险？它有哪些特点？
2. 项目风险管理的概念是什么？风险管理的内容有哪些？
3. 简述风险识别的六个步骤。
4. 风险分析的主要内容是什么？
5. 为什么说风险防范是可能的？
6. 简述风险处理的两种最基本方法。
7. 何谓工程项目保险？本章介绍了哪几种险种？

第十二章　数字化项目管理方法

建筑信息模型（BIM）是当今建筑工程领域新兴的一种数字化项目管理方法，它利用其可视化、协调性、模拟性、优化性、可出图性等特征，帮助项目管理人员较好地控制工程项目中的各种相关活动。本章主要介绍建筑信息模型（BIM）的基本概念、应用现状及相关软件等。

第一节　数字化项目管理方法概论

一、建筑信息模型（BIM）基本概念

BIM（Building Information Modeling），即建筑信息模型，是在当前建筑企业中逐步推广的一项新技术。美国 BIM 国家标准解释是："对一个建筑工程项目的物理和功能特性的数字化表达，一个信息共享的平台，一个实现建筑工程全生命周期管理的信息过程，一个实现建筑项目不同阶段信息插入、提取、更新以及修改的协同化作业平台"。

实际上 BIM 涵盖了三个方面的内容：

（一）建筑（Building）

在 BIM 里，建筑指的是通常意义上的正在筹建、修建以及运行管理中的建筑，一般是以三维模型直观真实地展示出来。

（二）信息（Information）

BIM 最重要的内容之一就在于信息。一般而言，如果在没有使用二次开发的 CAD 软件的情况下，由相关设计人员通过 CAD 软件画出来的施工图其实质仅仅只是线条和文字的组合，所含信息太少。而利用 BIM 技术建立建筑模型，不仅能够显示建筑模型、结构模型、管线综合等，甚至还可以收录光照、采暖、碳排放等信息，进而为设计、施工、运行管理提供重要依据。

（三）模型（Modeling）

在 BIM 中，工程项目相关人员通过 BIM 的相关软件录入的一些在设计和施工过程中的信息，使用 BIM 的特定软件以可视化的方式展示出来，方便业主、设计方、施工方等各工程相关人员查阅。

总而言之，BIM 是一项基于计算机技术的应用于建筑设计、建造、运行管理方面的新

技术。它涵盖了建筑、结构、机电、给排水、暖通等各个专业，也展示了几何学、空间关系、地理信息系统、各种建筑组件的忄质及数量等详细信息，最特别的还是整个建筑生命周期，包括设计过程、兴建过程及运营过程，都可以利用 BIM 来实现项目的全方位管理。

二、建筑信息模型（BIM）特点

BIM 是连接建筑行业各个专业的一座桥梁，能够使不同专业和领域的工程人员进行有效的沟通、减少设计失误、节约施工成本。BIM 有以下几个特点：

（一）可视化

可视化是一切使用图像、图表或动画来进行信息沟通的技巧和方法。BIM 模型中的可视化是一种能够同构件之间形成互动性和反馈性的可视技术。而由于 BIM 建筑信息模型包含了项目的几何、物理和功能等完整信息，可以直接从中获取需要的几何、材料、光源、视角等信息，所以不需要重新建立可视化模型，就可以将工作资源集中到提高可视化效果上来，而且可视化模型随着 BIM 设计模型的改变而动态更新，保证了可视化与设计的一致性，保障了构建之间的互动性和反馈性。由于整个过程都是可视化的，若将 BIM 信息的完整性以及与各类分析计算模拟软件进行集成，可以拓展可视化的表现范围，不仅可以展示效果图及生成报表，还可以保证项目设计、建造、运营过程中的沟通、讨论、决策都在可视化的状态下进行。

（二）协调性

BIM 的协调性是指在建筑物建造前期就对各专业的碰撞问题进行协调，不像现在出现了碰撞问题才进行协调，从而提高了设计效率，节省了资源。众所周知，工程建设的质量、投资、进度目标并不是完全重合的，且建设项目参与各方的利益也不是完全一致的。为此，在建设过程中必然存在大量的协调工作，如协调业主和承包商之间的关系，协调各个承包商之间的关系，协调设备材料供应商之间的关系，甚至包括协调建筑工人同雇主之间的关系。这些协调工作，不仅仅是简单地强调相关各方必须按照规范或合同履行职责，还需要考虑他们工作的可行性、可获得的利益及利益分配的公平性，需要项目管理人员在原则性和灵活性之间权衡。对于这些问题，通过 BIM 的协调性服务就可以处理，在对建筑物进行建造之前，通过 BIM 对不同专业的碰撞问题进行协调。

（三）模拟性

BIM 技术的模拟性并不仅仅能够模拟建筑物模型，还可以模拟不能够在真实世界中进行操作的事物。在设计阶段，BIM 可以对设计上需要进行模拟的一些东西进行模拟实验，如节能模拟、紧急疏散模拟、日照模拟、热能传导模拟等。在招投标和施工阶段，可以根据施工的组织设计模拟对实际施工进行 4D 模拟，即三维模型加项目的发展时间，来确定合理的施工方案来指导施工。同时，还可以进行基于 3D 模型的造价控制——5D 模拟实现成本控制。在后期运营阶段，可以模拟日常紧急情况的处理方式，如地震人员逃生模拟及消防人员疏散模拟等。

（四）优化性

整个设计、施工、运营的过程就是一个不断优化的过程，BIM 技术虽然与优化无实质性的必然联系，但基于 BIM 技术能更好地优化。在 BIM 中，优化主要受三方面的制约：信息、复杂程度和时间。BIM 模型提供了建筑物的实际存在的信息，包括几何信息、物理信息、规则信息，还提供了建筑物变化以后的实际存在。当建筑模型复杂程度高到一定程度，参与人员本身的能力无法掌握所有的信息，必须借助一定的科学技术和设备的帮助，BIM 及与其配套的各种优化工具提供了对复杂项目进行优化的可能。

目前基于 BIM 的优化可以做下面的工作：

1. 项目方案优化：把项目设计和投资回报分析结合起来，设计变化对投资回报的影响可以实时计算出来；这样业主对设计方案的选择就不会主要停留在对形状的评价上，而可以使得业主更多地知道哪种项目设计方案更有利于自身的需求。

2. 特殊项目的设计优化：例如在裙楼、幕墙、屋顶、大空间到处可以看到异型设计，这些内容看起来占整个建筑的比例不大，但是占投资和工作量的比例和前者相比却往往要大得多，而且通常也是施工难度比较大和施工问题比较多的地方。对这些内容的设计施工方案进行优化，可以带来显著的工期和造价改进。

（五）可出图性

通常情况下，与大家日常多见的建筑设计院相比，BIM 技术并不是为了出建筑设计图纸和一些构件加工的图纸，而是对建筑物进行可视化展示、协调、模拟、优化，进而帮助业主出综合管线图、综合结构留洞图、碰撞检查侦测报告和建议改进方案。

三、建筑信息模型（BIM）的国内外应用现状

（一）建筑信息模型（BIM）的国外应用现状

BIM 起源于美国，逐渐扩展到欧洲、日韩等发达国家，目前 BIM 在这些国家的发展态势和应用水平都达到了一定的程度，其中，又以在美国的应用最为广泛和深入。

1. 美国

在美国，关于 BIM 的研究和应用起步较早。如今 BIM 的应用已粗具规模，各大设计事务所、施工公司和业主纷纷主动在项目中应用 BIM，政府和行业协会也出台了各种 BIM 标准。有统计数据表明，2009 年美国建筑业 300 强企业中 80% 以上都应用了 BIM 技术。

早在 2003 年，为了提高建筑领域的生产效率，支持建筑行业信息化水平的提升，美国总务管理局（GSA）推出了国家 3D-4D-BIM 计划，在 GSA 的实际建筑项目中挑选 BIM 试点项目，探索和验证 BIM 应用的模式、规则、流程等一整套全建筑生命周期的解决方案。

美国陆军工程兵团的 BIM 战略以最大限度和美国国家 BIM 标准（NBIMS）一致为准则，因此对 BIM 的认识也基于如下两个基本观点：

（1）BIM 模型是建设项目物理和功能特性的一种数学表达；

（2）BIM 模型作为共享的知识为项目全生命周期范围内各种决策提供一个可靠的基础。

规划认为，在一个典型的 BIM 过程中，BIM 模型作为所有项目参与方不同建设活动之间进行沟通的主要方式，当 BIM 完全实施以后，将发挥如下作用：

（1）提高设计成果的重复利用（减少重复设计工作）。

（2）改善电子商务中使用的转换信息的速度和精度。

（3）避免数据互用不适当的成本。

（4）实现设计、成本预算、提交成果检查和施工的自动化。

（5）支持运营和维护活动。

2007 年，美国建筑科学研究院（NIBS）发布美国国家 BIM 标准（NBIMS），旗下的 building SMART 联盟负责研究 BIM，探讨通过应用 BIM 来提高美国建筑行业生产力的方法。

在美国 BIM 标准的现有版本中，三要包括了关于信息交换和开发过程等方面的内容。计划中，美国 BIM 标准将由为使用 BIM 过程和工具的各方定义、相互之间数据交换要求的明细和编码组成。

2009 年 7 月，美国威斯康星州成为第一个要求州内新建大型公共建筑项目使用 BIM 的州。威斯康星州国家设施部门发布实施规则，要求从 2009 年 7 月 1 日开始，州内预算在 500 万美元以上的所有项目和预算在 250 万美元以上的施工项目，都必须从设计开始就应用 BIM 技术。

在 2009 年 8 月，得克萨斯州设施委员会也宣布对州政府投资的设计和施工项目提出应用 BIM 技术的要求，并计划发展详细的 BIM 导则和标准。

2010 年 9 月，俄亥俄州政府颁布 BIM 协议。

2. 日本

在日本，BIM 应用已扩展到全国范围，并上升到政府推进的层面。

日本的国土交通省负责全国各级政府投资工程，包括建筑物、道路等的建设、运营和工程造价的管理。国土交通省的大臣官房（办公厅）下设官厅营缮部，主要负责组织政府投资工程建设、运营和造价管理等具体工作。

在 2010 年 3 月，国土交通省的官厅营缮部门宣布，将在其管辖的建筑项目中推进 BIM 技术，根据今后施行对象的设计业务来具体推行 BIM 应用。

3. 韩国

在韩国，已有多家政府机关致力于 BIM 应用标准的制定，如韩国国土海洋部、韩国教育科学技术部、韩国公共采购服务中心（Public Procurement Service）等。

其中，韩国公共采购服务中心下属的建设事业局制定了 BIM 实施指南和路线图。具体路线图为 2010 年 1~2 个大型施工 BIM 示范使用；2011 年 3~4 个大型施工 BIM 示范使用；2012—2015 年 500 亿韩元以上建筑项目全部采用 4D 的设计管理系统；2016 年实现全部公共设施项目使用 BIM 技术。

韩国国土海洋部分别在建筑领域和土木领域制定 BIM 应用指南。其中，《建筑领域 BIM 应用指南》于 2010 年 1 月完成并发布。该指南是建筑业主、建筑师、设计师等采用 BIM 技术时必需的要素条件以及方法等的详细说明文书。

同时，buildingSMART 在韩国的分会表现也很活跃，它和韩国的一些大型建筑公司和大学院校正在共同努力，致力于 BIM 在韩国建设领域的研究、普及和应用。

（二）建筑信息模型（BIM）的国内应用现状

在我国，一向是亚洲潮流风向标的香港地区，BIM 技术已经广泛应用于各类型房地产开发项目中，并于 2009 年成立香港 BIM 学会。

而在中国内地，BIM 技术的推广应用情况是：

1. 大多数业内人士对于 BIM 的认识较浅，仅仅将其当作一种应用软件。

2. 在 BIM 技术应用实例上，上海中心项目对项目设计、施工和运营的全过程 BIM 应用进行了全面规划，成为中国第一个由业主主导，在项目全生命周期中应用 BIM 的标杆。

3. BIM 技术逐渐渗透到软件公司、BIM 咨询顾问、科研院校、设计院、施工企业、地产商等建设行业相关机构。

4. 中国房地产业协会商业地产专业委员会率先在 2010 年组织研究并发布了《中国商业地产 BIM 应用研究报告》，用于指导和跟踪商业地产领域 BIM 技术的应用和发展。

5. 由于建筑业企业对 BIM 人才的需求，BIM 人才的商业培训和学校教育已经逐步开始启动。

6. 建设行业现行法律、法规、标准、规范对 BIM 的支持和适应只有一小部分被提到议事日程，大部分还处于静默状态。

第二节　建筑信息模型（BIM）软件

一、建筑信息模型（BIM）软件概述

BIM 技术应用在工程建设行业，往往涉及不同应用方、不同专业、不同项目阶段的不同应用，需要的不仅仅是一个或一类软件，而是诸多不同软件的相互协调，因此 BIM 应用软件数量非常之多，组成了一系列的 BIM 软件系统，如图 12-1 所示。

中心位置是 BIM 核心建模软件，也是 BIM 技术得以实现的基础软件，其他 11 类软件是 BIM 技术应用在不同领域实现的工具。BIM 技术的成功应用是由基础软件决定的，其建立模型的适用性、科学性决定了 BIM 技术能否在建筑工程中成功实现，其他应用性软件是在 BIM 核心建模软件的基础上实施的，需要核心建模软件与应用软件公用一套标准的数据格式，从而让建筑信息能在不同软件之间顺畅传递。

二、建筑信息模型（BIM）软件分类

（一）BIM 核心建模软件

BIM 核心建模软件英文叫"BIM Authoring Software"，是 BIM 技术的基础。BIM 核心建模软件是由 Autodesk、Bentley、Nemetschek Graphisoft、Grey Technology Dassault 等四个公司提供的，每一个公司的核心建模软件的侧重点不同，具体对比信息见表 12-1。

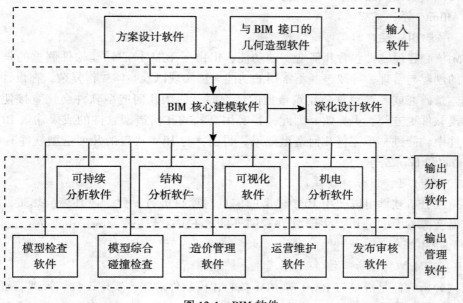

图 12-1　BIM 软件

表 12-1
BIM 核心建模软件

公司	软件	应用市场
Autodesk	Revit Architecture	侧重点在民用建筑市场，市场份额较大
	Revit Structure	
	Revit MEP	
Bentley	Bentley Architecture	在工厂设计（石油、化工、电力、医药）和基础设施（道路、桥梁、市政、水利等）领域使用较多
	Bentley Structure	
	Bentley BMS	
Nemetschek Graphisoft	Archi CAD	国内建筑业使用普遍
	AIIPLAN	德语区使用较多
	Vector works	美国使用较多
Grey Technology	Digital Project	基于 CATIA 面向工程建设行业
Dassault	CATIA	高端机械设计制造软件，在航空、航天、汽车等领域具有垄断地位

（二）BIM 方案设计软件

在设计初期，BIM 方案设计软件主要是通过参数化建模将业主设计任务书中的数字化描述的项目转化为三维几何形体的建筑方案，用于业主和设计师之间的沟通和方案论证，它可以帮助设计师验证设计方案与业主设计任务书中的项目要求是否相匹配。BIM 方案设计软件创建的参数模型可以导入 BIM 核心建模软件中，根据项目需求进行进一步的深化

287

设计，并继续验证满足业主要求的情况。目前，BIM 方案设计软件有 Onuma Planning System 和 Affinity 等。

（三）与 BIM 接口的几何造型软件

BIM 核心建模软件包含几何造型的功能，但由于 BIM 核心建模软件侧重的是参数模型整体的创建与管理，导致某些不常用的功能无法实现以及整体操作复杂，在设计初期的形体、体量研究或者遇到复杂建筑造型的情况时，使用几何造型软件会比直接使用 BIM 核心建模软件更方便、更高效。因此，将实用高效的几何造型软件的成果输入 BIM 核心建模软件中，能进一步完善几何造型效果。目前，与 BIM 接口的几何造型软件有 Sketchup、Rhino 和 FormZ 等。

（四）BIM 可持续分析软件

可持续分析软件可以使用 BIM 模型的信息对项目进行日照、风环境、热工、景观可视度、噪音等方面的分析，主要软件有国外的 Echotect、IES、Green Building Studio 以及国内的 PKPM 等。

（五）BIM 结构分析软件

结构分析软件是最早与 Revit 等 BIM 核心建模软件对接，实现设计、管理、研究一体化的产品。BIM 系统最初是为建筑结构分析而设计的，两者在信息的双向交互上具有先天的优势。Revit 等 BIM 核心软件具有建筑结构子系统，结构分析软件能够直接获取系统下的模型及数据进行结构分析，而结构分析软件内进行的参数修改也可以在 BIM 核心软件内实现自动更新。目前，BIM 结构分析软件有 PKPM、Robot、STAAD 和 ETABS 等。

（六）BIM 可视化软件

BIM 可视化软件能减少可视化建模的工作量，提高模型的精度及与设计（实物）的吻合度，可以在项目的不同阶段以及各种变化情况下快速产生可视化效果。常用的可视化软件包括 3DS Max、Artlantis、AccuRender 和 Lightscape 等。

（七）BIM 机电分析软件

水暖电等设备和电气分析软件国内产品有鸿业、博超等，国外产品有 Designmaster、IES Virtual Environment、Trane Trace 等。

（八）BIM 模型检查软件

BIM 模型检查软件既可以用来检查模型本身的质量和完整性，例如空间之间有无重叠、空间有无被适当的构件围闭、构件之间有无冲突等；也可以用来检查设计是否符合业主的要求、是否符合规范的要求等。目前具有市场影响的 BIM 模型检查软件是 Solibri Model Checker。

（九）BIM 综合碰撞检查软件

模型综合碰撞检查软件的基本功能包括集成各种三维软件（包括 BIM 软件、三维工厂设计软件、三维机械设计软件等）创建的模型，进行 3D 协调、4D 计划、可视化、动态模拟等，属于项目评估、审核软件的一种。常见的模型综合碰撞检查软件有 Autodesk Navisworks、Bentley Projectwise Navigator 和 Solibri Model Checker 等。

（十）BIM 造价管理软件

造价管理软件是利用 BIM 模型提供的信息进行工程量统计和造价分析，由于 BIM 模型参数化和结构化数据的支持，基于 BIM 技术的造价管理软件可以根据工程施工计划动态提供造价管理需要的数据。目前，BIM 造价管理软件有 Innovaya、Solibri 和鲁班。

（十一）　BIM 造价管理软件

BIM 模型在建筑运营阶段的运用具有强大的推动力，不仅能提供建设方案，还能为建筑物的运营管理提供支持。市场上最有影响力的运营管理软件有 Archibus 和 Navisworks。

（十二）　BIM 发布审核软件

最常用的 BIM 成果发布审核软件包括 Autodesk Design Review、Adobe PDF 和 Adobe 3D PDF。发布审核软件把 BIM 的成果发布成静态的、轻型的、包含大部分智能信息的、不能编辑修改但可以标注审核意见的、更多人可以访问的格式如 DWF/PDF/3D PDF 等，供项目其他参与方进行审核或利用。

第三节　建筑信息模型(BIM)在工程项目管理中的应用价值

一、BIM 的价值

BIM 的出现又是建筑行业的一次革命性的改变，因此将新的 BIM 与传统建筑行业的各个方面相比较，就能得出 BIM 的优势、价值与发展潜力。BIM 是一种创新性的建筑设计、施工、运营和管理方法。在建设项目各个工作环节运用 BIM 技术，让信息最大限度重复使用，减少重复工作，提高生产效率，工作过程和成果直观可视，提高工作质量，可有效控制工程造价，降低项目风险。BIM 技术对建设各方单位都有应用价值，价值体现在质量、成本、时间、风险等方面。

BIM 信息集成的最终要求是涵盖建筑全生命周期所有数据信息，但数据信息的积累和工程项目建设的不同过程是紧密相连的，从工程勘察设计开始到产品运营管理，直至建筑报废，是一个漫长的过程。每个过程都会产生相应的数据信息，随着过程的推进，数据信息也在不断积累，保持螺旋式上升，最终形成全信息模型。因此，BIM 的价值贯穿于整个项目的始终。

二、BIM 在设计阶段的价值

运用 BIM 技术在虚拟建筑中，建筑师可以集中精力于设计。解决了在 2D CAD 设计工作中建筑师大量的时间都浪费在图纸的绘制和文本图表的制作上、没有足够的时间用于设计的问题。利用 BIM 只要虚拟建筑模型建立起来，无论是在任何一个设计阶段，都可以自由地生成所有相关的建筑图纸、文档、图表，而直观生动的三维模型使得建筑师可以自由地与他人交流、沟通。虚拟建筑设计方法的强大优势，不仅仅在于充分利用计算机的高速性和智能性，大大提高建筑设计的质量，还保证了图纸的准确性，减少了错误，从而大大提高了工作效率。

1. 概念设计阶段：在前期概念设计中使用 BIM，在完美表现设计创意的同时，还可以进行各种面积分析、体形系数分析、商业地产收益分析、可视度分析、日照轨迹分析等。

2. 方案设计阶段：此阶段使用 BIM，特别是对复杂造型设计项目将起到重要的设计优化、方案对比和方案可行性分析的作用。同时建筑性能分析、能耗分析、采光分析、日照分析、疏散分析等都将对建筑设计起到重要的设计优化作用。

3. 施工图设计阶段：对复杂造型设计等用二维设计手段施工图无法表达的项目，BIM 则是最佳的解决方案。当然在目前 BIM 人才紧缺、施工图设计任务重、时间紧的情况下，基于 BIM 成果利用 AutoCAD 深化设计，采用 BIM +AutoCAD 的模式，以尽可能保证设计质量。

4. 专业管线综合：对大型工厂设计、机场与地铁等交通枢纽、医疗体育剧院等公共项目的复杂专业管线设计，BIM 是彻底、高效解决这一难题的唯一途径。

5. 可视化设计：效果图、动画、实时漫游、虚拟现实系统等项目展示手段是 BIM 应用的一部分。

三、BIM 在造价管理中的价值

BIM 技术用于项目造价管理又称为 BIM 的 5D 应用。我国建设工程造价方式从起初的手工绘图计算，凭经验估价到电脑绘图算量，采用定额模式、清单模式估价，经过了几十年的发展，造价管理方式不断完善。但是整个工程造价行业发展水平仍然与当前经济、社会发展水平不高有关。这种情况制约着我国工程造价准确性和效率的提高，一定程度上影响了我国建筑工程行业的健康发展，而 BIM 技术的发展和应用给造价管理带来了革命性的变化。

（一）传统工程造价中存在的问题

1. 工程造价模式与市场脱节。

2. 工程计价的区域性问题。

3. 项目造价数据难以实现高效共享。

4. 造价数据延后性明显。

5. 造价人员流动带来的损失。

6. 价格数据统计量大。

（二）在造价管理中的应用价值

1. BIM 数据库的时效性。BIM 这种富有时效性的共享的数据平台，改善了沟通方式，使拟建项目工程管理人员及后期项目造价人员及时、准确地筛选和调用工程基础数据成为可能。也正是这种时效性，大大提高了造价人员所依赖的造价基础数据的准确性，从而提高了工程造价的管理水平，避免了传统造价模式与市场脱节、二次调价等问题。

2. BIM 形象的资源计划功能。使用 BIM 软件快速建立项目的三维模型，利用 BIM 数据库，赋予模型内各构件时间信息，通过自动化算量功能，计算出实体工程量后，我们就可以对数据模型按照任意时间段、任一分部分项工程细分其工作量，也可以细分某一分部工程所需的时间；进而结合 BIM 数据库中的人工、材料、机械等价格信息，分析任意部位、任何时间段的造价，由此快速地制定项目的进度计划、资金计划等资源计划，合理调配资源，并及时准确掌控工程成本，高效地进行成本分析及进度分析。

3. 造价数据的积累与共享。BIM 技术可以让工程数据形成带有 BIM 参数的电子资料，便捷地进行存储，同时可以准确地调用、分析、利用数据共享和借鉴经验。

4. 项目的 BIM 模拟决策。BIM 数据模型的建立，结合可视化技术、模拟建设等 BIM 软件功能，为项目的模拟决策提供基础。在项目投资决策阶段，根据 BIM 模型数据，可以调用与拟建项目相似工程的造价数据，高效准确地估算出规划项目的总投资额，为投资决策提供准确依据。

5. BIM 的不同维度多算对比。造价管理过程中不仅要求能分析一个时间段的费用，还要能够将项目实际发生的成本拆分到每个工序中；而项目经常按施工段、按区域施工或分包，这又要求我们能按空间区域统计、分析相关成本要素。从这三个维度进行统计及分析成本情况，需要拆分、汇总大量实物消耗量和造价数据，仅靠造价人员人工计算是难以完成的。只有基于 BIM 处理中心，使用 BIM 相关软件，才可以实现多维度多算的快速、精准对比。另外，可以对 BIM-3D 模型各构件进行统一编码并赋予工序、时间、空间等信息，在数据库的支持下，以最少的时间实现 4D、5D 任意条件的统计、拆分和分析，保证了多维度成本分析的高效性和精准性。

四、BIM 在施工阶段中的价值

目前单一的 BIM 软件还只能在建筑设计阶段进行专业的 BIM 建模，而不能与施工阶段无缝连接，这不仅增加了项目的设计成本，而且该模型传递到施工阶段，由于没有合适的平台和工具添加和集成施工信息，无法形成支持施工及管理的信息模型，加上缺乏配套的 BIM 施工软件，致使 BIM 在施工阶段的应用存在建模困难、需额外增加成本、应用软件不配套等诸多问题，严重影响了 BIM 技术在施工阶段的实际应用和价值体现。但是基于 BIM 的 IPD（Integrated Project Delivery，集成项目交付）模式却能很有效地解决这个问题。

IPD 基本思想是集成地、并行地设计产品及其相关过程，将传统的序列化的、顺序进行的过程转化为交叉作用的并行过程，强调人的作用和人们之间的协同工作关系，强调产品开发的全过程。美国推行的 IPD 模式是在工程项目总承包的基础上，把工程项目的主要参与方在设计阶段集合在一起，着眼于工程项目的全生命期，基于 BIM 协同工作，进行虚拟设计、建造、维护及管理。共同理解、检验和改进设计，并在设计阶段发现施工和运营维护存在的问题，预测建造成本和时间，并且共同探讨有效方法解决问题，以保证工程质量，加快施工进度，降低项目成本。IPD 与 BIM 的结合使得原本专业性过强的 BIM 软件技术能够在实际工程中得到实现最大的价值。

BIM 技术应用于施工阶段是 BIM 应用的第二重要的维度，能够为业主、承包商、监理方的项目进度管理、施工现场管理及虚拟施工管理、施工资源管理、文档和信息管理等方面提供高效的管理平台，为减少项目变更带来的浪费和提高项目管理效率提供技术支持。

1. 进度管理。BIM 技术用于项目进度管理又称为 BIM 的 4D 应用，BIM 软件群有较好的接口技术，群内软件沟通顺畅。BIM 技术用于项目进度管理主要依托项目管理软件（如 Microsoft Project、P3 等软件）与 Revit 系列软件的有效对接。

2. 施工现场管理及虚拟施工管理。BIM 技术用于施工现场管理及虚拟施工管理是基于 4D 技术和 BIM 平台，主要为工程项目施工前提供现场设施的碰撞检查、拟安装设备的碰撞检查及施工方案的虚拟演示，将施工管理中的复杂因素以可视化方式展示出来，降低工程变更率。

3. 施工资源管理。依托 BIM 软件群中的项目管理软件实现工程项目资源管理。综合应用 4D CAD 技术和 BIM 技术，构建了施工阶段的 4D 施工资源信息模型，开发了基于 BIM 技术的 4D 资源动态管理系统，实现了施工过程的工程量动态查询，人、材、机等施工资源的动态管理，施工成本的实时监控及工程进度款的支付与管理。

4. 文档和信息管理。在工程项目管理过程中，会产生大量的工程文档及各种信息，随着工程项目信息电子存档要求在我国建筑业的实施，工程信息管理无纸化、电子化要求越来越迫切。

五、BIM 在运营阶段中的价值

（一）节能优化运营

建筑节能水平低下，建筑规模大、增速快，人们对生活质量的要求不断提高，导致空调、取暖设施的广泛使用。由于后两项因素具有必然性，解决建筑能耗问题主要依靠提高建筑节能水平。

建筑信息模型将更好地协同能耗测算软件进行建筑节能化运营的计算，用来模拟建筑及系统的实际运行状况，从而预测年运行能耗，找到重要的耗能点，为节能寻找依据。一般来说，建筑能耗模拟软件主要有 4 种功能：

1. 负荷模拟。模拟计算建筑在一定的时间段中的冷热负荷，反映建筑围护结构和外部环境、内部使用状况之间在能量方面的相互影响。

2. 系统模拟。模拟空调系统的空气输送设备、风机盘管及控制装置等功能设备。

3. 设备模拟。模拟为系统提供能源的锅炉、制冷机、发电设备等设备。

4. 经济模拟。评估建筑在一定时间段为满足建筑负荷所需要的能源费用。

建筑信息模型正是用对象化的方式将建筑信息各组成部分及其相互关系按照一定的标准进行描述的数据模型，它使得建筑信息在各建筑专业间实现真正的共享成为可能。由国际协同工作联盟（IAI）开发制定的 IFC 是 BIM 的主流标准，其 2x platform 版本已被 ISO 组织接纳为 ISO 标准讨论稿（ISO/PAS 16739）。IFC 提供了一个描述建筑各方面信息的完整体系，它可以全面地描述建筑的组成和层次、建筑构件间的拓扑关系、构件的几何形状、类型定义、材料属性等全方位的信息。由于这些信息完全采用面向对象的方式进行描述和组织，所以通过相应的面向对象的程序设计，可以较为容易地萃取 IFC 标准数据（即满足 IFC 标准的数据）中的各种信息，包括能源建筑模型所需的信息。

（二）优化安全模式运营

建筑信息模型数据将大大优化运营模式、安全模式的调优性，在建筑本体运营的各阶段都是运营模式调优的便捷、安全的工具。运营管理过程中能直观对比各设施、各步骤的方式、方法和成效，增加运营环节的便捷性和易用性，减少各种意外因素的发生，在 BIM 模型中演算各种常态及临界状态下的运营模式，可以较直观地将实际操作环节中的瑕疵暴露在虚拟运行结果之中，这样既有利于运营过程各环节的规范化管理，又可以对原有模式中存在的风险有适当的估算，从而指出不合理的步骤进行修改，达到优化安全运营模式。

建筑本体运营方案的选择有一定的局限性，它主要取决于决策者的运营管理经验和知识水平，而且运营过程又都没有可模性，决定了建筑运营过程的各异性，运营管理方式在 BIM 信息框架下进行虚拟仿真可以直观、科学地展示不同运营方法和组织措施的效果，可以定量地完成运营工作成效的对比，真正实现运营优化；通过 BIM 框架还可以模拟新技术、新材料、新工艺应用后的效果，有助于管理运营全工程，能够提前发现运营管理中质量、安全等方面存在的隐患。管理人员可以采取有效的预防、加强措施，提高工程运营质量和管理效果。其效果可体现在以下几个方面：

1. 评价运营安全情况。在运营过程中出现危险事故的原因主要有人的不安全行为、物的不安全状态、环境隐患和组织管理不力等。可以根据这四个因素的重要程度进行各个方面的安全价值分析，制定不同的安全方案，达到资金与安全程度的最大优化。

2. 各种运营过程中设施的操作训练。尤其是某些重要部分中要采用先进的特种设备，而这些设备是不允许出现失误且需要不断反复的操作训练。采集 BIM 中相应设备（设施）的构件信息开发相应的设备模型，用户通过各种传感器及输入装置与虚拟场景的交互，使之通过虚拟的设备进行仿真训练。还可以观察操作过程中存在的不规范操作，提前改正，并观察一些设备的操作隐患，以此采取相应的措施预防和加强。

3. 进行按事故过程模拟。有经验的运营管理人员了解运营过程中哪些部位容易出现隐患，哪些部位容易发生事故，比如爆炸、坍塌、坠落等。利用 BIM 信息可协助建立安全事故发生过程三维动态仿真模型，为以后类似的事故的分析、运营管理者安全教育提供有力的工具支撑。

4. 模拟紧急逃生演练。BIM 建筑信息模型体系中信息使用户和系统之间可以交换信息。通过建立建筑物的事故模型，可以训练现场人员在事故发生时的自救、逃生路线的选择和应急行动的实施，以此来降低事故发生时的损失。

5. 进行安全教育。由于基层运营工作者的文化素质参差不齐，难以进行书本安全知识讲解，故而采用各种真实的或者能引起人们兴趣的手段可以保证学习的效果，如安全事故过程的仿真、设备操作的虚拟等。在 BIM 模型中，其信息体和现场实时获取的工况组态就提供了很好的现场信息支撑。

建筑信息模型为安全运营提供了良好的建筑原始信息的供给，为运营模式的调整与优化提供了完备的技术支撑。通过更广领域建筑关联信息的链接，BIM 可以帮助运营管理者实施更优化的建筑安全运营管理方案。

（三）应急管理

基于建筑信息模型技术的优势是管理没有任何盲区。作为人流聚集区域，突发事件的响应能力非常重要。传统的突发事件处理仅仅关注响应和救援，而全信息化运维对突发事件管理包括：预防、警报和处理。

以消防事件为例，基于 BIM 的运营管理系统可以通过喷淋感应器感应信息；如果发生着火事故，在建筑的信息模型界面中，就会自动进行火警警报；对着火的三维位置和房间立即进行定位显示；控制中心可以及时查询相应的周围情况和设备情况，为及时疏散和处理提供信息支撑。类似的还有水管、气管爆裂等突发事件，通过 BIM 系统可以迅速定位控制阀门的位置，避免了在一屋子图纸中寻找资料，甚至还找不到资料的情况。如果不及时处理，将酿成灾难性事故。

小　结

建筑信息模型（BIM）是一种以三维数字技术为基础，集成建筑工程项目各种相关信息的工程数据模型，它具有可视化、协调性、模拟性、优化性和可出图性 5 个显著特点。通过近十几年国内外工程领域中的应用与发展，BIM 技术对建筑行业技术革新的作用和意义已在全球范围内得到了业界的广泛认可。在工程实践中，BIM 技术搭载于 BIM 软件进行应用实施。建筑信息模型（BIM）不仅能实现建筑全生命期的信息共享及建筑的可持续设计，还紧密联系建筑产业链，提高行业竞争力。

思考题

1. 何谓建筑信息模型（BIM）？其特点是什么？
2. BIM 核心建模软件有哪些类型？
3. 请谈谈 BIM 的价值。
4. 请结合对项目管理的认识谈谈建筑信息模型（BIM）在工程项目设计、施工、运营等阶段中的具体应用价值。

参 考 文 献

1. 胡志根，黄建平．工程项目管理．武汉：武汉大学出版社，2005.

2. 徐绪松．复杂科学资本市场项目评价．北京：科学出版社，2003.

3. 徐莉，赖一飞，程鸿群．项目管理．武汉：武汉大学出版社，2003

4. James P L. 项目计划、进度与控制．赤向东，译．北京：清华大学出版社，2002.

5. 王守清．计算机辅助工程项目管理．北京：清华大学出版社，1996．

6. 刘荔娟．现代项目管理．上海：上海财经大学出版社，1999．

7. 胡振华．工程项目管理．长沙：湖南人民出版社，2001.

8. 张金锁．工程项目管理学．北京：科学出版社，2000.

9. 倪书洪．工程项目管理．北京：水利电力出版社，1992.

10. 丛培经．工程项目管理．北京：中国建筑工业出版社，1997.

11. 成虎．工程项目管理．第二版．北京：中国建筑工业出版社，2001.

12. 李世蓉，邓铁军．工程建设项目管理．武汉：武汉理工大学出版社，2002.

13. 梁世连，惠恩才．工程项目管理学．大连：东北财经大学出版社，2001.

14. 刘伊生．建设项目管理．北京：北方交通大学出版社，2001.

15. 徐伟，李建伟．土木工程项目管理．上海：同济大学出版社，2000.

16. 王雪青．国际工程项目管理．北京：中国建筑工业出版社，2000.

17. 简德三．项目管理．上海：上海财经大学出版社，2001.

18. 戚安邦．现代项目管理．北京：对外经济贸易大学出版社，2001.

19. 何亚伯．建筑工程经济与企业管理．武汉：武汉大学出版社，2005．

20. 赖一飞，郑清秀，章少强，纪昌明．灰色预测模型在水运货运量预测中的应用．武汉水利电力大学学报，2000（1）．

21. ELAMAGHRABY S E. Activity Network：project planning and control by Network Model. John Wiley & Sons. Inc. 1997.

22. Shirong Li. New Approach for Optimization of Overall Construction Schedual. Journal of Construction Engineering and Management, ASCE 1996（1）：324-58.

23. CYNTHIA S M. Using PERT as an approximation of fuzzy project network analysis. IEEE Transaction on Engineering Management. 1993（2）：146-53.

24. A Guide to the Project Management Body of Knowledge, Three Editor, Project Management Institute, 2004.

25. Hapke M, Slowinski R. Fuzzy priority heuristics for project scheduling. Fuzzy Sets and

Systems 1996；83：291-9.

26. Ahuja HM, Arunachalam V. Risk evaluation in resource allocation. Journal of Construction Engineering and Management，ASCE 1984；110（4）：324-36.

27. Lorterapong P, Moselhi O. Project-network analysis using fuzzy sets theory. Journal of Construction Engineering and Management 1996；122（4）：308-18.

28. 葛文兰. BIM 第二维度——项目不同参与方的 BIM 应用. 北京：中国建筑工业出版社，2011.

29. 葛清. BIM 第一维度——项目不同阶段的 BIM 应用. 北京：中国建筑工业出版社，2013.

30. 卢有杰. 项目风险管理. 北京：清华大学出版社，1998.

31. 邬晓光. 工程进度监理. 北京：人民交通出版社，2000.

32. 王端良. 建设项目进度控制. 北京：中国建筑工业出版社，1994.

33. 王英军. 工程项目管理. 北京：中国石化出版社，1996.

34. 赖一飞，夏滨，张清. 工程项目管理学. 武汉：武汉大学出版社，2006.

35. 赖一飞，雷兵山，俞进萍. 工程项目监理. 第二版. 武汉：武汉大学出版社，2013.

36. 赖一飞. 项目计划与进度管理. 武汉：武汉大学出版社，2007.

37. 赖一飞，张清，余群舟. 项目采购与合同管理. 北京：机械工业出版社，2008.

38. 赖一飞，胡小勇，陈文磊. 项目管理概论. 北京：清华大学出版社，2011.

39. 任淮秀. 项目管理. 第二版. 北京：中国人民大学出版社，2013.

40. 梁世连. 工程项目管理. 第 2 版. 北京：中国建材工业出版社，2010.

41. 胡志根. 工程项目管理. 第二版. 武汉：武汉大学出版社，2011.

42. 丁宁. 项目管理. 北京：清华大学出版社，北京交通大学出版社，2008.

43. 杜宾. 项目管理学理论、方法及技术. 北京：清华大学出版社，2013.

44. 徐莉，赖一飞，程鸿群. 新编项目管理. 武汉：武汉大学出版社，2009.

45. 何关培. BIM 总论. 北京：中国建筑工业出版社，2011.

★ 21世纪工程管理学系列教材

- 房地产开发经营管理学

- 房地产投资与管理

- 建设工程招投标及合同管理

- 工程估价（第三版）
  （普通高等教育"十一五"国家级规划教材）

- 工程质量管理与系统控制

- 工程建设监理

- 工程造价管理（第二版）

- 国际工程承包管理

- 现代物业管理

- 国际工程项目管理

- 工程项目经济评价

- 工程项目审计

- 工程项目管理学（第二版）